JN028601

マーケティング・ビジネス実務検定®

ベーシック版テキスト 第9版

 国際実務マーケティング協会® 編
International Marketing Skill Standardizing Association

- ●マーケティングにかかわる人たちのトータルな実務知識と時事情報・実務事例などの理解能力を判定する初めての検定試験！

- ●特定の業種・業界にとらわれない幅広い共通のマーケティング知識が身につく！

- ●実務能力を客観的に証明して、就職・転職のためのスキルとして、また、企画・営業・販売職にも対応した新しい資格！！

税務経理協会

はじめに

　マーケティングということばから連想されるものは，販売促進活動，市場調査，新製品開発，広告宣伝など，人によって千差万別です。マーケティングは，国内・国外を問わずに私たちの日常生活の中の幅広い分野でかかわりのある活動です。

　このように重要なマーケティングの活動を体系的に理解することが大切であるにもかかわらず，今までその基本的知識と実務能力を客観的に判定する検定試験がありませんでした。

　今回創設した「マーケティング・ビジネス実務検定®」は，マーケティングにかかわる多くの方々に対して，マーケティングの基礎知識と実務ケースに対応できる能力を習得し，その理解度を確認することができます。

　マーケティングの基本的な考え方や手法，重要な理論や今日的な考え方，実際の仕事の場面での活用などを，確実に理解することにより，日々のビジネスの中で活かしていくことができるようになります。

　ビジネスの実務に携わっていない人にとっても，マーケティングの視点をもつことにより，今までとは違ったものの見方を身につけることができます。そのことにより自立して生活していくことのできる能力を得ることができます。

　企業などにおいては社員教育に利用することができ，また学生の方にとっては就職などの際に自分の実力を示すことが可能になります。

　この検定試験の学習とチャレンジにより，多くの方々に新たな可能性を開拓することができます。

　読者の皆さんが，この「マーケティング・ビジネス実務検定定®」にチャレンジされ，合格の栄冠を獲得されることを願っています。

国際実務マーケティング協会

目　　次

はじめに

<table>
<tr><td>第1章</td><td>マーケティング・ビジネス実務検定®試験《ガイド》</td></tr>
</table>

<table>
<tr><td>第2章</td><td>マーケティング・ビジネス実務検定®試験
《要点解説》</td></tr>
</table>

マーケティング知識

🔍 マーケティング事例

| 第 3 章 | マーケティング・ビジネス実務検定®試験
《本試験問題〔第 57 回 C 級試験〕と解答・解説》 |

第 **1** 章

マーケティング・ビジネス 実務検定®試験《ガイド》

1　マーケティング・ビジネス実務検定®試験とは

国際実務マーケティング協会®（International Marketing Skill Standardizing Association）が主催する「マーケティング・ビジネス実務検定®（The Proficiency Test in Marketing Skill）」試験は，2005年1月に創設されました。その創設趣旨と「マーケティング・ビジネス実務検定®」試験の特長は，次の通りです。

（1）　特定の業種・業界にとらわれない共通のマーケティング知識の習得

人材の流動化の時代には，流通業だけのマーケティングとか，サービス業だけのマーケティングという限られた範囲の知識ではなく，特定の業種・業界にとらわれない幅広い共通のマーケティング知識が求められています。

（2）　仕事で役立つ実務知識の習得

「マーケティング・ビジネス実務検定®」の学習を通じて，マーケティング理論だけではなく，仕事ですぐに役立つトータルなマーケティング実務知識や時事情報・実務事例が習得できます。

（3）　就職・転職対策としての学習と資格取得

市場を取り巻く環境が激しく変化する中で，これまで「マーケティング」の実務能力を客観的に証明し，実力を評価する方法はありませんでした。この「マーケティング・ビジネス実務検定®」は，マーケティング実務の知識を総合的に判定するための初めての検定試験です。また，最も採用の間口の広い営業職や販売職にも対応した資格です。

この検定試験は誰でも受験することができます。現在実際に企業などでマーケティング企画や営業・販売の仕事をされている方，また，学生の方や独立を目指している方などにとって，「マーケティング」に関する一定の知識やスキルが身につく資格の取得は必要不可欠です。

（4）　大学等の授業科目としても導入・学生の検定試験としても最適

　この「マーケティング・ビジネス実務検定®」試験は，マーケティングの学習希望者が多い，大学生・短期大学生・専門学校生にもしっかりと対応しています。

　また，「マーケティング・ビジネス実務検定®」試験のオフィシャルテキストは，大学等のマーケティング科目の基本テキストとしても使用可能です。

（5）　検定試験内容の体系化

　「マーケティング・ビジネス実務検定®」試験は，マーケティング知識を体系的に学習しやすいように，それぞれのレベルに応じたステップを設け，ステップごとに何が重要な事柄かを理解できるように構成されています。検定試験は，実際の業務で発生する場面を細かく想定し，それをA級・B級・C級のレベルに体系的に分類しました。

　オペレーションレベルのC級・B級，戦略レベル・マネジメントレベルのA級と，対象者の仕事の内容に対応して，ステップアップした内容です。したがって，C級レベルから1つずつステップを上がっていくことにより実際の業務で役立つ知識が確実に身に付いていく仕組みになっています。

（6）　検定試験実施，対策講座の開講

　C級は年4回，B級は年3回検定試験の実施，またそれに対応して事前に対策講座を開講します。講座では，マーケティングにつき効率的に学習できるオフィシャルテキストと問題集を使用します。なお，A級は，年1回実施です。

2　マーケティング・ビジネス実務検定®試験の内容

（1）　内　　容

「マーケティング・ビジネス実務検定®」試験は，マーケティングに関係する実務に活用できるビジネス直結型の試験です。業種や業界にかかわらずに，マーケティングの知識と実務能力を習得できます。

級	レ　　ベ　　ル
A 級	マーケティング・戦略レベル マーケティング・マネジメントレベル
	（戦略立案，意思決定や管理，判断業務ができるレベル）
B 級	マーケティング・オペレーション応用レベル（業務の運営ができるレベル）
C 級	マーケティング・オペレーション基礎レベル（定型業務ができるレベル）

（2）　テキスト・問題集

・マーケティング・ビジネス実務検定®［ベーシック版テキスト］

　国際実務マーケティング協会®［編］（税務経理協会）

・マーケティング・ビジネス実務検定®［アドバンスト版テキスト］

　国際実務マーケティング協会®［編］（税務経理協会）

・マーケティング・ビジネス実務検定®［C 級試験問題集］

　国際実務マーケティング協会®［編］（MHJ 出版）

・マーケティング・ビジネス実務検定®［B 級試験問題集］

　国際実務マーケティング協会®［編］（MHJ 出版）

・マーケティング・ビジネス実務検定®［B 級・A 級のためのアドバンストトレーニング問題集］

　国際実務マーケティング協会®［編］（MHJ 出版）

・マーケティング法務ベーシックマニュアル

　国際実務マーケティング協会®［編］（MHJ 出版）

　　＊　各書籍の定価は，ホームページ等でご確認ください。なお，問題集は，検定協会の EC サイトよりご注文ください。

＊　ECサイトは，個人のご購入者向けです。法人の方は，ホームページの「お問い合わせ」フォームよりご連絡ください。

（3）　出 題 範 囲

C 級，B 級，A 級別の試験科目は，以下のようになっています。

科　目	内　容	C 級	B 級	A 級
マーケティング知識	①　マーケティング概念	△	○	○
	②　マーケティング・コンセプト	△	○	○
	③　戦略的マーケティング		△	○
	④　マーケティング・マネジメント	△	○	○
	⑤　市場細分化	△	○	○
	⑥　標的市場設定	△	○	○
	⑦　マーケティング・リサーチ	△	○	○
	⑧　消費者行動	△	○	○
	⑨　製品戦略	△	○	○
	⑩　価格戦略	△	○	○
	⑪　流通チャネル戦略	△	○	○
	⑫　プロモーション戦略	△	○	○
	⑬　マーケティング情報システム		△	○
	⑭　マーケティング関連法規		△	○
	⑮　グローバル・マーケティング		△	○
	⑯　新しいマーケティング	△	△	○
マーケティング事例	①　時事問題	△	○	○
	②　実務ケース	△	○	○
	〈各　論〉			
	（1）　メーカー・マーケティング			
	（2）　卸売業マーケティング			
	（3）　小売業マーケティング			
	（4）　サービス業マーケティング			
	（5）　非営利組織マーケティング			

＊　△印は基礎レベル，○印は応用レベルの出題です。

（4）　試験内容の目安とレベル

各級の試験内容は，以下のようになっています。

（会場試験の場合）

C 級					
試験科目	配点	合計点	制限時間	レベル	
マーケティング知識	正誤（○×）式 10 題（30 点）	150 点	1 時間 30 分	定型業務をこなすために必要なマーケティング知識があるレベル	
	選択式 15 題（45 点）				
	語群選択式 10 題（30 点）				
	三答択一式 15 題（45 点）				
マーケティング事例	語群選択式 10 題（20 点）	50 点	45 分		
	三答択一式 10 題（20 点）				
	三答択一式 2 題（10 点）				

B 級					
試験科目	配点	合計点	制限時間	レベル	
マーケティング知識	正誤（○×）式 10 題（40 点）	200 点	1 時間 45 分	マーケティング業務の運営ができる応用レベル	
	選択式 15 題（60 点）				
	語群選択式 15 題（60 点）				
	四答択一式 10 題（40 点）				
マーケティング事例	正誤（○×）式 10 題（40 点）	100 点	1 時間		
	選択式 5 題（20 点）				
	四答択一式 5 題（20 点）				
	語群選択式 5 題（20 点）				

A 級				
試験科目	配点	合計点	制限時間	レベル
マーケティング知識	正誤問題 10 題(各 2 点計 20 点)	150 点	1 時間 30 分	マーケティングの戦略立案，意思決定ができる
	接続問題 A 群 B 群 10 題(各 2 点計 20 点)			
	穴埋問題 20 題(各 3 点計 60 点)			
	短文記述 5 題(各 10 点計 50 点)			
マーケティング事例	正誤問題 5 題(各 2 点計 10 点)	150 点	1 時間 40 分	
	穴埋問題 10 題(各 3 点計 30 点)			
	マーケティング戦略 (ケーススタディ) (計 110 点)			

（Web 試験の場合）

C 級				
試験科目	配点	合計点	制限時間	レベル
マーケティング知識	正誤(○×)式 20 題(30 点)	150 点	1 時間	定型業務をこなすために必要なマーケティング知識があるレベル
	選択式 20 題(45 点)			
	語群選択式 10 題(30 点)			
	三答択一式 15 題(45 点)			
マーケティング事例	語群選択式 20 題(20 点)	50 点	45 分	
	三答択一式 10 題(20 点)			
	三答択一式 2 題(10 点)			

B 級				
試験科目	配点	合計点	制限時間	レベル
マーケティング知識	正誤（○×）式 20 題（40 点）	200 点	1 時間 30 分	マーケティング業務の運営ができる応用レベル
	選択式 20 題（60 点）			
	語群選択式 15 題（60 点）			
	四答択一式 10 題（40 点）			
マーケティング事例	正誤（○×）式 20 題（40 点）	100 点	1 時間	
	選択式 5 題（20 点）			
	四答択一式 5 題（20 点）			
	語群選択式 5 題（20 点）			

※　各問題の制限時間は，受験要項にてご確認下さい。

3　効果的な学習方法

（1）　学習計画を立てる

　まず，「マーケティング・ビジネス実務検定®」試験を学習するための，自分に合った学習方法を選択してください。対策講座として，通学講座を受講するのか，通信教育を利用するのか，テキストを基に独学で学習するのかです。

　学習方法が選択できたら，次は学習スケジュールを立ててください。試験日からさかのぼって，いつから学習するのか，各人の仕事の状況，学校での勉強の状況などを考慮の上，計画を立案してください。

　基本的な学習の進め方は，まず「マーケティング・ビジネス実務検定®」オフィシャルテキストを熟読し，全体のマーケティングの体系や重点ポイント，重要キーワードを把握してください。

　それから，問題集を活用して練習問題や模擬試験問題などの演習を行ってください。また，今日的な情報として，マーケティングに関係する統計資料，情報化や法律の改正・制定情報などは，日々，新聞，ビジネス誌，インターネットなどから収集し整理しておいてください。

　自分の環境に合った最良の学習方法を，無理のないスケジュールで実行してください。

（2） 学 習 方 法

① 通学講座による学習

通学講座で学習するメリットは，試験日に合わせて講座内容が組まれていることです。また，マーケティング専門の講師が，試験の重点ポイントを中心に講義を行い，問題演習も実施します。最新の情報が得られ，疑問点などもすぐにその場で質問し解決できます。

② 通信講座による学習

通信講座で学習するメリットは，費用が通学講座に比べてかからない，通信教育の学習パターンにそって比較的自分のペースで勉強ができる，通学講座を実施していない地域でも学習ができるなどがあります。

③ 独学による学習

独学で学習するメリットは，完全に自分のペースで学習でき，費用面でテキスト・問題集のみの必要経費で済むことです。自己管理がしっかりとでき，意志の強い人には適しています。

〈対策講座実施機関〉

〒 163-0825　東京都新宿区西新宿 2-4-1

新宿 NS ビル 25 階　株式会社マウンハーフジャパン内

国際実務マーケティング協会　事務局

TEL　03-6279-4180　　FAX　03-6279-4190

URL　https://www.marke.jp/　　info@marke.jp

＊　上記実施機関にお問い合わせください。

〈オフィシャルテキスト出版〉

〒 161-0033　東京都新宿区下落合 2-5-13

株式会社税務経理協会

TEL　03-3953-3301（代表）　　FAX　03-3565-3391

URL　http://www.zeikei.co.jp/　　E-mail　info@zeikei.co.jp

＊　上記出版社にお問い合わせください。

4　受験申込みなど

（1）　受 験 資 格

どなたでも受験することができます。

（2）　試 験 内 容

　C級，B級，A級の3つのレベルがあり，それぞれ試験内容が異なります（別項参照）。

（3）　試 験 会 場

　東京，名古屋，大阪，団体施設など

（4）　試　験　日

　C級　2月，6月，8月，11月（年4回実施）

　B級　2月，6月，11月（年3回実施）

　A級　11月（年1回実施）

＊　詳しくは，各回の受験要項をご覧ください。

（5）　受　験　料

　受験料

　［C級］5,700円（税込6,270円）　　［A・B級併願］18,400円（税込20,240円）

　［B級］6,800円（税込7,480円）　　［B・C級併願］12,500円（税込13,750円）

　［A級］11,600円（税込12,760円）

（6）　受験申込方法

　この検定試験は，インターネットからお申込みいただけます。

　申込受付期間になりましたら，インターネットで申込ページが公開されます。受験票の郵送は，ありません。

（7）　合 格 発 表

　合否確認は，インターネットから行えます。また，団体で受験した方については，団体を経由して結果を通知します。

（8）　合格基準点

　C 級の合格基準点は，合計点（200 点）の 80 ％（160 点）を基準として，試験委員長が定める点です。

　B 級の合格基準点は，合計点（300 点）の 70 ％（210 点）を基準として，試験委員長が定める点です。

　A 級の合格基準点は，合計点（300 点）の各回，試験委員長が定める点です。

（9）　お問い合わせ

　「マーケティング・ビジネス実務検定®」試験の詳しい内容については，下記協会事務局にお問い合わせいただくか，もしくは協会 HP（https://www.marke.jp）をご覧ください。

　〒 163-0825　東京都新宿区西新宿 2-4-1

　新宿 NS ビル 25 階　株式会社マウンハーフジャパン内

　国際実務マーケティング協会事務局

　TEL　03-6279-4180　　FAX　03-6279-4190

　URL　https://www.marke.jp/

　E-mail　info@marke.jp

5　関連する検定

（1）　マーケティング法務検定®

マーケティングをはじめとする，企業の営業活動を担う，一人一人が自身の活動に関する法令を知り，違法・不当な行為を行わないように，その判断能力を養うための検定として，「マーケティング法務検定®」がつくられました。マーケティング・ビジネス実務検定A級の試験科目の1つである「マーケティング法務科目」をより広く，そして深く掘り下げ，特に広告マーケティングの分野に関わる法令を中心に知識を身に着けていただくことを目的とした検定です。

会社における「法務」については，内部統制や労務上の問題について，専門的知識をもった一部の人が対応する業務というイメージが強いのではないでしょうか。

そういったイメージに反し，「法務」は企業の一員である人，全員が携わっていることです。

売り手として消費者に接するとき，注文者として他事業者に仕事を依頼するときにも「法務」は関係してきます。

自社製品に自信をもって「これで絶対○○できる！」と広告することや，よかれと思って値引き価格での販売を継続していることが景表法違反になっているかもしれません。

企業HPにあげた画像が，誰かの著作権を侵害しているかもしれません。

馴染みの業者に，少し無理を聞いてもらっていたことが，下請法に違反しているかもしれません。

法令の規定を見ているだけでは，具体的な違法行為や，「どうすれば法令違反にならないか」ということを理解することは難しいでしょう。

また，法令を理解するためには，民法の基礎知識が不可欠ですが，学生時代に専攻していなかった方にとっては，さっぱり分からないのではないでしょうか。

そういった方々に活用していただけるのが，「マーケティング法務検定®」で

す。

法律知識ゼロから，マーケティングに関連する法的知識を効率よく学ぶことができ，検定試験に合格することで，客観的な評価を得ることができます。

（2） マーケティング法務検定® の試験内容

① 内容・レベル

マーケティング法務検定は，マーケティング実務に活用できる実践的な法的知識を身に着けることができるビジネス直結型の検定試験です。実践的な法的知識は，業種・業界の垣根なく，ビジネスパーソンの助けとなるものです。

級	レ　ベ　ル
Ａ級	各種法令を理解し，戦略的に用いることができるレベル
Ｂ級	指導的立場で，リスクマネジメント業務が行えるレベル
Ｃ級	法令に違反することなく，マーケティング活動行えるレベル

全国どこからでも受験していただける web 試験の方法により実施いたします。

② 出 題 範 囲

1 消費者に関する法令

・消費者基本法

・消費者契約法

・消費者の財産的被害の集団的な回復のための民事の裁判手続の特例に関する法律（消費者裁判手続特例法）

2 販売活動に関する法令

・私的独占の禁止及び公正取引の確保に関する法（独占禁止法）

・特定商取引に関する法律（特定商取引法）

3　広告・表示に関する法令

- 不当景品類及び不当表示防止法（景品表示法）
- 医薬品，医療機器等の品質，有効性及び安全性の確保等に関する法律（薬機法）
- 食品表示法
- 不正競争防止法
- 製造物責任法（PL 法）
- 特定電子メールの送信の適正化等に関する法律（特定電子メール法）

4　権利者保護に関する法令

- 特許法
- 実用新案法
- 商標法
- 意匠法
- 著作権法
- パブリシティ権

5　民法の基礎知識

- 物権と債権
- 権利の主体
- 契約の成立
- 契約の効力
- 債務不履行
- その他の基礎知識

③　テ キ ス ト

マーケティング法務　ハンドブック（ベーシック）

④　受験申込み

どなたでも受験することができます。

受験要項については，「マーケティング法務検定®」の HP をご確認ください。

　URL　https://www.markelaw.jp//

⑤　お問い合わせ先

「マーケティング・ビジネス実務検定®」に同じ。

第 **2** 章

マーケティング・ビジネス
実務検定®試験《要点解説》

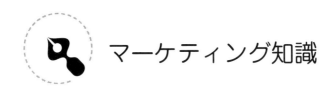

マーケティング知識

1　マーケティングの概要

（1）　マーケティングの定義

①　マーケティングとは何か

私たちが日常使用している製品は，製造業者で生産され，それは卸売業者（商社，卸売市場，卸問屋，仲介人など）に渡り，さらに小売業者（百貨店，スーパーマーケット，コンビニエンスストア，専門店など）を経て，消費者が使用します。

これらの4段階の流れを取り巻くものが市場，マーケットと呼ばれるものです。

また，これらの消費財以外にも，事業者などが使用する産業財（生産財），また学校での教育や病院での治療，宅配便や理美容などの無形財（サービス）などがあり，経済環境のすべてに市場は存在しています。

近年，消費者ニーズの多様化・高度化，少子高齢化の進展，情報化の進展，国際化など，さまざまな市場環境が変化してきており，その変化のスピードも速くなっております。

製造業者や卸売業者，小売業者などの企業は，これらの変化に適切に対応していかなければ，自らの存在価値がなくなってしまいます。

常に変化を続ける市場環境に，1）製品・商品やサービス，2）価格，3）流

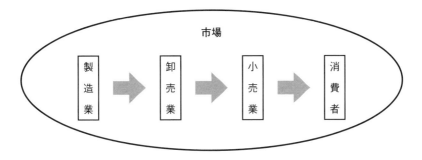

通経路や物流，4）プロモーションなどを統合して，それらの変化に対応しながら，自らの存在価値を向上していく活動を，マーケティング活動と呼びます。

② マクロとミクロのマーケティング

1）マクロ・マーケティング

　　マクロ・マーケティングの領域は，商品・サービスの生産者から卸売業者，そして小売業者を通って最終消費者へと流れていくプロセスにあります。これらの全体の流れを経済的に把握してとらえ，それを流通としているものです。

　　このような基本的な考え方に，近年では社会的・生態的にも把握し，人間や環境に対する貢献を柱として，その公正性や効率性の向上を目指すプロセスとして広くとらえられています。

　　このようにマーケティング全体を対象としたものが，マクロ・マーケティングです。

2）ミクロ・マーケティング

　　ミクロ・マーケティングは，個々の企業が展開する対市場活動のことであり，マーケティングはその企業の経営者によって管理されます。

　　個別企業のマーケティングは，マーケティング環境に対応したマーケティング理念を明確にし，その理念に基づいてマーケティング戦略を構築し，マーケティング管理を遂行していくものです。標的市場を明確にし，そのターゲットに対して最適なマーケティング・ミックスを決定していきます。

| マクロ・マーケティング | 流通システム全体を対象としている。 |
| ミクロ・マーケティング | 個別企業の対市場活動 |

③ アメリカマーケティング協会（AMA）の定義

マーケティングの研究機関であるアメリカマーケティング協会（AMA）は，

はじめに「マーケティングとは，生産地点から消費地点に至る商品およびサービスの流れにたずさわる諸事業活動である」と定義しました。

その後，1948 年に改訂が行われ，「マーケティングとは，生産者から消費者もしくは使用者に至る商品およびサービスの流れを指揮・管理する一連の活動である」としました。ここでの改訂ポイントは，商品やサービスの流れを意図的に指揮・管理することとしている点です。

さらに，1985 年に大幅な改訂が行われ，「マーケティングとは，個人目標および企業目標を満たす交換を創造するための，アイデア・商品・サービスのコンセプト，価格設定，プロモーション，流通の計画と実行のプロセスである」としました。

ここでの改訂ポイントは，次の点です。

1)　交換の概念の創出

2)　目的の明確化

3)　非営利組織にも応用すべきことを示唆

4)　無形でソフトなベネフィットを重視（アイデアやコンセプトなど）

5)　双方向の活動

また，AMA は 2004 年 9 月に約 20 年ぶりに，マーケティングの定義を改訂しました。

その内容は，「マーケティングとは，顧客に対して価値を創造し伝達・提供して，組織およびステークホルダー両者にとって有益となるという視点で，顧客との関係性を構築するための組織的な機能とプロセスである」となっています。

主な改訂ポイントは，次の点です。

・顧客に提供するものは価値である

・組織やステークホルダー（利害関係者）に有益となるようにコミュニケートすること

・顧客との関係性の重視

・組織的な働きと過程である

企業を取り巻く環境が大きく変動し，そして消費者の購買行動も変化するの

に伴いマーケティング活動も，以前の定義の範囲を超えたため，定義の内容が拡大されました。

　企業は顧客に提供する価値を創造し，その価値に共感してくれる顧客を探索しコミュニケートするということが重要です。IT 技術の進展により，企業は顧客と直接双方向のやり取りをし，接点をもつことができるようになりました。企業は，ステークホルダー（利害関係者）の利益を重視した行動をとり，社会的責任を果たしていかなければなりません。

　そして，2007 年に再度マーケティングの定義が改訂されました。

　その内容は，「マーケティングとは，顧客やクライアント，パートナー，さらには広く社会一般にとって価値のあるオファリングス（提供物）を創造・伝達・提供・交換するための活動とそれに関わる組織・機関，および一連のプロセスのことである。」となりました。

　2007 年の定義改訂では，交換ということばを再び採用しており，社会全体という点を強調しています。このことから，以前のマーケティング・マネジメント的な部分が除かれており，より大きなマーケティングの役割を重視した概念となっています。

④　日本マーケティング協会（JMA）の定義

　1987 年に，日本マーケティング協会から，1985 年の AMA の定義に対する不足事項が次の通り挙げられました。

　・マーケティングの社会的機能や競争手段としての性格の重視に欠けている。

　・マーケティングのリサーチ，コミュニケーション活動が欠落している。

　・グローバルな側面の指摘が欠如している。

　そのため，これらの内容を受けて，日本独自のマーケティングの定義が，1990 年に JMA から新たに発表されました。

〈JMA の定義〉

　「マーケティングとは，企業および他の組織がグローバルな視野に立ち，顧客との相互理解を得ながら，公正な競争を通じて行う市場創造のための総合的

図表　マーケティングの役割の変遷

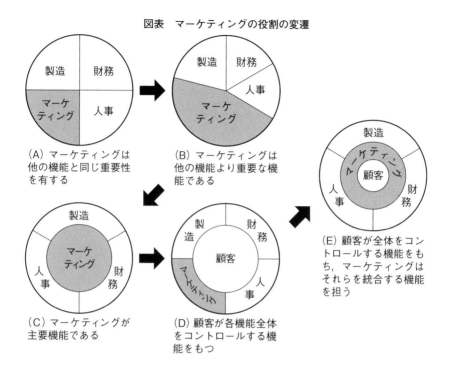

（A）マーケティングは
他の機能と同じ重要性
を有する

（B）マーケティングは
他の機能より重要な機
能である

（C）マーケティングが
主要機能である

（D）顧客が各機能全体
をコントロールする機
能をもつ

（E）顧客が全体をコン
トロールする機能をも
ち，マーケティングは
それらを統合する機能
を担う

活動である」

　定義のポイントとしては，次の通りです。

1)　他の組織には，非営利組織（教育・医療・行政など）を含んでいること

2)　グローバルな視野には，国内外の諸環境（社会・文化・自然環境など）を
　重視していること

3)　顧客には，消費者，取引先，関係機関，個人，地域住民などを広範に含
　むこと

4)　総合的活動には，リサーチ，製品・サービス，価格，プロモーション，
　流通，顧客や環境との関係などにかかわる諸活動となっていること

　この定義は，需要・競争・社会の3つの分野にマーケティング活動を応用さ
せるべきことを示しており，一貫性のある内容となっています。

⑤ マーケティングの役割の変化

企業におけるマーケティングの役割は，次のようにその位置づけを変化させてきています。

1) マーケティングは他の機能と同じ重要性を有する

　　企業におけるマーケティングの機能は，他のすべての機能部門と同様に重要であり，特にリーダーシップをとる機能部門はないという考え方です。

2) マーケティングは他の機能より重要な機能である

　　企業が成長の鈍化や売上の減少に直面すれば，マーケティングの機能はより重要な機能となってくるという考え方です。

3) マーケティングが主要機能である

　　企業におけるマーケティングの機能は，企業の使命，市場，製品を定義し，他の機能部門をリードして顧客に対応することであるという考え方です。

4) 顧客が各機能全体をコントロールする機能をもつ

　　企業の中心に顧客をおき，すべての機能部門は顧客を発見し，対応し，満足させるために協力して活動することであるという考え方です。

5) 顧客が全体をコントロールする機能をもち，マーケティングはそれらを統合する機能を担う

　　企業内のすべての機能が顧客の満足に向けて活動をするように，マーケティングがその統合的な役割を担っているという考え方です。

【練習問題 1】

　次の各文章のうち，正しいものには○印を，誤っているものには×印を，それぞれつけよ。

① マーケティングが対象とする組織には，企業以外の教育・医療・行政などの非営利組織は含まれない。

　　② 　顧客には，消費者のみならず，取引先や関係機関，地域住民など
　　　も含んでいる。
　　③ 　マーケティングは，無形でソフトなアイデアやコンセプトなどの
　　　ベネフィットを重視している。
　　④ 　現代におけるマーケティングの役割は，他の製造・財務・人事な
　　　どの機能より重要な機能である。
　　⑤ 　マーケットにおける製品の流れは，一般的には製造業者から卸売
　　　業者へ，そして小売業者へと渡り，消費者などに到着する。

【練習問題 1　解答・解説】

①－×

　マーケティングが対象とする組織には，営利を追求する企業だけではなく，
非営利組織である教育・医療・行政などの組織も含まれている。

　この考え方は，コトラーに代表されるソーシャル・マーケティングの拡大の
中で明らかになっており，マーケティングの手法を企業以外の非営利組織に応
用しようという視点である。

②－○

　マーケティングが対象としている顧客には，消費者以外の事業者も含まれて
いる。消費財は消費者が購入し使用するが，産業財は企業などの事業者が購買
し使用する。また，無形財としてのサービスは，個人としての消費者のみなら
ず，事業者向けのサービスもある。

③－○

　1985 年のマーケティングの定義の大幅な改訂により，無形なソフトとして
のベネフィット（便益）を重視しており，アイデアやサービスのコンセプトなど，
交換対象となるものはすべて含まれている。

④－×

　現代のマーケティングの役割は，顧客がまず核の中心に位置づけられ，顧客を取り巻くものとしてマーケティング機能がある。そして，その外側に製造・財務・人事などの他の機能がある。

　顧客が全体をコントロールする機能をもち，マーケティングはそれらを統合する機能である。

⑤－○

　マーケット（市場）においては，製造業者で生産された製品は，商社や卸売市場，卸問屋などの卸売業者に渡り，さらに百貨店やスーパーマーケット，コンビニエンスストア，専門店などの小売業者を経て，消費者が購入し使用・消費するという4段階の流れとなっている。

　ただし，消費財以外の生産財や無形財としてのサービスを，生産者から消費者や事業者が購買し利用する流れも存在している。

マーケティング事例

1　マーケティングの概要

【 時 　事 】

（1）　人口減少・超高齢社会の到来

　マクロ環境の中で，日本において顕著なのは，人口減少と少子高齢化社会の到来です。日本の人口は，2008 年の 1 億 2,808 万人をピークに，若者の晩婚化・未婚化の増大による少子化を背景に人口減少時代に突入し，2015 年の 1 億 2,709 万人がこのままでは 2053 年には 1 億人を下回り，2065 年には 8,808 万人になる見込みです。

　生産年齢人口（国内の生産活動の中心となる労働力に相当する 15〜64 歳）は，総人口比の約 70 ％（1992 年）をピークに，60.8 ％，7,728 万人（2015 年）と減少し続け，2065 年には 51.4 ％，4,529 万人と見込まれています。このままでは，経済活力を保つための労働力が目減りし，持続的な経済成長が難しくなり，国の税収にも影響を与えるため，現役世代にかかる年金や医療などの負担は，重くなるばかりです。医療・年金・介護などの社会保障制度を支える日本の社会システムの仕組みが，この人口減少と少子高齢化に対応しきれていないため，多くの課題が顕在化しています。

　高齢化率（65 歳以上の高齢者の割合）は，2005 年に 20 ％を突破し，その後 2015 年に 26.6 ％と 4 人に 1 人が高齢者となり，約 2.3 人の現役世代が高齢者 1 人を支える「騎馬戦型社会」になっています。高齢化率は，その後も上昇を続け，2025 年には 30 ％と人口の約 3 人に 1 人が高齢者になり，2065 年には 40 ％に近づき 1.3 人が 1 人を支える「肩車型社会」になると推計されます。

　一般に，高齢化率 7〜14 ％を**高齢化社会**，14〜21 ％を**高齢社会**，21 ％以上を**超高齢社会**といい，わが国はそれぞれ 1970 年に高齢化社会，1994 年に高齢

図表　日本の人口の推移

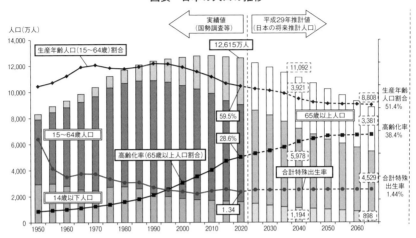

出典：2020年までの人口は総務省「人口推計」（各年10月1日現在）等，合計特殊出生率
　　　は厚生労働省「人口動態統計」，2025年以降は国立社会保障・人口問題研究所
　　　「日本の将来推計人口（平成29年推計）」（出生中位（死亡中位）推計）

65歳以上人口の推移と推計

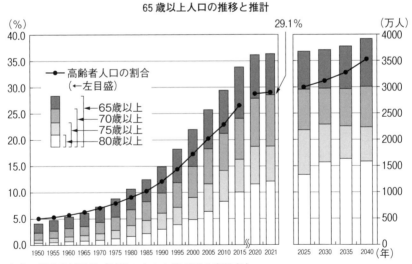

出典：総務省統計局「統計からみた我が国の高齢者」

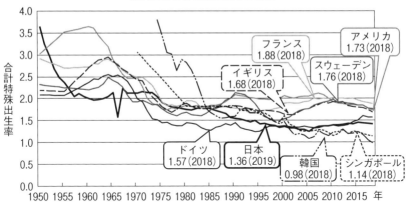

諸外国の合計特殊出生率の推移

資料：人口動態統計（日本），UN「Demographic Yearbook」，Eurostat等

社会，2007 年に世界に先駆けて超高齢社会を迎え，世界でも類を見ない高齢国家への道を歩んでいます。

　日本の少子高齢化の原因は，出生数が減る一方で，平均寿命が延びて高齢者が増えているためです。日本の人口構成を表す人口ピラミッドをみると，いわゆる団塊の世代（1947～49 年生まれ）とその子供世代である団塊ジュニア世代（1971～74 年生まれ）と 2 か所に膨らみがあり，少子化の影響で若い世代の裾がすぼまっています。

　2016 年国内で生まれた子供の数は 97 万 6,979 人で，初めて 100 万人の大台を割り込みました。1 人の女性が生涯に産む子供の数である合計特殊出生率は，1.9～2.0 のイギリスやフランスなどと比較して，日本は 1.44（2016 年）と低くなっています。浮き彫りになったのは，女性の社会進出が進んだことや経済的不安を抱える若者による結婚・出産の年齢が上がる晩婚化・晩産化が進んでいることです。人口減少に歯止めがかからない地方自治体は，行政サービスなど自治体機能が維持できなくなるとして危機感を抱いています。このため，官民による少子化対策や人口減への取組みが急務となっています。今後は，生産活動を持続し，社会保障制度を支えるためにも労働生産性を高める工夫と働く意欲のある女性と高齢者の活用が欠かせなくなっています。年金制度の継続や経

済の活性化に向けて，出生率を回復させ人口減少を緩和することは，他の先進国同様に喫緊の課題です。

〖実　務〗

（1）　マーケターの仕事

マーケターとは，組織においてマーケティング業務に携わる人，あるいは，製品の企画・開発を目的として市場調査を行ったり，新製品のテストマーケティングや市場開拓を行ったりすることを専門業務とする人をマーケターといいます。

マーケターの仕事は，マーケティング活動のサイクルをつくることであり，市場の把握から始まって，販売後のフォローにまで及びます。扱う製品が生産財か消費財かによって，マーケティング活動は異なりますが，ここでは共通的な仕事について概観します。マーケターは，自社の仕事だけでなく，さまざまな社会の変化に関心を持ち，幅広い知識と高い専門性が求められます。

①　市場の把握

1）　市場を理解する

市場の規模，成長率，そして市場の細分化状況を把握します。その際に，既存の製品・サービスの品質，製品の多様性，価格，包装，新製品の導入頻度，そして何が勝敗を決する要因となっているかも的確に把握する必要があります。

2）　ライバル他社を理解する

自社製品・サービスと競合するところはどこかを把握します。それらの企業の市場目標，資金と財源，品質，価格，プロモーションなどについて綿密に調査します。

3）　自社を理解する

自社の規模，シェア，実績，自社製品・サービスの特長や価格などについて分析します。

②　製品企画・開発

　製品の企画・開発には，市場調査が不可欠です。市場調査には，現段階における市場の観察を目的とする市場把握のための調査と，新しい製品・サービスを投入したら市場がどう動くかを予測するための調査とがあります。

③　市 場 開 発

1)　市 場 開 発

　　優れた製品・サービスが開発されても，それが消費者に受け入れられなければ市場として成立しません。新たな市場を開発するためには，広告やプロモーション活動が必要です。

2)　生産と流通のバランス

　　優れた製品・サービスを開発して新たな市場を開発しても，その製品・サービスが実際に流通しなければ，そのマーケティングは失敗とみなされます。失敗を回避するために，生産と流通を適切に調整する必要があります。生産・流通は，本来マーケティングとは別個の部門が担当しますが，生産・流通に関する情報にはマーケティングに大きな影響を与える要素が多く含まれます。マーケターは，生産・流通を別分野のこととして考えるのでなく，マーケティング活動の緊密な関係分野であるという認識の上に立って製品開発・市場開発に取り組む姿勢が求められます。

④　販売後のフォロー

　製品・サービスが販売された後にマーケターが行うべき仕事は，製品・サービスのライフサイクル（市場寿命）をコントロールすることです。優れた製品・サービスであっても，永遠に売れ続けるというケースはまれです。そのため，継続的な販売を意図してあらかじめさまざまな対応策を講じます。

1)　製品の改良

　　製品改良の方法として，デザイン変更，特性の追加・削除，性能の向上，品質改善などがあります。

2) マーケティング・ミックスの見直し

　　マーケティング戦略を構成する流通，製品，価格，プロモーションの各戦略を高度にマネジメントし，最大の効果を上げようとするのがマーケティング・ミックスであり，マーケティング・ミックスを最適化することによって製品・サービスの長寿化を図ります。

3) 社内広報活動

　　マーケティング・ミックスが高度に最適化されていても，社内の意思統一が図れないと効果は生まれません。他部署と密に連携するために社内広報活動を行うこともマーケターにとって重要な仕事です。

〈問題・解答解説〉

問題1—1　時事問題

次の文章の（　　）にあてはまる適切な語句を語群から選びなさい。

65歳以上の人口の総人口に占める割合である“高齢化率”によって，“高齢化社会”，“高齢社会”，“超高齢社会”と呼び方が変わる。日本は2021年10月1日時点で，（　　）にある。

（a）高齢化率14％，高齢社会　　　（b）高齢化率20％，高齢社会
（c）高齢化率24％，超高齢社会　　（d）高齢化率28％，超高齢社会
（e）高齢化率31％，超高齢社会

〈解　答〉

（d）

〈解　説〉

　高齢化率7％以上の社会を“高齢化社会”，高齢化率14％以上を“高齢社会”，高齢化率21％以上を“超高齢社会”と呼ぶ。日本は2007年に“超高齢社会”に突入し，2021年10月1日時点で，高齢化率28.9％の超高齢社会にある。

　参考：総務省・人口推計（概算値）

問題1—2　時事問題

次の文章の（　　）にあてはまる適切な語句を語群から選びなさい。

国の総人口に占める65歳以上の人口の割合を"**高齢化率**"というが，主要国のうち，日本に続き高齢化率が21.5％を超える高い国は，（　　）である。

（a）アメリカとイギリス　　（b）イギリスとイタリア
（c）ドイツとフランス　　　（d）イタリアとドイツ
（e）韓国と中国

〈解　答〉

（d）

〈解　説〉

主要国の高齢化率は，下表の通りである。

高齢化率の国際比較（2021年）

順　位	国　名	高齢化率
1位	日本	28.7％
2位	イタリア	23.6％
6位	ドイツ	21.9％
14位	フランス	21.0％
30位	イギリス	18.8％
39位	アメリカ	17.0％
41位	韓国	16.5％
64位	中国	12.4％

出典：世銀（World Bank）（小数点第2位切り捨て）

なお，韓国・中国の高齢化は，まだ日本ほど進んでいないが，日本と同様に合計特殊出生率が低く，日本に遅れて急速，急激な高齢化に突入すると見込まれている。

問題1—3 時事問題

次の文章の（　　）にあてはまる適切な語句を語群から選びなさい。

少子化の要因を示す，女性が一生に子どもを産む数を統計的に求めた（　　）という指標があるが，わが国は他の先進国と比較してこの値が低く，かつ減少傾向が続いている。日本は先進国では最も少ないグループで，1.34人である。フランスは1.8人，アメリカ，イギリスは1.5人を超えている。

〈語群〉

（a）自然人口増加率　　（b）標準化出生率　　　（c）新生児死亡率

（d）中絶率　　　　　　（e）合計特殊出生率

〈解　答〉

（e）

〈解　説〉

女性が一生に子どもを産む数を統計的に求めた指標を"合計特殊出生率"という。

参考：世銀（World Bank）2020年データ

問題1—4 時事問題

次の文章の（　　）にあてはまる適切な語句を語群から選びなさい。

「少子化は大問題である。今まで発展してきた国に少子化の前例がないし，若者が少ない国は活力がなくなる」と，10年以上前に日本に対し警鐘を鳴らした学者は，（　　　）である。

（a）マイケル・サンデル　　　（b）マイケル・ポーター

（c）フィリップ・コトラー　　（d）P. F. ドラッカー

（e）セオドア・レビット

〈解　答〉

（d）

〈解　説〉

　P. F. ドラッカーは，生前毎年のように日本を訪れる程の親日家で，日本の少子化について早くから警鐘を鳴らしてくれた。「すでに起こっている"人口構造の変化"こそ，正確に予測できる未来であり最初に分析すべき項目である」と指摘している。"人口構造の変化"は，イノベーションの7つの機会の1つとしても挙げられている。

　　┄┄┄ 問題1—5　実務ケース ┄┄┄┄┄┄┄┄┄┄┄┄┄┄┄┄┄┄┄┄┄┄┄
　　　次の文章の（　　）に当てはまる適切な語句を語群から選びなさい。
　　　マーケターは，（　　）を別分野のこととして考えるのでなく，マーケティング活動の緊密な関係分野であるという認識の上に立って製品開発・市場開発に取り組む姿勢が求められる。
　　　（a）企画・開発　　（b）人事・採用　　（c）調査・分析
　　　（d）財務・経理　　（e）生産・流通

〈解　答〉

（e）

〈解　説〉

　生産・流通は，本来マーケティングとは別個の部門が担当するが，生産・流通に関する情報にはマーケティングに大きな影響を与える要素が含まれることが多いため，緊密な関係を保つことが望ましい。

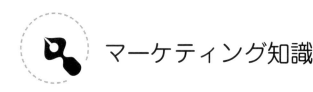

マーケティング知識

2　マーケティング・コンセプト

（1）　マーケティング・コンセプトとは

　マーケティングの基本理念は，「顧客のニーズやウォンツを出発点として，さまざまなマーケティングの技術を統合し，顧客満足を通じて適正な利潤を得る」ということです。

　顧客に対して常に生活の提案を行い，市場を創造していく活動であるといえます。

①　ニーズとウォンツ

　ニーズとは，「人間が感じる欠乏状態であり，人間がもっている基本的な欲求」のことです。つまり，人間が感じる必要性のことですが，実際に自分自身がどのようにしたいのかが明確になっていないことが多いです。

　一方，ウォンツは，「ニーズがもととなった具体的な欲求」のことであり，実際の商品として表現されます。潜在化されたニーズをもとに，具体的な商品が導かれます。ウォンツは，個人のもつ価値観などによって形成されます。

図表　ニーズとウォンツ

	ニーズ	ウォンツ
性　質	人間が感じる欠乏状態 人間が感じる必要性	ニーズがもととなった 具体的な欲求
具体例	暑い， 涼しくなりたい	クーラー，扇風機， クールドリンク

②　プロダクト・アウトとマーケット・イン

プロダクト・アウトとは，独自能力を活かして製品を作り出し，市場でその是非を問うという製品志向の考え方です。つまり，製品を作ってから売るという発想であり，消費者のニーズを重視せず，生産者側中心の発想で製品を開発・生産しようというもので，需要が供給を上回っている状況で通用する考え方です。

一方，マーケット・インとは，市場の求める便益を探り，そのニーズを満たす製品を開発するという顧客志向の考え方です。つまり，売るために製品を作るという発想であり，何が売れそうかということを把握した後に製品を開発するというもので，消費者ニーズの把握を重視する今日のマーケティングの考え方の基本となるものです。

プロダクト・アウト	製品志向の考え方
マーケット・イン	市場や顧客志向の考え方

③　販売コンセプトとマーケティング・コンセプト

販売コンセプトとは，出発点は製品にあり，製品の積極的な販売活動を展開し，売上高に基づく利益を享受するという理念です。日本においては，経済の高度成長期に，生産が需要に追いつかなかった時代には，この販売コンセプトが通用していました。

マーケティング・コンセプトとは，対をなす考え方です。

理　　念	焦　点	手　段	目　　的
販売コンセプト	製品	販売，プロモーション	売上高に基づく利益
マーケティング・コンセプト	顧客のニーズやウォンツ	統合的マーケティング	顧客の満足に基づく利益

（2）　マーケティング・コンセプトの発展過程

マーケティング・コンセプトの発展過程を整理すると，次のようになります。

①　生産志向

生産を出発点とした，企業にとって合理的な経営を実施した時代です。供給が需要に追いつかない時代の市場において通用する「作れば売れる時代」の志向で，企業はいかに効率的に生産活動を行うかということに，全力をあげました。

②　製品志向

価格に対して，品質や性能が良い製品づくりを基本としており，「良い製品を作りさえすれば」という，近視眼的な企業の志向です（マーケティング・マイオピア）。企業は，製品の品質が高ければ消費者に受け入れられると考え，品質向上に努め，消費者が求めていない必要以上の高機能や多機能を付加します。

③　販売志向

顧客は，販売努力が十分になければ製品を購入しないという考え方であり，ハードセリングが主となりました。顧客は二の次となるような猛烈な売込みや広告宣伝が行われました。その行き過ぎた販売方法や欺瞞的な広告には，消費者の批判が集中しました。

④　マーケティング志向

マーケティングの主導権が企業側から消費者側に移った時代です。顧客のニーズやウォンツが出発点となっており，企業の市場活動が成功の鍵を握っています。供給が需要を上回り，企業間の競争は激化し，消費者の所得水準が上昇し，消費者の満足を得られる製品づくりが重要となりました。

⑤　社会志向

コンシューマリズム（消費者主権主義）や環境主義，資源問題などの出現により，従来のマーケティング活動に対する修正や変更が求められています。マーケティングに社会的価値の導入が求められており，生活の質の重視，生活者志向の中で，ソーシャル・マーケティングの考え方の採用が重要となってきています。

図表　コンセプトの推移

コンセプト	内　容
生 産 志 向	生産性の追求
製 品 志 向	製品の品質と性能の追求
販 売 志 向	販売技術の向上，ハードセリング
マーケティング志向	顧客満足の獲得
社 会 志 向	生活者や社会の長期的利益

（3）　ソーシャル・マーケティングの考え方

ソーシャル・マーケティングの考え方には，次の2つがあります。

①　社会的責任への考慮

レイザーらに代表される考え方で，企業がマーケティング活動を行っていく場合には，利潤追求のみではなく，企業の社会的責任にも目を向け，社会全体に対する貢献も行うべきであるという視点です。

企業のマーケティング活動の中に，環境保護や資源問題などを重視する視点が組み入れられ，社会に対する影響を考えることが求められています。

②　非営利組織への応用

コトラーに代表される考え方で，顧客満足を通じての利益の追求というマーケティングの理念や技法を，企業以外の非営利組織にも応用していこうという

視点です。

　政府機関，病院，大学，博物館，慈善団体，NPO などの非営利組織の活動をより効率的・効果的なものとするために適用し，社会の福祉を維持・向上し，望まれている満足を提供することを目指します。

| ①　マーケティングに社会的価値追求の考え方を導入する。 | マーケティング活動に社会的責任や社会倫理を組み込む。 |
| ②　マーケティングを非営利組織などに応用する。 | マーケティング概念や手法を社会機関にも拡張する。 |

（4）　エコロジカル・マーケティング

　ソーシャル・マーケティングの考え方は，その後発展して，エコロジカル・マーケティングが唱えられました。

①　環境保護の重視

　環境問題やエネルギー資源の枯渇などに対して，マーケティング活動がどのように対応し，貢献することができるのかを基本としています。

　地球環境を守りながら，どのようにマーケティング活動を進めていくかが重点事項であり，製品の生産・流通・使用・廃棄までの各段階において，環境の悪化を防ぐという環境価値を重視したものです。リサイクル・システムの構築や環境保全型商品の提供，エコマーク運動などの活動があり，企業・消費者・行政の連携や国際的な協力が必要です。

②　生態学の導入

　地球の生態系の研究である生態学の考え方を，マーケティングのなかに取り入れようとするものです。

　生態学（エコロジー）は，環境が変化するなかで生物がどのように適応し，成長をしていくのかを研究しており，有機体の生存条件や取り巻く環境，また

環境変化に対する適応行動などを主なテーマにしています。

　近年，マーケティングを取り巻く環境が大きく変化していくなかで，環境により適切に対応できるマーケティング・システムを構築することが求められており，生態学の考え方を導入しようとするものです。

（5）　コーズ・リレイテッド・マーケティング

　近年，社会的に意義のある活動を支援するコーズ・リレイテッド・マーケティングの考え方が台頭してきています。これは，企業がNPO法人などの非営利組織と連携をして，関心の高い社会的問題を解決しようとするものです。その内容は，自社の製品やサービスの売上の一部を寄付するキャンペーンを行うなどの社会貢献活動です。

　1983年にアメリカン・エキスプレス社が行った自由の女神修繕キャンペーンがはじめといわれており，この内容はカードが使用されるたびに1セントを，新規カードが発行されるたびに1ドルを，自由の女神修繕のために寄付するというものでした。この結果，多くの寄付の実現とカードの利用額30％アップの効果がありました。この他には，2007年から2016年に実施された，売上1リットルにつき10リットルの飲み水をアフリカに供給するといったボルヴィックのキャンペーンがあります。日本では，2011年から2012年に東日本大震災の再生支援のためにクロネコヤマトの「宅急便」1個につき10円を寄付する活動が行われました。

（6）　ソサイティ 5.0 までの社会

　マーケティング・コンセプトに関連する情報として，内閣府によるものがあります。「ソサイティ 5.0 は，ソサイティ 1.0 からソサイティ 4.0 に続く新たな社会を指す」とされています。それぞれ狩猟社会（ソサイティ 1.0），農耕社会（ソサイティ 2.0），工業社会（ソサイティ 3.0），情報社会（ソサイティ 4.0）と定義され，社会はこのような順序で進化・発展してきたとされます。

　狩猟社会（ソサイティ 1.0）とは，農耕が始まるまでの社会を指します。狩猟

や採集を生活基盤としていた原始的な社会です。

農耕社会（ソサイティ 2.0）とは，田畑を耕し，小麦や米などの作物を育て収穫していた社会を指します。農耕によって人々が土地に定住し始めたとされ，今日に至る社会基盤を形成したとされています。

工業社会（ソサイティ 3.0）とは，機械製品の発展などに伴い，工業化していった社会を指します。主に産業革命以後の社会を指す時に用いられ，企業文化の発達や工業化に伴う大量生産が可能となり，農業から工業へ社会構造が変化していきました。

情報社会（ソサイティ 4.0）とは，インターネットや携帯電話，スマートフォンなどの普及によって世界がネットワークで繋がった社会を指します。それにより，世界のどこにいても瞬時にあらゆる場所の情報を知ることができるようになりました。

ソサエティ 5.0 とは，仮想空間（サイバー空間）と現実空間（フィジカル空間）を高度に融合させたシステムにより，経済発展と社会的課題の解決を両立する，人間中心の社会（Society）です。持続可能な産業化の推進・人手不足，食料の増産やロス，温室効果ガス（GHG）排出，高齢化に伴う社会コスト，地域間の格差などが，解決すべき課題となってきます。

【練習問題 2】

次の A 欄に掲げる語句に最も関連のある文章を，B 欄より選べ。

〈A　欄〉

① マーケット・イン

② 生産志向

③ 販売志向

④ ソーシャル・マーケティング

〈B　欄〉

（a）　企業は，マーケティング活動を行う場合，利潤追求とともに企業の社会的責任にも目を向けるべきであるという視点

（b）　市場の求める便益を探り，そのニーズを満たす製品を開発するという考え方

（c）　品質や性能が良い製品づくりを基本としている。

（d）　顧客のニーズやウォンツが出発点となっており，企業の市場活動が重要である。

（e）　企業はいかに効率的に生産活動を行うかということに重点を置いている。

（f）　顧客は企業による販売努力が十分になければ製品を購入しないという考え方

（g）　独自能力を活かして製品を作り出し，市場でその是非を問うという考え方

（h）　マーケティングに社会的価値を導入し，生活の質の重視，生活者志向の考え方

【練習問題2　解答・解説】

①－（b）

　市場や顧客志向の考え方であり，企業はニーズやウォンツを出発点として，さまざまなマーケティング技術を統合して，顧客満足を通じて適正な利潤を得ることが重要である。

②－（e）

　供給が需要に追いつかない時代の考え方で，「作れば売れる時代」の志向である。企業は合理的な経営を実施していた。アメリカにおいては，1900年〜1930年代ごろのことである。

③-（f）

　ハードセリングが主となり，顧客が二の次となるような猛烈な売込みや広告宣伝が行われた。背景には，技術革新が大量生産を可能とし，所得水準の上昇とともに，巨大なマス市場が形成されていた。アメリカにおいては，1930年～1950年代ごろのことである。

④-（a）

　企業は社会全体に対する貢献も行うべきであるという考え方である。レイザーらに代表されるもので，企業は社会との調和という視点から社会的責任を果たしながら長期的な観点に立ってマーケティングを実行しなければならないとする社会・環境志向の考え方である。

マーケティング事例

2　マーケティング・コンセプト

【時　事】
（1）　マーケット・インからカスタマー・インへ

「マーケット・イン」は「プロダクト・アウト」の反対語です。「プロダクト・アウト」とは，かつてわが国の高度成長期に見られた，生産する側の論理や都合を優先する「作ったモノを売る」という発想です。作って店頭に並べれば売れたこの時代には，マーケティングの理論や手法は必要ありませんでした。

これに対して，市場のニーズやウォンツをとらえ，消費者が求めるモノを作って提供しようと考えるのが「マーケット・イン」であり，現代のマーケティングの鉄則とされています。市場の成熟化とそれに伴う消費者の多様化・個性化により，市場の主導権は消費者と接点があり消費者の情報を最もキャッチしやすい位置づけにある小売業に移りました。主導権の移行に伴い，メーカーは小売店と情報を共有する，あるいは直営店を設けるなどして消費者の動向をダイレクトに把握し，マーケット発想に基づいて消費者にとって魅力ある商品の開発に努めています。

今日の情報化社会がIT革命を通じてさらに高度化するのに伴い，かつての大量生産・大量消費の時代は終わりを告げ，個人の価値観を尊重するパーソナル生産・パーソナル消費の時代へと移行する動きが顕著になっています。従来の「サプライヤー・イニシアチブ（供給者主導）」から「ユーザー・イニシアチブ（消費者主導）」へ，「売れるモノを作って売る」から「個人の要望に合わせて（オンデマンドで）作って売る」へ，つまり「小売」から「顧客」へと市場の主導権が移行しつつあるのです。

こうした動きに伴い，顧客との直接対話を前提として顧客満足を追求する

マーケティング，すなわち「カスタマー・イン」がこれからのインターネット時代のマーケティングのキーワードとなり，究極のマーケティングセオリーとなると考えられます。

「カスタマー・イン」の一例として，紳士服のパターンオーダー・システムが挙げられます。これは，従来のオーダーメード・システムを簡素化したもので，お客はあらかじめ用意された生地やデザインの中から好みに合ったものを選び，サイズを指定して自分の好みにあった一着に仕立て上げるものです。フルオーダーすると値も張り時間もかかりますが，パターンオーダーは既製服の1.2〜1.5倍程度の金額で，期間も1〜2週間で仕上がります。自分だけの一着を手ごろな価格で手に入れられるという点が消費者の人気を集め，紳士服市場が低迷する中でも異例の高い伸び率を示しています。

また，ハンバーガーやサンドイッチに代表されるファストフードチェーンにも同様の取組みが見られます。パン生地の選択から始まって具材も取捨選択でき，味付けまで指定して自分好みの一品を味わえるオーダーシステムは，大人のファストフードとして新たな市場を獲得しつつあります。

これらはいずれも消費者個人のこだわりや価値観を商品化して提供するオンデマンド生産・販売方式であり，カスタマー・インのマーケティングセオリーを実践している好例といえるでしょう。

（2）　持続可能な開発目標（SDGs）

国連が2015年に採択し，2030年までの達成を目指す「持続可能な開発目標（SDGs）」では，17の目標を掲げ，行政，NPO，民間企業などが一体となって，貧困撲滅や気候変動対策，女性の社会活躍推進といった社会的課題を解決することを目指しています。従来の企業の社会的責任（CSR）と大きく違うのは，企業が稼ぎながら社会に貢献していくという点です。それぞれの目標は，困難な目標ですが，実現すれば大きな影響がある壮大な挑戦です。

欧米では，SDGsにのっとったビジネスルールの整備が進んでおり，地球温暖化対策やビジネスと人権・不正といったコーポレート・ガバナンスでは評価

の定量化・数値化が進み，企業が順位付けされています。これらの対応の遅れ
は，投資家からの資本引き揚げの可能性があり，長期的な資金調達にも影響し
ます。投資家が企業の環境問題などへの対応を重視することを ESG 投資とい
います。環境に配慮した商品を好む欧州では，20〜30 代の若い世代を中心に
商品を選ぶ上で重要な要素となっています。

　日本でも若者の好みや価値観の変化に対応するために，企業は一段と環境に
踏み込んだ取り組みが求められています。SDGs の先にあるのは，一人ひとり
が「Well being（よく生きる）」というゴールで，それを達成し企業が存続して
いくには目先の利益を超えて，会社の方向性を明確に定義して社会的価値に見
合う成長を遂げ，長期的な企業価値の向上に結びつける必要があります。

SDGs	Sustainable Development Goals	持続可能な開発目標：すべての国連加盟国が 2030 年までの達成を目指す，貧困や教育，環境など 17 分野にわたる目標
CSR	Corporate Social Responsibility	企業の社会的責任：企業は経済面のみならず，社会面や環境面に対しても配慮をしながら，バランスの取れた取り組みが求められる
ESG	Environment, Social, Governance	企業の長期的な成長には，環境・社会・企業統治の 3 つの観点が必要だという考え方
CSV	Creating Shared Value	共通価値の創造：社会的な課題を自社の強みで解決し，持続的な成長へとつなげていく戦略

《 実　務 》

（1）　顧客満足（CS：Customer Satisfaction）

　お客様を大切にし，満足していただくことは，昔から商売の基本といわれて
います。「お客様第一」，「顧客志向」，「マーケットイン」などは，いずれも顧
客満足（CS）につながる言葉といえます。

　自分の期待に対して提供された商品やサービスに満足したお客様の多くは，
継続的に購入してくれます。CS を一度達成できると，他社は簡単には追いつ

けず，そのことが差別化になり業績向上につながります。

　一般的に，次のようにいわれています。

　①　不満を持った時に苦情を申し立てるのは一部の人に過ぎない。多くの人
　　は，黙って次回から購入しない。

　②　不満を抱いた人の口コミは，満足した人の口コミよりも影響が大きい。

　満足して頂いたお客様からは，継続的利用が得られ，口コミを通じて新たな
お客様が獲得できます。反対に，お客様に不満足をもたらすと，次回の購入の
機会を失い，さらに強い口コミの影響で，潜在的なお客様をも失うことになり
ます。

　第3次産業であるサービス業が中心の成熟したビジネス環境の国内において
は，お客様を怒らせない，不満がない状態は当たり前で，顧客満足のレベルか
ら，喜びや感動がある顧客感動（CD：Customer Delight）の顧客対応が期待され
る状況になっています。

　顧客感動の接客の手本として有名なのは，世界規模でホテル・チェーンを展
開する「ザ・リッツ・カールトン」です。当社の"ゴールド・スタンダード"
という資料の中の"クレド"や"サービス・バリューズ"にその骨子がまとめ
られており，その中に"成功への要因を達成し，リッツ・カールトン・ミス
ティーク（神秘性）を作るという役割"を理解するよう従業員に求めています。

（2）　ソーシャル・マーケティング

　ソーシャル・マーケティングの発端は，1960年代に米国で生じたコンシュー
マリズム（消費者運動）といわれています。昨今の企業の社会的責任（CSR：
Corporate Social Responsibility）に対する関心の高まりとともに注目を浴びてい
ます。

　ソーシャル・マーケティングには，大きく2つの内容が含まれています。

　1つは，企業（組織）が自社の利益や顧客だけを考えずに，社会全体の利益
を意識して活動するという社会的責任志向の考え方です。マイケル・ポーター
は，企業の社会的責任を受動的にとらえるのではなく，経済的価値を創造しな

がら，社会的ニーズに対応することで社会的価値も同時に創造するという**共通価値の創造**（Creating Shared Values）を提唱しています。その活動の中には，地球環境に及ぼす影響の大きさを考慮する**環境マーケティング**も含まれます。いかに多くのソーシャル・マーケティングの成功事例をつくり出せるかが企業戦略上の重要な課題となっています。

　もう1つは，フィリップ・コトラーの提唱によるもので，従来のマーケティングの発想を学校や病院，行政機関などの**非営利組織**の運営に活用しようとするものです。

（3）　環境マーケティング

　環境マーケティングが対象とする分野は，
① 工場など物作りの現場における省エネルギー対策
② 「環境にやさしい」商品開発
③ 廃棄商品のリサイクルシステム開発
に大別されます。

　①は企業にとってコスト削減をもたらし，それが新たな収益源の確保につながるものであり，省エネルギー工場としてすでに実現しています。②については，電気モーターとガソリンエンジンを組み合わせたハイブリッドカーや，化学薬品を使わずヤシやパームなどの植物原料を使った洗剤などのように，環境に対する配慮が消費者から支持されヒット商品となった例が多くあります。現代は，環境がブランドになる時代であるといってよいでしょう。

　地球環境の保護を目的とする循環型社会の実現が急務である今日，③の製品の回収・再利用のリサイクルシステムが注目されています。すでに家電リサイクル法や容器包装リサイクル法が施行され，メーカーの社会的責任がいっそう明確になったといえるでしょう。

　現在，多くの企業が環境報告書あるいは環境事業を含むCSR報告書の作成を行っています。また，国際規格ISO14000の認証取得とともに，温暖化ガス削減に寄与する活動や省エネを含めた環境マネジメントを展開しています。行

き過ぎた冷暖房を止め，夏のクールビズ，冬のウォームビズも浸透しつつあります。

　環境や循環型社会のあり方に配慮した企業のマーケティング活動をグリーン・マーケティングともいいます。また，商品やサービスの購買行動において，環境のことを重視する消費者をグリーン・コンシューマーと呼びます。グリーン・コンシューマーの行動原理は，以下に示す4Rを基準にしています。

図表　グリーン・コンシューマーの行動原理（4 R）

Refuse	環境に問題のある企業や商品を拒否する
Reduce	ゴミになるような商品は購買しない，また長く使用する
Reuse	商品を使いまわす，また再利用する
Recycle	再資源化して，再生品を購入し利用する

（4）　非営利組織のマーケティング

　今日，学校や病院，役所などの非営利組織もマーケティング活動に力を入れるようになっています。各種の規制緩和と少子高齢社会の到来は，非営利組織といえども競争という市場原理から逃れることを不可能にしました。社会や利用者から「選んでもらう」ことを考えないとその存続が難しい時代になっています。

　大学を例に挙げれば，時代を反映した新しい学部・学科の新設，有名人講師の招聘，自校の教授をマスコミに露出させるなど，学校の魅力を最大限にアピールして学生の募集に力を入れています。また，就職に強い大学や稼げる資格の取れる大学がいい大学という認識から，多くの大学がキャリア開発支援センターを開設して学生の就職支援体制を整備するとともに，社会人の受講を含めたキャリアアップのための講座を展開しています。

　2001年からの小泉内閣は，政府に対する評価指標の一つである内閣支持率を支えるため，マスメディアを巧みに利用して国民に「改革」をアピールするとともに，首相のグッズや写真集の販売，メールマガジンの発行などの各種

PR活動を展開して，首相の人気度を長期にわたって向上させることに成功しました。その後の歴代内閣も継続してメディアへの露出とともに，ホームページやメールマガジンの発行などの手法を踏襲したマーケティング活動を行っています。

　病院やクリニックなどの医療機関も，医療法やガイドライン，医薬品医療機器等法で制限つきではあるものの広告活動が認められています。今日の組織は，営利・非営利を問わず，マーケティング志向のコンセプトに基づいて顧客満足度（CS）を高めて「選ばれる存在」となるための努力が求められます。

〈問題・解答解説〉

問題2—1　時事問題

　次の文章の（　　）に当てはまる適切な語句を語群から選びなさい。
　市場のニーズやウォンツをとらえ，消費者が求めるモノを作って提供しようとする発想を（　　）といい，現代のマーケティングの鉄則とされる。
（a）ソーシャル・マーケティング　　（b）プロダクト・アウト
（c）オンデマンド　　　　　　　　　（d）マーケット・イン
（e）サプライヤー・イニシアチブ

〈解　答〉
　（d）

〈解　説〉
　生産側を優先して「作ったモノを売る」という発想を「プロダクト・アウト」といい，市場のニーズやウォンツをとらえ，消費者が求めるモノを作って提供しようという発想を「マーケット・イン」という。昨今では，それをさらに推し進めた「カスタマー・イン」発想が求められている。

問題2—2　時事問題

　次の文章の（　　）に当てはまる適切な語句を語群から選びなさい。

　　市場の成熟化とそれに伴う消費者の多様化・個性化により，市場の主導
　権は（　　）へと移行している。
　　（a）小売業からメーカー　　　（b）消費者からメーカー
　　（c）政府から民間　　　　　　（d）メーカーから小売業
　　（e）大企業から小企業

〈解　答〉

　（d）

〈解　説〉

　消費者の多様化・個性化により，市場の主導権は消費者の情報を最もキャッ
チしやすい位置づけにある小売業に移り，メーカーは小売店と情報を共有する，
あるいは直営店を設けるなどして消費者の動向をダイレクトに把握し，消費者
にとって魅力ある商品の開発に努めている

問題2—3　実務ケース

　　次の文章の（　　）にあてはまる適切な語句を語群から選びなさい。
　　循環型社会において，商品やサービスの購買行動において，環境のこと
　を重視する消費者を（　　）と呼ぶ。
　　（a）賢い消費者　　　　　　　　（b）エコ・シューマー
　　（c）グリーン・コンシューマー　　（d）貧しい消費者
　　（e）プロ・シューマー

〈解　答〉

　（c）

〈解　説〉

　環境や循環型社会のあり方に配慮した企業のマーケティング活動をグリー
ン・マーケティングともいい，商品やサービスの購買行動において，環境のこ
とを重視する消費者を“グリーン・コンシューマー”と呼ぶ。

問題 2—4　実務ケース

次の文章の（　）にあてはまる適切な語句を語群から選びなさい。

マイケル・ポーターは，企業の社会的責任を受動的にとらえるのではなく，経済的価値を創造しながら，社会のニーズに対応することで社会的価値も同時に創造するという（　）の創造を提唱している。

（a）　企業価値　　（b）　顧客生涯価値　　（c）　共通価値

（d）　経験価値　　（e）　未来価値

〈解　答〉

（c）

〈解　説〉

マイケル・ポーターは，企業の社会的責任を受動的にとらえるのではなく，経済的価値を創造しながら，社会のニーズに対応することで社会的価値も同時に創造するという**共通価値の創造**（Creating Shared Value）を提唱している。ソーシャル・マーケティングの新しい戦略的な考え方である。

問題 2—5　実務ケース

次の文章の（　）に当てはまる適切な語句を語群から選びなさい。

今日の組織は，営利・非営利を問わず，マーケティング志向のコンセプトに基づいて自らの特色をアピールし，（　）を高めて「選ばれる存在」となるための努力が求められる。

（a）CS　　（b）SC　　（c）PR　　（d）3C　　（e）4P

〈解　答〉

（a）

〈解　説〉

CS は Customer Satisfaction の略で，顧客満足度を意味し，顧客満足を追求する姿勢はマーケティングの根幹をなすものである。

マーケティング知識

3 戦略的マーケティング

　戦略的マーケティングは，経営戦略とマーケティング戦略を統合化し，企業の活動を変化する市場環境に対応させていくという企業レベルのマーケティング活動です。

（1）　戦略的マーケティングの枠組み

①　ビジョンの明確化

　企業のビジョンとは，自社の将来のあるべき姿を明確化し，社内外に企業の長期的方向性として表明するものであり，経営理念とそれに基づく経営目標と経営方針によって表されます。

　ビジョンは，長期的な企業活動の指針であるため，かなり抽象的な表現で表されますが，そこには企業としての社会的責任を果たす役割としての社会的使命と，適正利潤を追求するとともに，ゴーイングコンサーン（継続事業体）として存続していくという経営目的も含まれていることが必要です。

②　環 境 分 析

　この段階では，企業を取り巻く外部環境である市場環境と企業内部の環境である経営資源とを分析し，次の段階の戦略ドメイン策定のための方向づけを行います。

　1)　外部環境（市場環境）分析

　　　企業を取り巻く市場環境のうち，自社にとってとらえるべき機会と回避すべき脅威とを分析します。

〈市場環境の種類〉

　　・一般的社会環境（政治，経済，技術，文化など），消費者環境，競争者環境，対象とする業界環境

2)　内部環境（経営資源）分析

　　企業内部の環境である経営資源のうち，自社の活用すべき強みである経営資源と克服すべき弱みである経営資源とを分析します。

〈企業の経営資源〉

　　・ヒトの面，モノの面，カネの面，情報やノウハウなどの面

③　戦略ドメインの策定

　戦略ドメインとは，長期的な企業の方向性であるビジョンを達成するため，自社が生存を図っていくべき事業領域を決めることで，戦略的マーケティングの中核部分をなすものです。

　現代のような市場環境が激変する時代においては，市場環境の中から自社にとって機会となる要因を見つけ出すとともに，自社の経営資源上の強みを発揮できる領域を明確化することが重要です。

　戦略ドメインの３つの要因は，次のものです。

1)　標的顧客　2)　顧客ニーズ　3)　独自能力

④　企業全体戦略の策定

　戦略ドメインが決定すると，それを具体化するための企業の全体戦略が策定されます。これは，企業のもつ経営資源を有効活用することによって，市場環境に適切に対応していくための，中長期的な製品や事業などを計画化していく段階です。

　全体戦略の策定は，製品・市場マトリックスや，製品・事業のポートフォリオ戦略などの技法によって行われます。

⑤　事業部別戦略の策定

多角化している企業の場合には，企業全体戦略に基づいた各事業部別の戦略が策定されます。

この個別の事業部は，企業全体戦略において配分された経営資源を有効活用し，事業部としての利益をあげることにより，企業全体に貢献していくという，利益責任単位としての役割を担っています。

ただし，事業部が利益責任単位として独立しているとはいえ，あくまでも企業全体戦略の範囲内での戦略を策定していかなければならず，その意味で一貫性と統合性が求められます。

なお，単一事業を営んでいる企業は，この事業部別戦略は必要ではなく，企業全体戦略から次の機能別戦略へ進むことになります。

⑥　機能別戦略の策定

機能別戦略は，企業のもつ経営諸機能別の戦略であり，具体的には，生産や技術，人事，財務，マーケティングなどのことを指します。

この機能別戦略のうち，市場環境に対応し経営全体の方向づけを与える役割を担うのが，マーケティング戦略です。マーケティングは市場に直接対応する唯一の経営機能であることから，経営全体の中核的存在であり，他の機能戦略をリードする役割を担っています。

⑦　実 行 段 階

各段階を経て策定されてきた戦略を現実のものとして遂行していく実行段階では，組織と人とをどのように管理していくかということが重要になります。

戦略実行段階のステップとしては，次のようになります。

1)　計画化の段階

戦略に基づいた中長期および短期の経営計画書を作成します。

2)　組織化の段階

計画を実行するための組織設計と人材配置を行います。

3)　動機づけの段階

　　組織の人間をどう動機づけ，リードしていくかというマネジメントを行います。

4)　統制の段階

　　実行活動が行われるとその成果の評価とともに，次の戦略や計画にその成果を結びつけるためのフィードバックを行います。

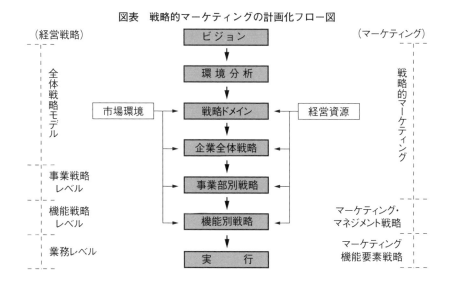

図表　戦略的マーケティングの計画化フロー図

（2）　環 境 分 析

①　SWOT 分析

　企業を取り巻く外部環境（市場環境面）と，企業の内部環境（経営資源面）を分析して，企業にとって最適な対象領域を探索することが必要となります。

　この代表的な手法が「SWOT 分析」です。外部環境の変化は，企業に対して機会（Opportunity）を提供することもあれば，脅威（Threat）を与えることもあります。また，それらの変化に対し，経営資源の強み（Strength）を発揮し，弱み（Weakness）を克服することができるかを分析することが重要です。戦略

を策定するにあたっては，企業のもつ内部環境の強みと，それを市場環境で活かせる外部環境の機会が存在していることが成功の第一条件です。

この分析は，戦略的な意思決定を導き出すために有効であり，戦略ドメイン立案の基礎となります。

環境変化の激しい現代においては，環境対応の最適のタイミングに留意すること，また自社の経営資源の強みも容易に弱みに変わってしまうということに注意する必要があります。

図表　SWOT分析

内 部 環 境	外 部 環 境
Strength（強み）＋	Opportunity（機会）＋
Weakness（弱み）－	Threat（脅威）－

② 3 C 分 析

具体的なマーケティング戦略の立案にあたっては，自社（Company），顧客（Customer），競合他社（Competitor）についての分析が不可欠です。この三者を分析することを3C分析といいます。

1) 自 社 分 析

自社の経営資源の状況を把握する内部分析のことです。製品特性，技術力，組織，企業文化などの社内資源と，市場シェア，認知率，ブランドイメージなどの地位について，競合他社と比較することで，自社の強みと弱みを明確にします。

2) 顧 客 分 析

市場の規模，顧客の購買行動の特徴，製品購入の際の重視点，購入製品の使用状況などについて把握します。企業は自社の顧客は誰か，どのようなニーズを持っており，どのように変化しているのかを常に明確にすることが必要です。

3)　競合他社分析

　　同じ商品分野で同一の消費者層をターゲットとしている他企業を指し，市場の捉え方によってさまざまに想定することが可能です。自社の事業分野を明確にした上で競合する他社を設定し，その経営目標や市場戦略を把握することが重要です。

（3）　戦略ドメイン

戦略ドメインの策定は，企業が環境に適応するための長期にわたる構図を決めることであり，他の戦略決定のベースとなるものです。

戦略ドメインの3つの要因は，次のように表現されます。

1)　標 的 顧 客
　　・誰に（WHO）……自社のターゲットとするべき顧客
2)　顧客ニーズ
　　・何を（WHAT）……ターゲットである標的顧客が何を求めているのかという顧客ニーズ
3)　独 自 能 力
　　・どのようにして（HOW）……顧客ニーズを満足させるためには，自社がどのような経営資源上の強みで対応できるのかという独自能力

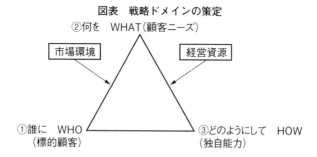

図表　戦略ドメインの策定

（4）　製品・市場マトリックス

アンゾフは，製品と市場との組合せから，4つの成長機会が導き出せるとし

ています。企業が成長を続けていくための4つの戦略は，次の通りです。

図表　製品・市場マトリックス

市　場 ＼ 製　品	現　　在	新　　規
現　　在	市場浸透戦略	製品開発戦略
新　　規	市場開発戦略	多角化戦略

①　市場浸透戦略

現在の製品・市場分野のままで，売上高やマーケット・シェアを伸ばそうとする戦略です。現在の顧客の製品の使用量や頻度を増大するために，プロモーションを強化したり，価格面での対応，流通チャネルの整備などを行います。

②　市場開発戦略

現在の製品ラインをもって新たな市場を開発し，成長の機会を見出す戦略です。限定された市場の範囲を拡大したり，現在の製品の新しい用途に適合させて異なったタイプの顧客の需要を掘り起こす場合などがあります。

③　製品開発戦略

既存の市場や顧客層に対して，新製品を開発提供して，その売上を増大させようとする戦略です。研究開発力や生産技術などが高い場合には，特に有力な戦略となります。

④　多角化戦略

製品と市場の両面で，企業にとって全く新しいものを目指すものです。現在の製品や事業は，ライフサイクル，競合関係，需要の変化などから，いつかは成長の限界や衰退が到来します。事前に製品や市場の新陳代謝を図り，企業の収益源を安定確保するためにとられます。

（5）　プロダクト・ポートフォリオ・マネジメント（PPM）

　企業の製品の数は増加し，また戦略的計画を策定する時間は限られ，費用も限定されている中で，経営者は異なった事業分野，多様な製品ラインにわたって，資源配分の意思決定をしなければなりません。

　企業は異なった成長率と収益性をもった事業部間や製品間の望ましい関係を探索する中で，長期的な収益とキャッシュフローを保証する事業や製品のポートフォリオを展開しようとします。

　この代表的なものとして，プロダクト・ポートフォリオ・マネジメントのモデルがあります。

　ここでは，タテ軸に市場成長率，ヨコ軸に相対的マーケット・シェアをとり，事業単位を４つの戦略区分に分類しています。

①　問 題 児（プロブレム・チルドレン）

　ここに位置するのは，高成長市場に位置し，大きな可能性をもっています。しかし，現在は低い市場シェアしかなく，激しい競争の中で，これを花形に変えるためには巨額の資金が必要です。

②　花　　形（スター）

　高い市場成長率，高いマーケット・シェアをもっています。強力な競争的地位にあり，魅力的な事業であるため，巨額の資金を生む一方，その位置を維持あるいは拡大するためには，大量の資金を必要とします。

③　金のなる木（キャッシュ・カウ）

　ここに位置しているのは，相対的市場シェアが非常に高く，市場の成長率は低いため，企業にとっては中心的な資金の源泉です。資金的に最大の寄与をします。

④ 負 け 犬 （ド ッ グ）

低成長市場で市場シェアが低く，通常は今後力を入れるだけの可能性をもた
ない魅力性の低い事業分野です。いずれ市場から撤退する運命にあります。

図表　ポートフォリオ・モデル

（出所）　Derec F. Abell and John S. Hammond, *Strategic
　　　　Marketing Planning, Prentice–Hall.

　各事業は時間の経過とともに，ポートフォリオのマトリックスにおける位置
を変えていきます。将来性のある「問題児」に投資して，これを「花形」に育
成し，そして「金のなる木」として保持し収穫して，最後の段階で「負け犬」
として撤退するという順序をたどるのがベストです。

　企業における戦略で重要なことは，限られた企業の経営資源をこのポート
フォリオ分析を通じて，それぞれの位置の事業や製品に適切に配分することで
す。

（6）　競 争 戦 略

　市場が成熟すると限られた市場内で企業同士が争うことになり，競争が激化
します。このような状況において，企業が成長をしていくためには，競争戦略
が重要となってきます。

① 競争市場の規定要因

ポーターは競争市場における規定要因として，次の5つを挙げています。

1)　既存の業者間の競争の強さ

　　既存業者間の敵対関係は，お互いに相手の行動いかんによって強くなる関係にあります。

2)　潜在的新規参入業者の脅威

　　新規参入が起こる可能性がどのくらいあるかによって，脅威が決定されます。

3)　代替製品，サービスの脅威

　　業界内のすべての企業は，その業界の製品やサービスと同じ機能を有する他の業界の代替製品・サービスとの競争にさらされています。

4)　原材料などを供給する売り手の交渉力

　　売り手は，自社の属する業界を相手にして，値上げ，品質・サービスの低下などの脅しをかけることによって，業界の収益に圧力をかける行動をとります。

5)　買い手の交渉力

　　買い手は，自社の属する業界を相手にして，値下げ，品質・サービスの向上への要求，売り手同士の競争など，業界の収益に圧力をかける行動をとります。

図表　競争市場の規定要因

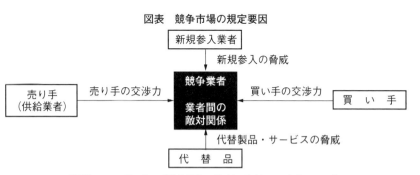

（出所）　M.E.ポーター『競争優位の戦略』ダイヤモンド社，1985年。

② 競争上の優位性を獲得するための基本戦略

1) コスト・リーダーシップ戦略

　同業他社より低コストを実現する戦略です。累積生産量を増やし，コスト管理を厳しく行う必要があります。

2) 差別化戦略

　コスト以外の技術，デザイン，サービスなどの独自性を発揮することで，他社との差別化を図り，競争上の優位性を獲得する戦略です。

3) 集 中 戦 略

　特定の顧客，製品種類，地域というように，市場を細分化してその特定のターゲットに企業の経営資源を集中することにより，競争上の優位性を獲得する戦略です。

図表　ポーターによる３つの基本戦略策

戦略の優位性

戦略ターゲット		顧客から特異性が認められる	低コスト地位
	全業界体	差 別 化	コストのリーダーシップ
	特定セグメントだけ	集	中

※　集中戦略には，コスト集中と差別化集中の２種類がある。

（出所）　ポーター『競争優位の戦略』ダイヤモンド社，1982年。

③　競争市場戦略

　現在ある市場の中で，ある競争位置を占めている企業が，その置かれている地位に応じてどのような戦略を採用すれば，最適な成果を期待できるかという考え方です。

　コトラーは，市場における企業の相対的な規模，地位，マーケティング戦略

との関係から，企業を 4 つのタイプに分け，各タイプの特徴ととるべき戦略について述べています。

1)　リーダー型企業

　　最大のマーケット・シェアをもち，価格面，新製品の導入，流通面，販売促進などで市場をリードする立場にあります。

　　リーダー型企業の目的は，ナンバーワンの地位を維持することであり，そのためには総市場規模を大きくすること，現在のマーケット・シェアを維持し拡大することです。全方位型戦略をとります。

2)　チャレンジャー型企業

　　業界の 2 位〜3 位の地位の企業は，追跡企業であり，リーダー型企業よりは小さいが，かなりの規模の企業です。チャレンジャー型企業の戦略は，価格引下げ，安価製品，プレステージ製品，製品拡散，製品イノベーション，サービス改良，流通革新，製品コスト低減，広告プロモーション強化などを行います。差別化戦略をとります。

3)　ニッチャー型企業

　　多くの中小企業の中で，大企業と正面から衝突し競争するのを避けながら，特定の市場分野で活動する企業があります。専門化による効率性の追求により，大企業が見落としていたり無視しているニッチ（すき間）の市場を見つけ，その市場で大きな成果をあげる戦略です。集中型戦略をとります。

4)　フォロワー型企業

　　すべての追跡企業がリーダー型企業に挑戦するわけではなく，リーダー型企業に挑戦しても成功する見込みが少ない場合は，むしろリーダー型企業に追随する方法を選びます。フォロワー型企業は，リーダー型企業に比べてマーケット・シェアは劣りますが，利益面では高い業績をあげていることがあります。模倣化戦略をとります。

図表　競争地位別の競争対応戦略

競 争 地 位	競争対応戦略	市 場 目 標
リーダー型企業 (競争環境の中で最大のシェアをもつ)	全方位型戦略 (規模の利益により可能)	最大マーケット・シェア, 最大利潤, 名声
チャレンジャー型企業 (競争環境の中で2～3位に位置, 常にリーダーの地位を狙って挑戦している)	差別化戦略 (規模的に劣っているため)	マーケット・シェア
ニッチャー型企業 (競争環境の中で,すき間を狙って特定市場の中での自社の地位を築きあげようとしている)	集中化戦略 (他の地位の企業との直接的な競合を避けるため)	利　潤 名　声
フォロワー型企業 (リーダーやチャレンジャー型企業の戦略を模倣する企業)	模倣化戦略	生 存 利 潤

(7)　DX (デジタルトランスフォーメーション)

　企業がビジネス環境の激しい変化に対応し, データとデジタル技術を活用して, 顧客や社会のニーズを基に, 製品やサービス, ビジネス・モデルを変革するとともに, 業務そのものや, 組織, プロセス, 企業文化・風土を変革し, 競争上の優位性を確立することです。

　企業がビジネスアジリティ (迅速性) を高め, デジタル人材を育成・獲得していくためには, これまでのように情報システム部門主導でIT戦略を検討するのではなく, 経営幹部, 事業部門, 情報システム部門, マーケティング部門などの関係者が一体となり, データやデジタル技術を使ってどのような価値を創出したいのか, そのための現状と課題, とるべきアクションについての共通認識を持ち, 実行につなげていくことが重要となります。

〈推進のポイント〉

① 企業の変革を共に推進するパートナー

・ 新たなビジネス・モデルを顧客とともに形成・DX の実践により得られた企業変革に必要な知見や技術の共有・レガシー刷新を含めた DX に向けた変革の支援

② DX に必要な技術を提供するパートナー

・ トップノッチ技術者（最先端の IT 技術など，特定ドメインに深い経験・ノウハウ・技術を有する）の供給・デジタルの方向性，DX の専門家として，技術や外部リソースの組合せの提案

③ 共通プラットフォームの提供主体

・ 中小企業を含めた業界ごとの協調領域を担う共通プラットフォームのサービス化・高度な IT 技術（システムの構築技術・構築プロセス）や人材を核にしたサービス化・エコシステム形成

④ 新ビジネス・サービスの提供主体

・ IT の強みを核としつつ，新ビジネス・サービスの提供を通して社会への新たな価値提供を行う主体

【練習問題 3】

次の文章のうち，正しいものには○印を，誤っているものには×印をつけよ。

① 環境分析をする代表的な手法が SWOT 分析である。外部環境の機会と脅威，また内部環境の強みと弱みを分析する。

② 市場浸透戦略とは，現在の製品ラインをもって新たな市場を開発し，成長の機会を見出す戦略である。

③ PPM における４つの戦略区分のうち，花形（スター）は高い成長率と高いマーケット・シェアをもっており，巨額の資金を生む一方，

大量の資金を必要とする。

④　競争上の優位性を獲得するための基本戦略として，集中戦略は特定の製品の差別化を行い，企業の経営資源を集中する戦略である。

⑤　競争市場戦略において，フォロワー型企業はリーダー型企業に追随する方法を選び，模倣化戦略をとる。

【練習問題3　解答・解説】

①-○

SWOT分析は，企業を取り巻く外部環境（市場環境）と，企業の内部環境（経営資源）を分析して，企業にとって最適な対象領域を探索する。成功の第一条件は企業のもつ内部環境の強みと，それを市場環境で活かせる外部環境の機会が存在していることである。

②-×

市場浸透戦略は，現在の製品・市場分野のままで，売上高やマーケット・シェアを伸ばそうとする戦略である。ちなみに，他の3つの戦略をみると，市場開発戦略は現在の製品ラインをもって新たな市場を開発し，成長の機会を見出す戦略である。また，製品開発戦略は既存の市場・顧客に対して新製品を開発提供して，売上を増大させようとする戦略である。多角化戦略は製品と市場の両面で，企業にとって全く新しいものを目指す戦略である。

③-○

PPMにおける花形は，強力な競争的地位にあり魅力的な事業である。他の3つは，まず問題児は高成長市場に位置しているが，現在は低い市場シェアしかない。金のなる木は相対的に市場シェアが高いが市場成長率が低いため，資金の源泉であり供給源である。また，負け犬は低成長市場で市場シェアも低く，

魅力性の低い事業分野である。

④－×

　集中戦略は特定の顧客や地域というように市場を細分化して，その特定のターゲットに企業の経営資源を集中する戦略である。その他には，コストリーダーシップ戦略は同業他社より低コストを実現する戦略である。また，差別化戦略はコスト以外の部分で独自性を発揮し他社との差別化を図る戦略である。

⑤－○

　フォロワー型企業は，リーダー型企業に挑戦しても成功する見込みが少ない場合に選択する。その他として，リーダー型企業はナンバーワンの地位を維持することを目的とし，総市場規模を大きくするために全方位型戦略をとる。チャレンジャー型企業は追跡企業であり，さまざまな差別化戦略をとり，マーケット・シェアの拡大を目指す戦略をとる。また，ニッチャー型企業は中小企業が多くとる戦略で，特定の市場分野で専門化による効率性の追求を行う。すき間市場を見つけ，その市場で大きな成果をあげる戦略である。

マーケティング事例

3　戦略的マーケティング

〘 時　事 〙
（1）　自動車業界の競争地位別戦略

　フィリップ・コトラーによる競争地位別戦略の類型，つまり業界トップ企業のリーダー，2番手のチャレンジャー，3番手以降のフォロワー，シェアは大きくないが集中戦略をとるニッチャーが，自動車業界において顕著にみられます。

　リーダー型企業は，市場において最大のシェアを誇るナンバーワン企業であり，市場をリードしていく経営能力と経営資産を有しています。業界トップのトヨタ自動車は，リーダー型企業です。リーダー型企業は，市場シェアの確保・拡大だけではなく，市場そのものの拡大を目標とします。リーダー型企業は，市場シェアが最も大きく，広範な顧客層に向けた製品ラインナップを揃える必要があります。トヨタ自動車は，高級車ブランドのレクサスからコンパクトカーのヤリスまで，ありとあらゆる車種を取り揃えています。

　チャレンジャー型企業は，常にリーダー型企業を目標にしているため，最大シェアを獲得してナンバーワン企業になることが目標です。したがって，市場戦略は必然的にリーダーの戦略と似たものとなり，製品フルライン化による全方位カバーが基本です。チャレンジャー型企業の典型は，日産自動車やホンダであり，リーダー型企業と酷似した戦略をとっています。しかし，リーダーと同じことをしているだけでは，リーダーを超えることはできません。チャレンジャー型企業の真骨頂は，リーダーとの差別化戦略にあります。例えば，トヨタの世界初の量産ハイブリッドカープリウスに対抗し，ホンダは独自のハイブリッドカーインサイトを発売，日産は量産型電気自動車日産リーフを発売し，

環境対策の面でリーダー型企業と差別化を図ろうとした戦略がうかがえます。

　ニッチャー型企業とは，経営資源が限られている中小の企業が，自社にとって最も強みを発揮できる分野に集中化し，ビジネスを展開する経営戦略です。ニッチャー型企業の市場戦略の特徴は，特定の市場，あるいは特定の製品分野に限定してビジネスを展開し，その分野でリーダーになることです。特定分野において強みを発揮するため，ニッチャー型企業は個性的な企業像を有していることが多く，企業イメージや社会的評価も高く，ある種の尊敬と憧れの対象となる傾向があります。ニッチャーの企業例としては，小型自動車に特化して強みをみせているスズキが該当します。

　フォロワー型企業は，低コスト化によりシェアを維持することが目標になります。フォロワー型企業の戦略のポイントは，効率化です。事業の効率化を図り，商品をできる限り低価格で提供し，マーケットシェアを低下させない努力が必要になります。3番手以降のフォロワー企業は，三菱自動車，マツダ，スバルです。フォロワーは，リーダーやチャレンジャーに比べると経営資源が乏しいために，上位企業の動向を見ながら直接の競争を避け，上位企業ですでに成功した仕組みなどを模倣し安全に効率化を図り，マーケットでの存続を目指します。

相 対 的 経営資源		量	
		大	小
質	高	リーダー（フルライン戦略）	ニッチャー（集中化戦略）
	低	チャレンジャー（差別化戦略）	フォロワー（模倣戦略）

　100年に一度の変革期といわれる自動車業界では，「CASE」（コネクテッド，自動運転，シェアリング，電動化）と呼ばれる次世代技術への開発・投資が自動車業界のみならず大手IT企業などを中心に行われています。「CASE」とは，自動車産業の未来をつくる4大テーマとして2016年パリモーターショーで独ダイムラー社の社長が発表した造語です。スマートフォンのようにインターネットに常時接続した車であらゆる情報を受発信し（C），ただ車に乗ってい

るだけで目的地に着くことができます（A）。自家用車は，運転しているより
も駐車場に停まっている時間の方が長く，車のスムーズな貸し借りの手続きが
ネットでできれば車を買う必要がなくなり（S），エンジン車を電気自動車に
シフトしていく時代が来ればエンジン部品の会社などが淘汰され，既存の自動
車産業とその関連産業の構造が大幅に変わることになります（E）。

　つまり，電気自動車への移行や自動運転技術の実用化などによる，IT企業
などの異業種企業の自動車業界席巻への可能性の高まりが，自動車業界を大き
く変革することになります。

C（Connected, Connectivity）	つながる，接続性
A（Autonomous）	自動運転
S（Shared, Sharing）	共有，共有社会
E（Electric, Electricity）	電動化

〘 実　務 〙

（1）　CRM（顧客関連性マネジメント）

　CRMはCustomer Relationship Managementの略で，顧客と直接接触する
営業やマーケティング部門だけでなく，他のあらゆる部門にも情報を行きわた
らせながら，顧客を中心に据えたマネジメントの仕組みを構築することをいい
ます。

　CRMの一例であるリコメンド・サービスは，顧客データベースに基づいて
顧客が潜在的に欲求する商品やサービスを予測し，それらに関する情報をE
メールやWebサイト上に提示するものであり，顧客のカスタマイズされた要
求に対応できる関係を構築することがその狙いです。

　CRMの構築において，技術面ではLANやWebあるいは情報を管理するた
めのサーバシステム等が必要ですが，それ以上に，トップダウン型の指揮系統
を整備し，各部門の行動を顧客の問題解決に向かわせ，その達成度合いが従業
員の評価に結びつくようなマネジメントシステムを構築することが重要です。

　CRM は企業が顧客の代理人となって顧客の問題を解決していく仕組みであり，IT 技術の進展を背景に，製造業をはじめ，流通業，小売業にも浸透しつつあります。

（2）　フリークエント・ショッパーズ・プログラム（FSP）

　フリークエント・ショッパーズ・プログラムとは，自店でより多くの買物をしてくれる顧客を優遇し，つなぎとめるための顧客戦略プログラムです。顧客の購入頻度や購入金額に応じて特典やサービスを変え，顧客間に"差"をつけることで顧客を維持するのが狙いです。

　FSP の考え方は，長期的な視点で顧客との良い関係をつくり，顧客の忠誠度を高めることにあります。大量消費時代が終わり，人口減少時代に差しかかった今日，顧客一人ひとりをつなぎ止め，顧客のロイヤルティを高めることは，企業にとって重要な課題となっています。

　FSP の典型は，航空会社のマイレージサービスであり，搭乗距離が伸びるに従って無料航空券やファーストクラスへのグレードアップ券が提供されます。小売業での FSP の代表事例に三越伊勢丹のエムアイカードがあります。年間の買い物金額が 100 万円を超えるお客様には 10 ％のポイント還元があります。約 300 万人の会員の 2 割近くのお客様が該当するとの情報もあります。パレートの法則（20 - 80 の法則）「20 ％の優良顧客が 80 ％の売り上げに貢献する」によれば，その 20 ％のお客様を優遇していくのは，当然のやり方ということになります。もちろん，他の百貨店や専門店でも，買い物ごとにポイントを提供し，ポイント点数により異なるさまざまな特典を提供するお店が増えています。

　FSP を実施するためには，顧客データをコンピュータにデータベース化する必要があります。顧客データとしては，氏名，誕生日，住所，家族構成などのデモグラフィックデータ，趣味や嗜好，ライフスタイルなどのサイコグラフィックデータ，購買履歴を記録します。FSP は，会員登録時に顧客の基礎情報を取得し，その後会員カードを発行することによって，買い物でカードを利用するたびに購買履歴をデータベースに蓄積します。

　購買記録から，顧客の直近購入日（Recency），購入頻度（Frequency），購入金額（Monetary Value）の「**RFM分析**」によって，個々の顧客に最も適したサービスを提供し，かつ効率的な販売戦略を展開して，優良固定客の維持・拡大を図ります。

（3）　ＣＩ（企業認識）戦略

　ＣＩは Corporate　Identity の略で，ＣＩ戦略とは社名，社名ロゴ，コーポレートカラー，イメージキャラクターなどの視覚的手段を通じて，企業の経営理念を広く世間に訴え，正しく理解してもらうための活動を意味します。多くの場合，旧来の社名や社名ロゴを変更・刷新するという手法がとられます。ＣＩは全社的な取組みが必要であり，その前提として経営理念の確立が大前提となります。

　企業の第一義的な使命は，継続的事業体（ゴーイングコンサーン）として半永久的に存続することにあります。企業にとって存続と収益獲得は同義であり，自らの活動によって利益を獲得することが企業の使命であるといえます。そして，「誰に対してどのような活動を通じて利益をあげるのか」を明確にするのが経営理念です。経営理念は企業の精神的バックボーンであり，経営理念の欠如や逸脱はときとして企業の存続そのものを危うくします。経営理念を全社に正しく浸透させることで，経営環境の判断，競合他社の評価，新製品開発の方向等を見誤ることなく，マーケティング活動も有効に機能します。

　ところで，総合家電メーカーである松下電器産業株式会社は，2008 年 10 月 1 日付で社名を「パナソニック株式会社」（英文表記：Panasonic Corporation）に変更しました。日本国内の白物家電・住宅設備機器分野の商品に使用している National ブランドは，社名変更と同時に Panasonic に統一しました。

　同社は 1918 年に設立・創業以来，National，Panasonic 等のブランドを掲げて事業を展開してきました。2008 年に創業 90 周年の節目を迎え，社名とグローバルブランドを一本化すると同時に，グループ会社で「松下」「ナショナル」を冠する企業も「パナソニック」を冠する名称に変更しました。国際企業としてのＣＩ戦略対応と考えられます。

（4）　ブルー・オーシャン戦略

　フランスの経営大学院教授の W・チャン・キムとレネ・モボルニュは，2005 年発刊の著書『ブルー・オーシャン戦略』の中で，激しい「血みどろ」の争いが繰り広げられている既存の市場を「レッド・オーシャン」，まだ競争者のいない静かな市場空間を「ブルー・オーシャン」と名づけ，「レッド・オーシャン」で体力を消耗する戦いをするのではなく，「ブルー・オーシャン」でのビジネス展開を提唱しました。

　ブルー・オーシャン戦略は，アスクルの文具通販（スタート時），10 分の身だしなみ QB ハウス，女性専用 30 分フィットネス Curves など，他社と同じ土俵での競争を避け，新しいビジネスモデルでの展開を志向するものです。顧客への提供価値をずらし，「差別化」と「低コスト化」を同時に実現して，新しい市場創造が実現しました。これを**バリューイノベーション**ともいいます。

　現在の競合状況から抜け出すブルーオーシャン戦略の実践として，「**取り除く，付け加える，増やす，減らす**」という 4 つのアクションを提示しています。

　また，新たな需要を掘り起こすためには，消極的な買い手，利用しないと決めた買い手，市場から距離を置く買い手など従来の顧客以外の層（**非顧客**）に視線を向けることを提唱しています。自社の顧客になっていない非顧客こそ来るべき変化を知らせてくれる貴重な情報源かもしれません。

〈問題・解答解説〉

-------- 問題 3—1　時事問題 --------

　次の文章の（　　）に当てはまる適切な語句を語群から選びなさい。

　特定の市場，あるいは特定の製品分野に限定してビジネスを展開し，その分野におけるリーダーを目指すのは（　　）の戦略である。

　（ a ）リーダー　　　（ b ）チャレンジャー　　（ c ）フォロワー

　（ d ）ニッチャー

〈解　答〉

（d）

〈解　説〉

　ニッチャーは，経営資源が限られている中小の企業が，自社にとって最も強みを発揮できる分野でビジネスを展開する経営戦略である。特定分野において強みを発揮するため，個性的な企業像を有していることが多く，企業イメージや社会的評価も高いことが多い。

---- 問題 3—2　時事問題 ----

　次の文章の（　　）に当てはまる適切な語句を語群から選びなさい。

　リーダー企業は市場シェアの確保・拡大と同時に市場そのものの拡大をも目標とし，その戦略は広範な顧客層を対象とする（　　）による全方位カバーとなる。

　（a）製品フルライン　　（b）他社の模倣　　（c）低価格商品
　（d）高性能商品　　　　（e）市場特定化

〈解　答〉

（a）

〈解　説〉

　自動車業界のリーダー企業であるトヨタ自動車を例にとると，過去のグレードでは最高級車のセルシオから大衆車のカローラまで，用途ではセダン型の乗用車からスポーツカーまで，ありとあらゆる車種を取り揃えており，製品フルラインによる全方位カバーの市場戦略がうかがえる。

---- 問題 3—3　時事問題 ----

　次の文章の（　　）にあてはまる適切な語句を語群から選びなさい。

　アスクルの文具通販（スタート時），10 分の身だしなみ QB ハウス，女性専用 30 分フィットネス Curves は，従来の成熟した市場での競争を避け，

新しいビジネスモデルでの展開を志向するものであり，競争者のいない静かな市場空間を意味する（　　）戦略に該当する。
（a）レッド・オーシャン　　（b）ブルー・オーシャン
（c）グローバル　　　　　　（d）ニッチ　　（e）ドミナント

〈解　答〉

（b）

〈解　説〉

　激しい「血みどろ」の争いが繰り広げられている既存の市場を「レッド・オーシャン」，まだ競争者のいない静かな市場空間を「ブルー・オーシャン」と名づけられている。

------ 問題3—4　実務ケース ------

　次の文章の（　　）に当てはまる適切な語句を語群から選びなさい。
　CRMとは，顧客を中心に据えたマネジメントの仕組みを構築することであり，その一例として（　　）が挙げられる。
（a）コーポレートアイデンティティ　　（b）ブランド・エクイティ
（c）リバイタリゼーション　　　　　　（d）ゴーイングコンサーン
（e）リコメンド・サービス

〈解　答〉

（e）

〈解　説〉

　リコメンド・サービスは，顧客データベースに基づいて顧客が潜在的に欲求する商品やサービスを予測し，それらに関する情報をEメールやWebサイト上に提示するものであり，顧客のカスタマイズされた要求に対応できる関係を構築することを狙いとする。

---- 問題 3―5 実務ケース ----

次の文章の（　　）に当てはまる適切な語句を語群から選びなさい。

ＣＩ戦略とは，（　　）を通じて，企業の経営理念を広く世間に訴え，正しく理解してもらうための活動を意味し，旧来の社名や社名ロゴを変更・刷新するという手法がとられる場合が多い。

（a）ＩＴ技術　　　（b）顧客満足　　（c）市場調査

（d）視覚的手段　　（e）口コミ

〈解　答〉

（d）

〈解　説〉

CI戦略における視覚的手段とは，社名，社名ロゴ，コーポレートカラー，イメージキャラクターなど，企業の経営理念を象徴的に表すものを指す。

旧松下電器産業株式会社は，2008年に創業90周年の節目を迎え，社名とグローバルブランドをPanasonicに一本化した。

---- 問題 3―6 実務ケース ----

次の文章の（　　）にあてはまる適切な語句を語群から選びなさい。

競合と血みどろで戦っている市場（レッドオーシャン）での競争から抜け出し，まだ生まれていない市場（ブルーオーシャン）で戦うためのブルーオーシャン戦略を実践する上で重要なポイントとして，新しい価値市場を創造するための「バリュー・イノベーション（価値革新）」により，市場の境界線を引き直すという考え方がある。そのための代表的なフレームワークの1つは（　　）である。

（a）3つの価値基準：製品リーダーシップ，卓越したオペレーション，顧客との親密さ

（b）3つの事業戦略類型：コスト・リーダーシップ，差別化，集中

（c）4つのアクション：取り除く，付け加える，増やす，減らす

（ｄ）５つの力：新規参入，代替品，買い手の交渉力，売り手の交渉力，業界競合他社

（ｅ）製品・市場マトリックス：市場浸透，市場開発，製品開発，多角化

〈解　答〉

（ｃ）

〈解　説〉

　Ｗ・チャン・キムとレネ・モボルニュによって提唱されたブルーオーシャン戦略とは，競合と血みどろで戦っている市場（レッドオーシャン）での競争から抜け出し，まだ生まれていない市場（ブルーオーシャン）で戦うための戦略である。そのブルーオーシャンの領域で新たな価値を生み出すための４つのアクションとして，「取り除く，付け加える，増やす，減らす」を考えることを提示している。

　選択肢（ａ）の３つの価値基準はマイケル・トレーシーとフレッド・ウィアセーマが提唱した，成功する企業が顧客に対する価値を創造する３つの方法である。

　選択肢（ｂ）の３つの事業戦略類型と選択肢（ｄ）の５つの力はマイケル・ポーターの競争戦略である。

　選択肢（ｅ）の製品・市場マトリックスは，アンゾフの成長戦略類型である。

マーケティング知識

4　マーケティング・マネジメント

（1）　マーケティング環境

　企業を取り巻く外部環境は常に変化し，また企業にとっては統制が難しい要因です。また，企業の内部環境は統制可能な要因です。企業の経営やマーケティング活動に，外部・内部の各種環境要因が相互に影響を与えています。

①　マクロ環境

　マクロ環境は，企業を取り巻く一般社会レベルの外部環境であり，マーケティング活動に対して，重要な影響を与える間接環境です。

　マクロ環境の内容には，人口統計的環境，経済環境，技術環境，社会・文化環境，政治・法律環境，自然環境などがあり，個々の構成要素からの影響だけではなく，ひとつの構成要素の変化が他の要素の変化へと影響を与えることがあります。

②　タスク環境

　企業の外部にあって，その企業の利害に直接・間接に影響を与える外部環境の集団です。

　タスク環境の内容には，顧客，競争業者，供給業者，流通業者，物流業者，広告会社，市場調査会社，金融・保険業者，コンサルタント会社などがあります。

　利害関係者レベルのタスク環境は，企業が直接的に働きかけることができるものです。

③　企業内環境

マーケティング活動に影響を与える企業内のすべての要因です。

トップ・マネジメントの方針や目的，生産・財務会計・人事・購買部門など他の機能部門との関係は，相互に影響を与え合いシナジー（相乗）効果を生み出します。

また，その他としては，固有の企業文化，人材の数と質的レベル，資本，技術，設備，情報力などがあります。

企業内環境は，マーケティング活動を行う場合に，企業が直接に働きかけることのできるものです。

図表　マクロ・タスク・企業内環境

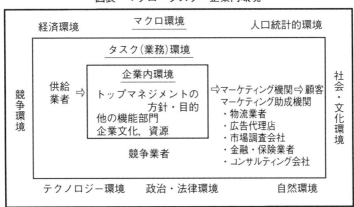

（出所）　徳永豊他編著『例解マーケティングの管理と診断』同友館，1990年。

（２）　マーケティング管理

マーケティング管理について，AMAでは次のように規定しています。「マーケティング管理とは，企業または企業の部門のすべてのマーケティング活動を計画・組織・統制することであり，マーケティングの目的・政策・プログラム・戦略を含む」としています。

① マーケティング計画の立案

　マーケティング計画を立案する前提条件として，企業を取り巻く内外の環境分析を行います。企業の目標やマーケティングの目標を達成することが可能な条件が揃っているかどうか，分析手法を用いて評価します。

　マーケティング計画立案のプロセスは，次の通りです。

1) 企業のミッション（使命）の決定

　　企業が顧客・取引先・株主・従業員などの利害関係者，さらには社会全体に対して負う使命を決定します。

2) 企業目標，マーケティング目標の決定

　　企業目標は，内外の環境条件の評価に基づいて判断される具体的な目標です。

　　・経済的目標…企業の存続や成長に必要な利潤や売上高，マーケットシェアなど

　　・非経済的目標…地域社会への貢献，環境活動，文化活動など

　　また，マーケティング目標は，企業目標を達成するための下位目標であり，具体的な売上高やマーケットシェア等の数値で表されます。

3) 標的市場の設定

　　市場におけるターゲットとしての標的市場を設定します。多様な市場需要の中から，できるだけ同質性の高い顧客層を基準に基づき抽出し，その顧客層に対して集中的に企業のマーケティング活動を行っていきます。

4) マーケティング活動プログラムの策定

　　設定された目標を達成するために，さまざまなマーケティング活動のプログラムが組まれます。

　　この主な内容は，後述のマーケティング・ミックスとなり，また企業内の他部門（財務部門，生産部門，人事部門など）との調整も必要となります。

② マーケティング組織の編成

　マーケティング組織の編成プロセスは，次の通りです。

1) 組織目標や方針の決定

マーケティング目標に基づき，内容が具体的に決定されます。

2) 目標達成に必要な活動の決定

マーケティング活動のプログラムから，具体的に決定されます。

3) マーケティング機能に適合した組織の編成

企業の取り扱う製品の種類や顧客の種類などに適合した組織を編成します。

・販売地域中心型組織

各販売担当者に対して，販売地域を割り当て，そこで企業の全製品を販売させるものです。取り扱う製品の種類が単一で，顧客が各地域に散在する場合に適しています。

・製品中心型組織

製品が多数でそれぞれの製品間の関連が少なく，また製品が技術的に複雑な場合には，販売組織を製品ライン別にすることが適しています。

・顧客中心型組織

さまざまなタイプの顧客に販売する場合には，販売組織を顧客別にすることが適しています。業界別，既存取引先と新規取引先，重要取引先と一般取引先などに分けられます。

4) 業務遂行に必要な人員の配置・調整

業務を遂行するために必要な人材を適切に配置し，調整します。

③ **マーケティング統制**

マーケティング計画に基づいて，活動を進めていきますが，その内容を統制する必要があります。

1) 戦略的統制

マーケティング計画や目標そのものを対象とする統制です。つまり，企業の中心的な活動であるマーケティング活動が，市場の変化に対応し得るものかどうかを，監査します。これは，マーケティング監査とも呼ばれて

います。

　中長期的な観点から，企業の全体的なマーケティング活動を，定期的・包括的・系統的に検討し，改革・改善していきます。

2)　計 画 統 制

　マーケティング業務が当初の計画通り順調に進んだかどうかをチェックするものです。短期的な統制であり，年度ごとに行われます。

　マーケティング業務統制とも呼ばれます。

　目標に対する売上高と費やしたコストを算出し，収益性を評価します。

図表　マーケティング業務統制

プロセス事項	内　　　容
①　目標の設定	期別・商品別等に売上高，マーケットシェアなど，一定期間までに達成すべき目標を設定する。
②　業績の測定	活動成果を，目標に対応して測定する。
③　差 異 分 析	目標と実績の差異を分析して，その原因を明確にする。
④　改善の実施	結果について，計画目標が達成できるように，諸業務を改善し，調整する。

（3）　マーケティング・ミックス

　ターゲットとなる市場に対して，適切なマーケティング活動を行うために，最適なマーケティング・ミックスを構築します。

　マーケティング・ミックスは，次の4つの要素の組合せで構成されます。

①　4 P 戦 略

1)　製 品 戦 略（Product）

　ターゲットとなる市場に適合する製品を開発します。

2)　価 格 戦 略（Price）

　製品の価格設定とその価格の管理を行います。

3)　チャネル戦略（Place）

　製品を市場に流通させるための仕組みづくりを行います。

4)　プロモーション戦略（Promotion）

　ターゲットとなる市場に向けて，製品を広告やセールスパーソンなどに
より販売促進を行います。

図表　マーケティング・ミックスの 4 要素

①　製　　　品	製品の機能・性能，スタイル，サイズ，ブランド，パッケージなど
②　価　　　格	標準小売価格，取引価格など
③　チ ャ ネ ル	取引相手，販売地域，輸送・保管，物流拠点など
④　プロモーション	広告，PR，パブリシティ，人的販売，セールスプロモーションなど

　これらの個々のマーケティング活動を，ターゲットとなる市場に対して，最
適な形で組み合わせ統合していくことが，マーケティング・ミックスの構築で
す。

② 4 C 戦 略

　顧客側の視点から考える 4 C というフレームワークがあります。

1)　顧 客 価 値（Customer Value）

　顧客にとって，「製品を購入することで，どんな価値を得られるか」と
いう視点で考えます。顧客の立場で，抱えている課題や満たしたい欲求を
とらえ，それを解決・満たしてくれる製品を開発します。

2)　顧客コスト（Cost）

　顧客が商品・サービスを購入するにあたって，「どのような負担が発生
するか」という視点で考えることを指します。ここでいうコストには，金
額面の負担だけでなく，その商品・サービスの購入にかかる時間や手間を
含めた負担，心理的な負担なども含まれます。

3) 利 便 性（Convenience）

　　顧客の利便性を優先し，どの経路であれば入手しやすいかを考えます。実店舗であれば営業時間やアクセスの良さが重要ですし，Web であれば購入操作のしやすさや決済方法の豊富さなどが大切です。

4) コミュニケーション（Communication）

　　顧客の立場から見て「商品・サービスの情報や魅力が見つけやすくなっているか」という視点で考えることを指します。顧客に対して営業パーソンによって対面で魅力を伝える，Web サイト内の文章やデザインを工夫するなどが挙げられます。

　4 P による売り手側からの視点だけでなく，4 C による顧客側からの視点まで含めて考えることが重要です。それによって，効率的でバランスの取れたマーケティング戦略を立てていくことができます。

　マーケティング戦略の基本プロセスの中で，マーケティング・ミックスは，次の位置づけになります。

図表　マーケティング戦略の基本プロセス

マーケティング環境分析, 市場機会の発見
▽
市場細分化(セグメンテーション)
▽
標的市場の設定(ターゲッティング)
▽
ポジショニング
▽
マーケティング・ミックス
▽
マーケティングの実行と評価

【練習問題 4】

　次の文章のうち，正しいものには○印を，誤っているものには×印をつけよ。

① 　タスク環境は，企業を取り巻く一般レベルの外部環境であり，マーケティング活動に対して重要な影響を与える間接環境である。

② 　企業の目標には，数値で表される経済的目標と，定性的な非経済的目標がある。

③ 　マーケティング機能に適合した組織は，企業の取り扱う製品の種類や顧客の種類などに適合した編成が重要である。

④ 　計画統制とは，マーケティング業務が当初の計画通りに順調に進んだかどうかをチェックするものである。年度ごとに行われる短期的な統制である。

⑤ 　マーケティング・ミックスの 4 つの要素とは，製品戦略，価格戦略，物流戦略，プロモーション戦略である。

【練習問題 4　解答・解説】

①－×

　タスク環境は，企業の外部にあってその企業の利害に直接・間接に影響を与える準統制可能な環境である。内容としては，顧客，競争業者，供給業者，流通業者，物流業者，広告会社，市場調査会社，金融・保険業者，コンサルタント会社などがある。

　もうひとつの外部環境としてマクロ環境があり，企業を取り巻く一般社会レベルの環境で統制不可能である。内容としては，人口統計的環境，経済環境，技術環境，社会・文化環境，政治・法律環境，自然環境などがある。

②-○

企業目標は，内外の環境条件の評価に基づいて判断される具体的な目標である。経済的目標の内容には，売上高，利益，マーケットシェアなどがある。非経済的目標の内容には，地域社会への貢献，環境活動，文化活動などがある。

③-○

マーケティング機能に適合した組織編成の例としては，販売地域中心型，製品中心型，顧客中心型などがある。

④-○

計画統制は，マーケティング業務統制とも呼ばれ，年度目標を設定し，活動成果を測定する。目標と実績の差異を分析し，その原因を明確にする。そして次年度の計画目標が達成できるように，業務を改善し調整する。

⑤-×

ターゲットとなる市場に対して，適切なマーケティング活動を行うために，最適なマーケティング・ミックスを構築することが必要である。この４つの要素は，1）製品戦略としての標的市場に適合する製品の開発　2）価格戦略としての製品の価格設定と管理　3）流通チャネル戦略としての製品を市場に流通させるための仕組みづくり　4）プロモーション戦略としての標的市場に向けての広告や人的販売などを組み合わせた販売促進である。

流通チャネル戦略には，商取引流通と物的流通がある。商取引流通の担い手は，さまざまな形の卸売業者や小売業者である。一方，物的流通の担い手は，輸送・配送業者や荷役業者，倉庫サービス業者などである。

また近年では，商取引流通と物的流通の両方を，効率よく遂行するための情報流通システムの構築が重要となってきている。

マーケティング事例

4　マーケティング・マネジメント

《 時　事 》

（1）　コンビニエンス・ストアの4P

　今日のコンビニエンス・ストア（以下，CVS）はシステム産業とも呼ばれ，高度に進んだ情報ネットワークを用いて，従来のマーケティングでは不可能であった個客の単品別購買情報の収集や購買環境の情報などをリアルタイムで集中解析するなど，流通サービス産業独自の新しいマーケティングを展開しています。CVSは，以下のようにマーケティング・ミックスを展開しています。

①　Product（商品戦略）と Price（価格戦略）

　CVSのマーケティング戦略は，商品戦略をコンビニエンス（利便性）に合わせ，それをモノとコトの両面から追求しているのが特徴です。モノについては，時間帯でメニューが変わる弁当・惣菜，あるいは身近で豊富な雑誌類のように顧客を個々に意識した品揃えと商品開発を行い，コトについても情報技術を駆使し，チケット予約など新しいサービスを積極的に開拓しています。

　このようなコトに対する取組みは「サービス・マーケティング」ともいうべきものであり，モノ作りに制約されない「商品＋サービス」を対象として，消費者を基点とした目に見えないサービスで付加価値を提供する点に特色があります。CVSは，従来の物販業から脱皮して，新しい業態開発を実現したといえるでしょう。

　また，大手のCVSチェーンの単品販売力はスーパー，百貨店をもしのぐため，その販売力が独自の商品開発を可能にしています。特にメーカーの開発力を活用した「製販一貫体制」は，CVSの膨大な単品販売実績と解析データを商品

戦略に活用し，製造分野と販売分野の相乗効果を狙うものです。このようにして新規に開発された商品（プライベート・ブランド）は他店では取り扱っていないため，差別化と同時に価格比較がされにくく，安定した収益源を確保することができ有効な価格戦略となっています。

② Place（立地戦略）

CVSはフランチャイズチェーン・システムの効果を最も発揮しやすい業態のひとつとして分業化と専門化を図り，高度なオペレーティングシステムを実現しています。フランチャイズチェーン・システムにおいて立地戦略は非常に重要ですが，CVSでは専門化した店舗開発担当による徹底した需要予測が図られ，「点」ではなく「面」による店舗開発（ドミナント出店）が推進されます。これは小口・多頻度物流を可能にし，在庫や配送，品揃えの効率化に貢献しています。

③ Promotion（販売促進戦略）

POS（Point of Sale）は販売時点情報管理と訳され，販売時点で単品別に販売データを把握するものです。このシステムによって蓄積されたデータは戦略的に大きな意味をもっています。特にマーケティング上有効なのは，消費者個人の生の情報をリアルタイムに，ローコストで，大量に入手できる点にあります。

POSによるリアルタイムな情報を活用した販売促進策として，FSP（Frequent Shoppers Program）の手法があります。これは顧客の購買頻度（Frequent）に応じて常連優良客を評価・特定化して個別の値引き等優遇したサービスを提供するものです。情報ネットワーク化の進展とPOSシステムのリアルタイム処理がこれを可能にし，データベース・マーケティングの高度な適応例といえるでしょう。

日本コンビニチェーン最大手のセブン-イレブン・ジャパンは，21,300店を超える店舗を展開しています（2022年6月末時点）。社会構造やライフスタイルの変化に合わせマーケティングのあらゆる活動の面で，新しい施策を展開し成

功してきました。

　よく知られている活動として，POS システムの徹底的な活用と，仮説，実践，検証があります。時代を先読みし，世の中の変化に対応し，より新しい商品・サービスを仮説・実践・検証し続けています。2001 年には，小売業として初の銀行を設立し，コンビニ内に専用 ATM を設置し，いつでもどこでも銀行 ATM の利用ができるようにしました。2007 年には，FSP 対応のため独自の電子マネーを導入し，プライベートブランド商品「セブンプレミアム」を発売しました。2014 年には，インバウンド対応のため，免税手続を簡略化できるレジの導入を開始しました。2015 年には，ネットとリアルを融合し，いつでもどこでも商品の閲覧と購入ができ，都合のよい場所で受け取れるという利便性を追求したオムニチャネル戦略の「オムニ7」を開始しました。2017 年，セブンカフェのカフェラテも提供できる新型コーヒーマシンを導入しました。このように，あらゆる面で既存の枠組みにとらわれることなく革新を重ね，「変化への対応」を実践することで，他のコンビニを大きくリードしています。

〘 実　務 〙
（1）　競　合　分　析

　戦略策定のための基礎的な分析として3C分析があります。3C分析は，**自社**（Company），**市場・顧客**（Customer），**競合**（Competitor）について分析します。ここでは，特に事業の競争相手である競合分析について言及します。

　誰が競合か，競合の商品・サービス，技術・ノウハウ，財務状況，シェア，バリューチェーン，人的資源や企業文化などを詳細に調べます。その中でも特に，

　　①　競合のターゲット顧客
　　②　競合のマーケティング・ミックス
　　③　競合のトップ・リーダーの発信情報
に注目します。

　最近では組織の規模にかかわらず，多くがホームページや SNS（ソーシャル・

ネットワーキング・サービス）を活用して，製品（商品）・サービスの紹介ととも
に組織の取組み状況を紹介しています。また，上場企業であればホームページ
から確認できる有価証券報告書やCSRレポートを参照します。CSRレポート
とは，企業の社会的責任（CSR：Corporate Social Responsibility）を果たすために，
毎年，企業理念に基づく活動として，営業状況だけでなく環境や雇用への取組
みや短・中期の経営計画の一端を報告しています。

　競合分析を行う上での注意点として，競合の対象は同じ業界に属する企業だ
けでなく，顧客のニーズに基づいた業界を超えた競合分析が必要です。例えば，
マクドナルドはハンバーガー業界に属していますが，モスバーガーやロッテリ
アだけでなく，おにぎりや弁当を販売するコンビニエンスストアや，手軽な食
事ができるカフェやファミリーレストラン，回転ずしチェーンなども競合の対
象になります。競合分析に当たっては，現在の競合はもちろんのこと，潜在的
に競争する可能性のある新規参入者や代替品についても意識しておく必要があ
ります。

（2）　POSシステム

　POS（Point Of Sale）システムは，店舗で商品を販売するごとに商品の販売情
報を記録し，集計結果を在庫管理やマーケティング資料として用いるシステム
のことで，「販売時点情報管理システム」と訳されます。

　小売業におけるPOSシステムは，一般にPOSターミナル（POSレジスター，
POS端末ともいいます）とストアコントローラから構成されます。POSターミ
ナルは，レジスター（精算）機能と販売時点での売上げ情報をインプットする

図表　POSシステムの構成とJANコード

POSターミナル	レジスター（精算）機能と販売時点での売上情報インプット機能
ストアコントローラ	POSデータの管理と分析を行うコンピュータ
JANコード	商品（単品）を識別するためのコード

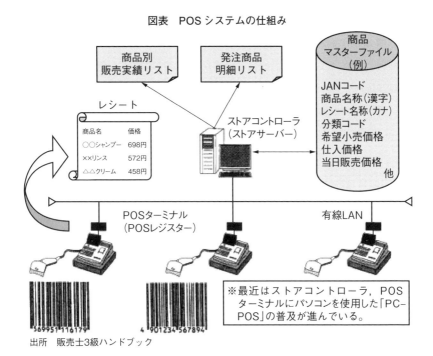

図表　POS システムの仕組み

出所　販売士3級ハンドブック

機能をもっています。ストアコントローラは，POS データの管理と分析を行うコンピュータで，通常のパソコンに専用のソフトウェアが搭載されているものが普通です。大規模小売店やチェーンストアの POS システムとなると，本部のコンピュータとネットワークで接続され，「総合店舗管理システム」としての機能を果たしています。

　POS ターミナルのスキャナで読み取られる商品識別のためのバーコードは，現在「JAN コード」と呼ばれる標準 13 桁の情報となっています。

　将来，商品ごとに I C タグが付されるようになると，さらに詳細な情報を POS ターミナルで取得できるようになり，複数の商品の生産履歴や消費期限のチェックなども瞬時に行うことができるようになり，一部の店舗では試行されはじめています。

〈問題・解答解説〉

---- 問題4—1　時事問題 ----

次の文章の（　　）に当てはまる適切な語句を語群から選びなさい。

CVSのマーケティング戦略は，商品戦略を（　　）に合わせ，それを
モノとコトの両面から追求しているのが特徴である。

（a）専　門　性　　（b）機　能　性　　（c）流　行　性
（d）利　便　性　　（e）汎　用　性

〈解　答〉

（d）

〈解　説〉

モノについては，時間帯でメニューが変わる弁当・惣菜，あるいは身近で豊
富な雑誌類のように顧客を個々に意識した品揃えと商品開発を行い，コトにつ
いても情報技術を駆使し，チケット予約など新しいサービスを積極的に開拓し
ており，モノ作りに制約されない「商品＋サービス」を対象とする点に特徴が
ある。

---- 問題4—2　時事問題 ----

次の文章の（　　）に当てはまる適切な語句を語群から選びなさい。

CVSの単品販売力はスーパー，百貨店をもしのぎ，独自の商品開発を
可能にしている。特にメーカーの開発力を活用した「製販一貫体制」によ
り新規に開発された商品（プライベート・ブランド）は他店では取り扱って
いないため，差別化と同時に有効な（　　）戦略となっている。

（a）チャネル　　（b）細分化　　（c）価格　　（d）プロモーション
（e）立地

〈解　答〉

（c）

〈解　説〉

メーカーの開発力を活用した「製販一貫体制」は製造分野と販売分野の相乗効果を狙うものである。開発された商品（プライベート・ブランド）は他店では取り扱っていないため，差別化と同時に価格比較がされにくく，安定した収益源を確保することができ有効な価格戦略となっている。

問題 4—3　実務ケース

次の文章の（　　）に当てはまる適切な語句を語群から選びなさい。

マーケティング戦略を構築する要素である自社，顧客，そして競合他社を，それぞれの頭文字をとって（　　）という。

（a）3 M　　（b）3 G　　（c）3 S　　（d）3 P　　（e）3 C

〈解　答〉

（e）

〈解　説〉

自社＝Company…競合他社と比較して自社の強みと弱みを明確にする。

顧客＝Customer…市場の規模，購買行動の特徴，購入に際しての重視点，購入商品の使用状況などについて把握する。

競合他社＝Competitor…自社の事業分野を明確にした上で競合他社を想定し，その経営目標や市場戦略を把握する。

問題 4—4　実務ケース

次の文章の（　　）に当てはまる適切な語句を語群から選びなさい。

（　　）とは，同一の商品分野で同一の消費者層をターゲットとしている他企業を指し，市場をどうとらえるかによってさまざまに想定することが可能である。

（a）コンペティター　　　（b）カテゴリーキラー

（c）フランチャイザー　　（d）ベンダー　　　（e）イノベーター

〈解　答〉

（a）

〈解　説〉

コンペティター（Competitor）とは，競合他社のことである。

例えば，缶コーヒーという狭義の商品分野における実質的な競合他社の数は6〜7社である。しかし，広義の分野でとらえれば清涼飲料全般のメーカーやコーヒーショップも競合として想定されるため，自社の事業分野を明確にした上で競合他社を想定し，その経営目標や市場戦略を把握することが重要である。

問題4—5　実務ケース

次の文章の（　　）にあてはまる適切な語句を語群から選びなさい。

「やってみなはれ」と「利益三分主義」の創業の精神を継承，発展させている企業は（　　）である。

（a）クロネコヤマト　　　（b）ソニー　　　（c）ホンダ

（d）ワタミ　　　（e）サントリー

〈解　答〉

（e）

〈解　説〉

サントリーは創業120余年，創業者の鳥井信治郎氏から3代続くオーナー企業である。事業は洋酒の製造から始まり，ビール，清涼飲料，健康食品にまで広がっている。

「やってみなはれ」は，創業社長の言葉で社内に広く継承されている。

「利益三分主義」は，事業で得た利益の3分の1は社会に還元し，3分の1はお客様や得意先にサービスとしてお返しし，残りの3分の1を事業資金とする考え方である。サントリーホール，サントリー美術館，文化財団，音楽財団などを設立して文化面での社会貢献や，企業のスポーツチームへの投資も行っている。

　クロネコヤマト，ソニー，ホンダなど他の企業も，創業以来積極的に新事業を展開し，社会に広く貢献している企業である。

問題 4—6　実務ケース

　次の文章の（　　）に当てはまる適切な語句を語群から選びなさい。

　商品に付されたバーコードを販売時点において読み取って単品管理を行い，商品在庫の正確な把握と，過剰在庫や欠品の防止に不可欠なのが（　　）システムである。

（a）SCM　　（b）CRM　　（c）CVS　　（d）POS　　（e）POP

〈解　答〉

　（d）

〈解　説〉

　POS は Point Of Sale の頭文字をとったもので，POS システムは販売時点情報管理システムと訳される。当初は在庫管理のシステムとして用いられていたが，今日のPOSは経営情報管理システムに進化を遂げ，小売業のみならずメーカー，卸売業にも活用されている。

マーケティング知識

5　市場細分化

（1）　市場細分化の基準

　市場環境に対応する活動が企業のマーケティングですが，企業には経営資源（ヒト，モノ，カネ，技術・ノウハウなど）の制約があり，市場ニーズのすべてに対応することはできません。

　また，現代のような顧客のニーズが多様化・高度化している状況では，すべての市場に画一的で平均的な製品やサービスを提供し，すべての市場を満足させることはできません。

　そこで，市場にある基準を用いて境界を設定し，限定された部分市場に自社の経営資源を集中的に配分していこうとするのが市場細分化の考え方です。

①　消費者の特性による区分

1)　地理的基準

　　市場を，「国，地域，都道府県，都市，市町村，地区などの地理的単位」に区分する方法です。

　　代表的なものに，エリア・マーケティングがあり，市場を地域ごとに分割し，その地域ごとに異なるニーズをとらえてマーケティング活動を行います。需要規模や消費者特性など，地域ごとのきめ細かな活動を効果的に行うためには，地域特性に適合した商品開発や品揃え，またプロモーションの範囲や販売組織の編成の検討が必要となります。

2)　人口統計的基準

　　市場を，「年齢，性別，家族構成，家族のライフサイクル，所得，職業，教育，宗教，人種，国籍などの人口統計的変数」で区分する方法です。

　市場細分化の最も一般的なものであり，消費者ニーズとの結びつきが強く，また測定も容易なため，必ず活用されています。

3)　心理的基準

　市場を，「消費者の社会階層，ライフスタイル，パーソナリティ特性などの心理的な要因」で区分する方法です。

　市場細分化の基準としては，比較的新しく採用されましたが，ファッション衣料などの買回品や，自動車などの専門品の分野で多く用いられています。

②　消費者の反応による区分

1)　ベネフィット基準

　ベネフィットとは，「製品によってもたらされる利益や便益，効用」のことです。

　製品が本来もっている基本的な機能や性能以外のベネフィットに基づいて製品の開発と分類が行われており，それに対応したマーケティング活動が行われています。

　例えば，自動車はステータスシンボルとして，またスポーティ性を表すものとして，またアウト・ドア的なものとしてなど，基本機能以外に多くのベネフィットをもっています。

2)　使用率基準

　消費者を，「単位時間あたりどのくらい使用し消費するのか」に焦点を当てて区分を行うものです。

　大口消費者，普通消費者，小口消費者といったセグメントを行うものです。

3)　ロイヤルティ基準

　消費者を，「商品ブランドに対し，どのくらいロイヤルティ（忠誠度）を示すか」に焦点を当てて区分するものです。

　企業はロイヤルティの高い消費者に接近し，継続的なリピート購買を目

指します。

4) 状況基準

消費者を，「どのような使用状況によって商品を購入するのか」に焦点を当てて区分するものです。

例としては，お茶は，日常的に飲むものか，来客用のものか，贈答用のものかで，各市場は成立します。

図表　市場細分化の基準

消費者の特性	地理的基準
	人口統計的基準
	心理的基準
消費者の反応	ベネフィット基準
	使用率基準
	ロイヤルティ基準
	状況基準

（2）　市場細分化の条件

市場細分化が有効に機能するための最低条件として，次のものがあります。

①　測定が可能であること

細分化された市場の規模や境界が，容易に測定できることが必要です。

②　接近や到達が可能であること

細分化された市場の顧客に対して，メディアなどを通じて容易に接近できたり，効果的に到達できる流通チャネルがあったり，またそれらが経済的に行えることが重要です。

③　一定以上の市場規模があること

細分化された市場の規模や購買力が，採算ベースにのる一定の大きさがあることです。

④　実行が可能であること

細分化された市場に対して，活用できる効果的な経営資源を保有し，マーケティング活動を実行できることです。

図表　市場細分化の条件

細分化の条件	内　　容
測定可能性	細分化した市場の規模や購買力が容易に測定できること
到達可能性	細分化した市場ごとに，異なったマーケティング活動を行い，顧客に効果的に接近できること
一 定 規 模	細分化した市場が採算ベースにのる一定の規模があること
実行可能性	細分化した市場に対し，効果的なマーケティング内容が策定でき，実行できること

【練習問題 5】

次の各文章について，（　　）内に示した 2 つの語句のうち，正しいものを選べ。

①　地理的基準の代表的なものに（A. ターゲット・マーケティング，B. エリア・マーケティング）があり，市場を地域ごとに分割し，その地域ごとに異なるニーズをとらえてマーケティング活動を行う。

② 使用率基準とは，消費者を（A. 単位時間，B. 単位面積）当たりどのくらい商品を使用し消費するのかに焦点を当てて区分を行うものである。

③ ロイヤルティ基準とは，消費者を商品ブランドに対して，どのくらい（A. 忠誠度，B. 関心度）を示すかに焦点を当てて区分するものである。

④ 市場細分化の条件として，一定以上の市場規模があり，（A. 開発ベース，B. 採算ベース）にのる大きさがあることが重要である。

⑤ 市場細分化の条件として，市場の規模や境界が，容易に（A. 測定，B. 視覚化）できることが必要である。

【練習問題5 解答・解説】

①－B

消費者の特性による区分として地理的基準がある。これは市場を国，地域，都道府県，都市，市町村，地区などの地理的単位に区分する方法で，代表的なものにエリア・マーケティングがある。

②－A

消費者の反応による区分として，使用率基準がある。これは消費者を単位時間当たりどのくらい使用し消費するのかに焦点を当てて区分を行うものである。コーヒーやお茶などの大口消費者，普通消費者，小口消費者といった分け方が具体例としてはある。

③－A

消費者の反応による区分として，ロイヤルティ基準がある。これは消費者を商品ブランドに対して，どのくらい忠誠度を示すかに焦点を当てて区分する。

企業は忠誠度（ロイヤルティ）の高い消費者に接近し，継続的なリピート購買を目指す。

④－Ｂ

　市場細分化が有効に機能するための条件として，一定以上の市場規模があることがある。これは，細分化された市場の規模や購買力が，採算ベースにのる一定の大きさがあることである。

⑤－Ａ

　市場細分化が有効に機能するための条件として，測定が可能であることがある。細分化された市場の規模や境界が，容易に測定できなければならない。

マーケティング事例

5　市場細分化

《 時　事 》

（1）　世代によるセグメンテーション

　セグメンテーション（市場細分化）とは，マーケティング対象を類似の購買行動をもった集団（セグメント）に細分化することです。消費者のニーズが多様化している今日，マーケティング対象をどこに置くかについて，世代別の議論がされます。なぜならば，同世代は同じ時代背景や経済環境の中で生きてきたために，生活の価値観や消費スタイル，消費行動が類似する傾向があるからです。

　特に年齢別人口分布のデータから，戦後の「団塊の世代」（1947 年～1949 年生まれ）とその後の 3 年間の「ポスト団塊世代」，そしてそれらの世代の子供たちである「団塊ジュニア世代（1971 年～1974 年生まれ）は，年間約 200 万人以上生まれた世代として，さまざまな場面でターゲットにされてきた世代です。

　2008 年ごろ，メディアが注目したひとつの消費世代として「アラフォー世代」（アラウンドフォーティの略で 40 歳前後あるいは 35～44 歳の意味）が話題になりました。アラフォー世代対象の女性ライフスタイル雑誌としては，「Marisol（マリソル）」（集英社），「eclat（エクラ）」（集英社），「HERS（ハーズ）」（光文社）などが創刊されました。

　この世代の女性は，1980 年代に青春を過ごし，バブル時代も経験し，「男女雇用機会均等法」（1986 年施行）のもとで社会進出を果たしてきたことから，仕事と結婚を比較的自由に選択してきました。その結果，未婚のキャリア女性が多く，自分と似た生き方をした先輩が少ないため結婚や出産を決断することに悩む女性も多く，常に女性の新しい生き方を探し，示してきた世代です。さら

に，この世代は，「新人類世代」ともいわれてきました。結果的に，アラフォー世代の働く女性を対象とした高額商品やサービスの成功事例が多くみられるようになり，高級化粧品やエステ，高級スパ，単身女性向けマンションなどの消費も活発で，主要百貨店でも専用売場コーナーを展開しています。また，雇用面では管理職適齢期と子育て期にあたり，在宅勤務や短時間勤務，保育などの子育て支援などを充実させる企業もあります。

　1990年代にコギャル文化を生み出し，主にアパレル業界で独特の流行を発信してきた2010年代に30代前後の「アラサー世代」（ポスト団塊ジュニア世代）やその世代に続くミニマムライフ世代やミレニアル（ゆとり・さとり）世代という異なる市場へのマーケティングも検討・実施されています。現在の30代は，好景気を知らず堅実で安定した生活志向で，車や高級ブランドへの憧れも少なく，プライドよりも合理的な消費スタイルをもっているとされています。

図表　世代別人口分布

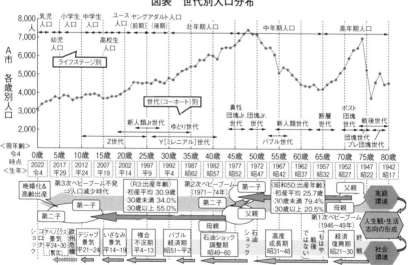

出所：日本統計センターのホームページ
https://www.nihon-toukei.co.jp/solution/db/overview/lifestage/

（2）　差別化と細分化

　差別化と細分化は，差別化が同じ土俵（＝市場）で戦うことを前提とするのに対し，細分化は同じ土俵で戦うことを避け，戦わずして勝つことを意図する点で異なります。

　マーケティングにおける差別化とは製品による差別化（プロダクト・ディファレンシエーション）を意味し，自社製品に，競合他社の製品と明確に区別できるような特徴をもたせて競争優位を保持することに主眼を置きます。

　一方，マーケティングにおける細分化とは市場の細分化（マーケット・セグメンテーション）を意味し，既存にない市場を新たに創出することで同じ市場で戦うことを意図的に避けることに主眼を置きます。

　差別化と細分化を製品ライフサイクルの視点から見ると，一般的に差別化は導入期から成長期にかけて行われ，細分化は成長期から成熟期にかけて行われるのが特徴です。導入期や成長期においては，製品に改良の余地が多くあり，それによって差別化を図ることが可能です。しかし，成熟期になるともはや製品改良の余地はほとんどなくなり，必然的に市場を細分化して需要を創出するより方法がなくなります。差別化と細分化は，言葉こそ似ているものの，マーケティング戦略としてはまったく異なるものであることがわかります。

　自動車を例にとると，「3C（＝Car, Cooler, ColorTV）」ともてはやされた高度成長期は自動車産業にとっても成長期であり，重視されたのは排気量や馬力，燃費などの基本性能あるいはカーオーディオなどの付加機能であり，この時代には性能・機能による差別化戦略が有効でした。それに対して，RVやSUV，あるいはミニバンなどは，乗用車とは別のマーケットを創出する目的で市場に投入されたもので，新たな「カーライフ」による市場細分化を狙った製品であるといえるでしょう。RV，SUVはいずれもレクリエーション用途を目的として開発された車であり，ここ数年のアウトドア志向の高まりに応じて市場を拡大しています。ミニバンは室内が広くてくつろぐことができ，座席に可動性があって多人数を載せることができるため，小さな子供がいるファミリー層に支持されています。

　日用品の定番商品である歯磨き粉も，セグメンテーションされた典型的な商品といえます。パーソナルケア用品メーカーのライオン㈱を例にとると，ムシ歯の発生と進行を防ぐクリニカ，歯周病予防のシステマ EX，歯槽膿漏を防ぐデントヘルス薬用ハミガキ SP，歯ぐきの炎症をおさえるハイテク生薬の恵み，すっきりツルツルに磨きあげるデンタークリア MAX など，用途や目的によってセグメンテーションがされています。高齢化が進む中で健康な歯を維持したい需要から，歯磨き粉や歯ブラシなどの「オーラルケア」市場は拡大しています。そのため日用品各社は，高機能・高価格帯商品を投入することで，競争を促進しています。

　缶コーヒーは，市場が成熟化しているにもかかわらず，ドリップの製法や豆のブレンドなど，製品の差別化による競争に重点が置かれていました。それに対して，アサヒ飲料のワンダモーニングショットは，「朝専用」という時間軸を切り口としてセグメンテーションを行った点で画期的といえるでしょう。

　差別化戦略は，競合他社と同じ市場で戦うことから，広告などプロモーションの費用がかかる点が難点といえます。また，製品パリティ*の今日，メーカーが強調する差別化が無意味になってしまうことも少なくありません。

　一方の細分化戦略は，あまりに細分化しすぎると個々の市場が小さくなり，そこから得られる利益も小さくなってしまうのが難点です。しかし，競合他社と戦わずして勝つという戦略は，市場が成熟化して消費者が多様化・個性化する今日において，より有効なマーケティング戦略といえるでしょう。

　　＊　**製品パリティ**：消費者の立場から見たとき，製品の品質や性能に差が感じられない状態。

〘 実　務 〙
（1）　デモグラフィックス

　人口統計的属性と訳され，人種，国籍，宗教，性別，年齢，学歴，職業，所得，未既婚，家族構成など，客観的事実に基づく消費者個人のプロフィールを指し，市場細分化において頻繁に用いられます。

① 性別・年齢

例えば，衣料品，雑誌などはまず男性，女性の性別で細分化し，さらにそれぞれについて年齢別に細分化し，「20代後半の男性向け」というように訴求対象を特定化します。

② 所　　得

所得による細分化は，自動車や住宅のような比較的高額な消費財について行われます。世帯あるいは個人を収入によって細分化し，所得水準ごとに訴求する商品・サービスを特定化します。

（2）　サイコグラフィックス

心理的属性と訳され，ライフスタイル，価値観，個性，購買動機など，消費者の意識全般を対象とする分類基準をいい，デモグラフィックスのような客観的な属性はありません。サイコグラフィックスの例として，「流行に敏感である」「価格よりも品質を重視する」「健康志向である」などが挙げられます。

消費者が個性化・多様化する今日，性別・年齢といったデモグラフィックスだけで市場を把握することは困難であり，デモグラフィックスを基礎データとした上でサイコグラフィックスで細分化する手法が主流になりつつあります。中でも多く用いられるのが消費行動と密接な関係にあるライフスタイルであり，消費者調査で得られた回答パターンを解析していくつかのグループに分け，それぞれのグループの特徴を属性・意識・行動面から特徴づけます。今日，多くの企業がライフスタイルに基づく市場細分化を行っています。

（3）　エリア・マーケティング

成熟期を迎えた今日の市場において，全国一律のマーケティング施策は通用しなくなりつつあり，消費者特性を考慮したきめ細かな対応が求められています。市場の地域差に着目して地域ごとにマーケティング戦略を策定・実施する手法がエリア・マーケティングです。

　エリア・マーケティングは，地域単位を設定することから始めます。この地域単位の設定は行政区分にとらわれる必要はなく，文化的・経済的特性，交通の状況，ロジスティックスや販売ルートの状況などを考慮して独自に設定することができますが，戦略の計画・実施・評価はすべてこの地域単位ごとに行われるため，設定に際しては十分な検討が必要です。

　設定した地域単位ごとに収集するデータは，人口，世帯数，年齢構成，所得水準などのデモグラフィックス（人口統計的属性），耐久消費財の保有状況，小売店の売上の推移にかかわる情報，自社と他社の戦力（店舗数，人員数）と売上，シェアの比較など多岐にわたります。また，消費行動，価値観，ライフスタイルなどのサイコグラフィックス（心理的属性）に関する情報も重要です。

　エリア・マーケティングの具体的な戦略は，マーケティングの4P（Product：製品，Price：価格，Place：流通，Promotion：プロモーション）を地域特性に対応させて展開します。

　① **製　　品**
地域特性に対応する品揃え，地域限定商品の開発

　② **価　　格**
流通量による価格設定の考慮

　③ **流　　通**
地域単位を効率的にカバーする流通システムの構築

　④ **プロモーション**
地方紙，地方テレビ局を活用した地元密着型のコミュニケーション，地域の商慣習への配慮

〈問題・解答解説〉

┌─── 問題 5─1　時事問題 ─────────────────────────
│
│　次の文章の（　　）に当てはまる適切な語句を語群から選びなさい。
│
│　市場が成熟化している今日，より有効なマーケティング戦略は（　　）
│
│である。
│
│（a）多角化経営　　（b）市場細分化　　（c）少品種大量生産
│
│（d）製品差別化　　（e）多品種少量生産
└───────────────────────────────────

〈解　答〉

（b）

〈解　説〉

　製品パリティの今日，メーカーが強調する差別性が消費者にとってそれと感じられないケースが多々あり，差別化が機能しない場合が多い。市場が成熟化して消費者が多様化・個性化する今日において，より有効なマーケティング戦略は，新たな市場を創出する市場細分化である。

┌─── 問題 5─2　時事問題 ─────────────────────────
│
│　次の文章の（　　）に当てはまる適切な語句を語群から選びなさい。
│
│　市場細分化を製品ライフサイクルの視点から見ると，（　　）にかけて
│
│行われるのが特徴である。
│
│（a）導入期～成長期　　（b）成長期～成熟期
│
│（c）成熟期～衰退期　　（d）導入期～成熟期
│
│（e）成長期～衰退期
└───────────────────────────────────

〈解　答〉

（b）

〈解　説〉

　導入期や成長期においては，製品に改良の余地が多くあり，それによって差

別化を図ることが可能であるが，成熟期になるともはや製品改良の余地はほとんどなくなり，必然的に市場を細分化して需要を創出するより方法がなくなる。

問題 5—3　実務ケース

次の文章の（　　）に当てはまる適切な語句を語群から選びなさい。

性別，年齢，学歴，職業など，客観的事実に基づく消費者個人のプロフィールを（　　）という。

（ a ）ライフステージ　　　（ b ）サイコグラフィックス

（ c ）デモグラフィックス　　（ d ）ライフスタイル

（ e ）セグメンテーション

〈解　答〉

（ c ）

〈解　説〉

人種，国籍，所得，未既婚，家族構成などもデモグラフィックスである。サイコグラフィックスは心理的属性と訳され，ライフスタイル，宗教，価値観，個性，購買動機，使用頻度など，消費者の意識全般を対象とする分類基準をいう。

問題 5—4　実務ケース

次の文章の（　　）に当てはまる適切な語句を語群から選びなさい。

成熟化した市場に対応すべく，市場の地域差に着目して，地域ごとにマーケティング戦略を策定・実施する手法を（　　）という。

（ a ）ワン・トゥ・ワンマーケティング　　（ b ）インタラクティブ・マーケティング　　（ c ）エクスターナル・マーケティング　　（ d ）エリア・マーケティング　　（ e ）インターナル・マーケティング

〈解　答〉

（d）

〈解　説〉

（a）ワン・トゥ・ワンマーケティングは顧客一人ひとりを対象とするマーケティング，（b）インタラクティブ・マーケティング（c）エクスターナル・マーケティング（e）インターナル・マーケティングはいずれもサービス業におけるマーケティングである。

マーケティング知識

6　標的市場の設定

（1）　標的市場設定の方法

　標的市場の設定とは，市場細分化の基準で明確になった部分市場のうちから，標的となる市場を選別し，そこにマーケティング活動を展開することです。

　標的市場の設定には，次の２つの考え方があります。

①　コトラーの３つの方法

1)　無差別型マーケティング

　セグメントされた市場特性の差異を無視し，１つの製品，１つのマーケティング・ミックスで，全市場に訴求する方法です。

　特徴としては，幅広い訴求点をもつ一部の製品に応用でき，またこの戦略をとる場合には，相対的なマーケティング・コストは，他の戦略に比べて最小となります。

2)　差別型マーケティング

　各セグメントごとの異なるニーズに対して，その１つひとつに対応したマーケティング・ミックスを構築し，アプローチする方法です。

　特徴としては，最大の売上が期待できますが，その規模ゆえにマーケティング・コストが大幅に上昇します。経営資源にゆとりのある大企業のとる戦略です。

3)　集中型マーケティング

　自社の強みと市場の機会が最大限に活かせる，１つまたはごく少数の市場にターゲットを絞り込み，最適のマーケティング・ミックスを構築する方法です。

114

図表　市場細分化の戦略展開（P. コトラー）

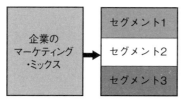

差別型マーケティング　　　　　　　　　　無差別型マーケティング

集中型マーケティング

経営戦略でいうニッチ（すきま，くぼみ）戦略が，これに該当します。

② エーベルの5つの方法

1）　単一セグメント集中型

　1つの市場に，限定された製品をもって企業の全マーケティング資源を集中的に配分する戦略です。

　特徴としては，中小企業にとっては効果・効率ともに高い戦略であること，一方他の有望な市場機会を逸する可能性があり，環境変化に弱いことがあります。

2）　製品専門型

　限定された製品ラインを，複数の市場にアプローチする戦略です。特徴としては，特定の製品分野において名声を得る可能性があること，一方画期的な新技術を用いた競合品が出現した場合には大きな危機に直面することがあります。

3）　市場専門型

　特定の市場・顧客層に限り，その多くのニーズに対応していく戦略です。

　特徴としては，特定の顧客の要求を満たす専門業者としての地位を確立
する可能性があること，一方で特定顧客を取り巻く環境変化の影響を大き
く受けることがあることです。

4)　選択的専門型

　製品や市場を限定せず，市場のニーズ（機会）と企業のもつ経営資源（強
み）が一致した市場にアトランダムに進出するものです。

　特徴としては，シナジー効果が得られない代わりに，リスクが分散し企
業の安定度が増大することです。

5)　全市場浸透型

　企業のあらゆる製品をあらゆる市場セグメントに提供する戦略です。大
企業が主にとる戦略で，コトラーの無差別型マーケティングと差別型マー
ケティングに分けられます。

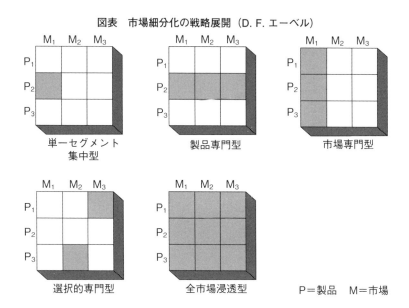

図表　市場細分化の戦略展開（D. F. エーベル）

単一セグメント
集中型

製品専門型

市場専門型

選択的専門型

全市場浸透型

P＝製品　M＝市場

（2） ポジショニング

　ポジショニングは，市場において自社や自社製品・サービスをどのように位置づけるかを明確にして，競合他社との差別化を通じて，消費者の頭のなかに自社の優位性を確立させることです。自社製品のコンセプトを明確にし，市場における独自の位置づけを獲得して類似品との競合を回避する戦略です。

　ポジショニングを有効にするためには，コミュケーション戦略が重要となります。消費者の記憶に確実にとどまる，シンプルでわかりやすく印象に残るものであることが大切です。製品の品質に差がない今日では，製品そのものの競争から，消費者にどのようにイメージづけるか，どのように明確な位置づけを確立するかという「知覚」の競争に移ってきています。

（参照　P. 182〜183　製品ポジショニング分析）

【練習問題6】

　次の文章について，正しいものには○印を，誤っているものには×印をつけよ。

① 　無差別型マーケティングは，市場特性の差異を無視し，1つの製品，1つのマーケティング・ミックスで，全市場に訴求する方法である。

② 　差別型マーケティングは，各セグメントごとの異なるニーズに対して，その特定の1つに対応したマーケティング・ミックスを構築し，アプローチする方法である。

③ 　集中型マーケティングは，自社の強みと市場の機会が活かせる，1つまたはごく少数の市場にターゲットを絞り込み，最適なマーケティング・ミックスを構築する方法である。

④ 　製品専門型マーケティングは，限定された製品ラインを，複数の市場にアプローチする戦略である。

> ⑤　市場専門型マーケティングは，特定の市場や顧客層に限り，その
> 　特定のニーズに対応していく戦略である。

【練習問題6　解答・解説】

①－○

　無差別型マーケティングの特徴としては，幅広い訴求点をもつ製品に応用が
でき，また相対的なマーケティング・コストは最小となる。競合品との対抗上，
製品差別化戦略を併用することが多い。

②－×

　差別型マーケティングは，各セグメントの異なるニーズの1つひとつに対応
したマーケティング・ミックスを構築する。特徴としては，最大の売上が期待
できるが，マーケティング・コストが大幅に上昇する。経営資源にゆとりのあ
る大企業に適している戦略である。

③－○

　集中型マーケティングの特徴は，経営戦略でいうニッチ戦略（すきま，くぼ
み）戦略が該当する。経営資源に限りのある中小企業がよくとる戦略である。

④－○

　製品専門型マーケティングの特徴は，特定の製品分野において名声を得る可
能性があるが，画期的な新技術を用いた競合品が出現した場合には大きな危機
に直面してしまう。

⑤－×

　市場専門型マーケティングは，特定の市場・顧客層に限り，その多くのニー

ズに対応していく戦略である。特徴としては，特定の顧客の要求を満たす専門業者としての地位を確立する可能性があるが，その特定顧客層を取り巻く環境変化の影響を大きく受けることがある。

マーケティング事例

6　標的市場の設定

【 時　事 】

（1）　シニア市場

　超高齢社会の到来とともに，医療保険や介護などが深刻な社会問題となる一方で，旺盛な消費行動をみせる高齢者が新たな市場を形成しています。65 歳以上のいわゆる高齢者人口は，2021 年に 3,621 万人（総人口の 28.9 ％）と 4 人に 1 人が高齢者となり，シニア世代（60 歳以上）の年間消費支出（シニア市場）の規模は 2011 年に 100 兆円を超え，2016 年には約 118 兆円（第一生命経済研究所の試算）に到達しています。シニア市場は，高齢化の進展とともに今後さらに拡大することが確実であり，人口減少で伸び悩む国内市場の中で，シニア関連市場の可能性に期待が寄せられています。

　企業がシニア市場に注目しているのは，単に高齢者人口が増加しているからだけでなく，健康で元気な高齢者が増え，自己実現に向けて第二の人生を享受しようという価値観の浸透から，コト（体験）消費に象徴される趣味や遊びの領域でも積極的な消費態度を示す人たちが増えているからです。また，いっそうの長寿化を受けて，特に女性を中心に健康に対する関心が高まっており，それに関連する医療や福祉，食や旅行，レジャーといった領域において新たな市場が形成されています。

　すでに多くの企業がシニア市場に参入しており，シニア世代をターゲットにした商品・サービスが展開されています。毎年約 200 万人が新しく高齢者の仲間入りし，消費者の嗜好は年々変化するとされている中で，特にシニアの財布のひもが緩みやすいとされるのは，「孫」，「健康」，「おしゃれ」といわれています。例として，診療施設やコミュニティ施設つきの高齢者専用の集合住宅や

シニア向けツアーなどが人気を集めています。いずれも，シニアのニーズに配慮して応えていることが人気の理由です。

（2）　中 食 市 場

　外食（レストランなど外でする食事）と内食（家庭における手作りの食事）の中間にあたる食の形態を中食（なかしょく）といいます。すなわち，総菜や弁当などの調理済み食品を買って帰り，それを自宅で食べる食事が中食です。

　厚生労働省が毎月発表する有効求人倍率が 2017 年 4 月には 1.48 倍とバブル経済期の水準を超え，43 年 2 か月ぶりの高さとなったことが大きく報じられました。2016 年に，やはりバブル経済期以来の高水準となったのが，家計の支出に占める食費の割合である「エンゲル係数」です。

　単身世帯に加え，働く女性が増えることによって共働き世帯が増えたため，弁当や総菜など「中食」が好調です。女性の社会進出や単身世帯の増加による家庭料理の外部化や食費の節約に伴い，1990 年代後半から，中食市場が拡大してきました。どこまでを中食産業の範囲として扱うかにより，市場規模のデータはいくつか存在しますが，㈳日本総菜協会の総菜白書では，2016 年の総菜（中食）市場規模を約 9.8 兆円としています。外食や内食が少しずつ減少する一方で，中食市場は長期にわたって成長が続いています。

　中食を扱う業態としては，コンビニエンス・ストア，総菜専門店，持ち帰り弁当店，スーパーマーケット，百貨店などがあります。総菜白書によれば，2016 年のチャネル別シェアは，コンビニエンス・ストア 31.6 ％，専門店他 29.5 ％，食料品スーパー25.8 ％，総合スーパー9.3 ％，百貨店 3.7 ％で，コンビニと食料品スーパーが伸びています。

　今日，総菜の単品販売ではなく，サラダ，デザートから飲料に至るまで食事全体を売場に集めて展開する形態が出現し，中食の選択肢も多様化しています。コンビニ業界の中で収益が首位のセブン-イレブンでは，「セブンゴールド」などやや高額な商品も含むプライベートブランド（PB）商品がよく売れています。また，コンビニエンス・ストアなどでは，専用の揚げ物調理器を導入して，で

きたてのおいしさを提供する工夫をしています。

　今までは若い人が中食をリードしてきましたが，今後は調理が負担となる高齢者層についても，中食を利用する割合は増えることが予想されます。対象となるそれぞれの世代に合わせた味と量での提供，季節に合わせたメニューの変化，デリバリーサービスなどが提供されています。

図表：中食の市場規模

業態	2020 年		2021 年		
	市場規模	構成比	市場規模	構成比	前年比
惣菜専門店	2 兆 7,346 億円	27.8 %	2 兆 7,472 億円	27.2 %	100.5 %
百貨店	2,921 億円	3.0 %	3,117 億円	3.1 %	106.7 %
総合スーパー	8,799 億円	9.0 %	9,075 億円	9.0 %	103.1 %
食料品スーパー	2 兆 7,633 億円	28.1 %	2 兆 9,470 億円	29.1 %	106.6 %
CVS	3 兆 1,496 億円	32.1 %	3 兆 2,015 億円	31.7 %	101.6 %
合計	9 兆 8,195 億円	100.0 %	10 兆 1,149 億円	100.0 %	103.0 %

出典：2022 年版　総菜白書：https://www.nsouzai-kyoukai.or.jp/wp-content/uploads/hpb-media/hakusho2022_digest.pdf

〘 実　務 〙
（1）　事業ドメイン

　事業ドメインとは，自社の製品やサービスがターゲットとする市場のことです。一般的に業界が異なれば事業ドメインも異なりますが，同一の業界であっても企業によってドメインが異なる場合があります。アパレル業界を例にとれば，紳士服市場をドメインとする企業もあれば，婦人服をドメインとする企業もあり，子供服をドメインとする企業もあります。事業ドメインは企業のマーケティング戦略そのものであり，現在どのような事業を展開しているかだけでなく，将来どのような事業を展開するかまでを含んで定義されます。

　また，企業の多角化戦略として，鉄道会社がデパートを経営していたり，家

庭用品メーカーが OA サプライを発売するなど，ひとつの企業がまったく異なる複数のドメインで事業を展開している場合もあります。

ドメインをどこに定めるかによって，事業拡大のスピードやスケールが大きく異なってくるため，事業の展開にあたっては，始めに事業ドメインを明確にする必要があります。また，従来事業ドメインは中長期的なものであって，一度定めたドメインは変更しないものとされてきました。しかし，今日のように市場が急速に変化する時代において，企業はドメインを絶えず見直す必要に迫られています。例えば，ゼネコンはハードを作るだけの建設業から，建物の目的に合わせたソフトまでを提供するエンジニアリング・コンストラクターへ，デパートは商品を並べて売るだけの物販業から快適な生活提案を行う生活演出業へ，生命保険会社は万一の場合を保障するための保険業から，よりポジティブに生きることを援助するための生活設計業へ，化学メーカーは無機質なケミカルから将来性のあるバイオテクノロジーへと，自らの事業ドメインを変更，拡大しています。事業環境の変化に合わせてドメインを再定義することで，新たなビジネスチャンスを掘り起こすことがその狙いです。

（2）　コア・コンピタンスを活かしたポジショニング

限られた資源で効果的に事業活動を展開するためには，市場を選定し，そこに経営資源を集中することが求められます。顧客を絞り込むマーケティングの手順である STP とは，"Segmentation（市場細分化）・Targeting（顧客ターゲット）・Positioning（市場での位置づけ）"のことです。市場細分化と顧客ターゲットとは密接に関係しており，市場細分化で，共通のニーズや選好，価値観，購買行動をもつ消費者をグループ分けし，標的となる顧客層のセグメントを選定（Targeting）し，そのターゲット・セグメントにおいて，目標とする市場地位を獲得するための位置取り（Positioning）を行います。ポジショニングでは，"コア・コンピタンス"を活かした製品差別化の戦略を採ります。

コア・コンピタンスとは，「顧客が認める価値を創出する独自の技術，スキル，ノウハウの組み合わせ」のことです。コア・コンピタンスの具体例として，「ホ

ンダのエンジン技術」,「ソニーの小型化技術」,「シャープの液晶や太陽電池の技術」,「キヤノンのカメラ，プリンター技術」のような製品技術が挙げられますが，業務プロセス，組織力，人材力あるいはビジネスモデルもコア・コンピタンスと成りえます。トヨタ自動車の「カンバンシステム」に代表される生産プロセスもコア・コンピタンスです。

〈問題・解答解説〉

---- 問題 6—1　時事問題 ----

次の文章の（　　）に当てはまる適切な語句を語群から選びなさい。

（　　）歳以上の「高齢者人口」は 3,000 万人を超え，シニア市場規模は 110 兆円を超えると見られている。シニア市場は，高齢化の進展とともに今後しばらく拡大することが確実であり，マーケットの可能性に期待が寄せられている。

（ a ）50　　（ b ）55　　（ c ）60　　（ d ）65　　（ e ）70

〈解　答〉

（ d ）

〈解　説〉

すでに多くの企業がシニア市場（60 歳以上）に参入しており，シニアをターゲットにした商品・サービスが展開されている。シニア向け住宅といわれる高齢者専用の集合住宅や，富裕層を狙ったシニア向けツアーなどが人気を集めていて，いずれも，高齢者に配慮してそのニーズに応えていることが人気の理由である。

---- 問題 6—2　時事問題 ----

次の文章の（　　）にあてはまる適切な語句を語群から選びなさい。

女性の社会進出が進み，調理時間を節約したいという働く女性のニーズがあること，また商品開発が進み保存体制や配送技術が高度化したことな

どから（　　）が長期間にわたり，拡大している。弁当・惣菜専門店だけ
でなく，ドラッグストアやディスカウントショップが弁当や惣菜の取扱い
を開始するなど（　　）をめぐる業態間での競争も激化している。
（a）外食市場　　（b）内食市場　　（c）中食市場
（d）間食市場　　（e）健康食品市場

〈解　答〉

（c）

〈解　説〉

　中食市場が拡大している背景には，①女性の社会進出が進み，調理にかかる
時間を節約したいという働く女性のニーズがあること。②商品開発が進み，保
存体制・配送技術が高度化したことで中食商品の味・鮮度などの品質が向上し，
従来中食を敬遠していた層にも受け入れられるようになったこと。③コンビニ
エンス・ストアにおける弁当・惣菜の取扱いが拡大し，さらに外食産業などか
らも新規参入が相次ぎ，消費者にとって選択肢が拡大して気軽に利用できる環
境が整ったことなどがあげられる。

---- 問題6―3　実務ケース ----
　次の文章の（　　）に当てはまる適切な語句を語群から選びなさい。
　企業の多角化が進む今日，鉄道会社によるデパート経営，家庭用品メー
カーによるOAサプライ発売など，ひとつの企業がまったく異なる複数
の（　　）で事業を展開している場合がある。
（a）ドメイン　　　（b）セグメンテーション　　（c）チャネル
（d）コンセプト　　（e）プロモーション

〈解　答〉

（a）

〈解　説〉

　事業ドメインとは，自社の製品やサービスがターゲットとする市場をいう。事業ドメインは企業のマーケティング戦略そのものであり，現在どのような事業を展開しているかだけでなく，将来どのような事業を展開するかまでを含んで定義される。

問題 6—4　実務ケース

　次の文章の（　　）に当てはまる適切な語句を語群から選びなさい。

　（　　）とは，市場において，自社あるいは自社の製品・サービスをどのように位置づけるかを明確にし，他社との差別化を通じて自社の優位性を確立するための戦略をいう。

　（a）ディファレンシエーション　　（b）セグメンテーション
　（c）ポジショニング　　　　　　　（d）コミュニケーション
　（e）プロモーション

〈解　答〉

　（c）

〈解　説〉

　ポジショニングとは，市場において，自社あるいは自社の製品・サービスをどのように位置づけるかを明確にし，他社との差別化を通じて自社の優位性を確立するための戦略である。市場全体を分割して参入すべき市場を決定する戦略はセグメンテーションであり，両者は区別して行われる。

問題 6—5　実務ケース

　次の文章の（　　）にあてはまる適切な語句を語群から選びなさい。

　製品パリティの今日，マーケティングのフェーズは製品そのものの競争から，消費者にどのようにイメージづけるか，どのように明確な（　　）を確立するかという「知覚」の競争にシフトしている。有効な（　　）は，

製品・サービスの独自性を確立した上で，独自のコミュニケーション戦略とあいまって可能になり，そのコミュニケーションはシンプルでありながら消費者の頭の中に確実にとどまるようなものが必要である。

　（a）プロモーション　　　　（b）コミュニケーション
　（c）セグメンテーション　　（d）ターゲティング
　（e）ポジショニング

〈解　答〉

　（e）

〈解　説〉

　モノや情報があふれる現代で，消費者のマインドの中に自社のブランドをどのように位置づけたらよいのかというポジショニングは，企業が統合的なマーケティング戦略を構築する上で重要な手法である。

マーケティング知識

7　マーケティング・リサーチ

（1）　マーケティング・リサーチのプロセス

　マーケティング・リサーチは，特定の問題解決のための情報を収集するために実施されます。その調査結果には正確さが求められ，そのためのプロセスが重要です。

　マーケティング・リサーチの基本的なプロセスは，次のようになります。

①　調査目的の明確化

　解決しようとする問題とその背景を明らかにします。調査目的を具体的に絞り込み，発見しようとする問題を明確にしていきます。

②　調査計画の立案

　明確にされた問題に対して，どのようにアプローチすべきかを計画します。

1)　既存資料の収集・分析

　　調査目的が十分に確認された上で，まず広い範囲にわたって各種データを収集します。そして，第二次データ（他の機関や団体によって収集・加工され公開されたもの）で十分なのか，第一次データ（独自に調査を実施して得たデータ）が必要なのか，を検討します。

2)　調査対象の設定

　　調査の実施に際しては，「全数調査」と「標本調査」があります。

・全 数 調 査

　　調査対象者すべてについて調査をする方法です。実施に長時間を要し，労力と費用も大きくなるので，一部の場合を除いてほとんど不可能です。

・標 本 調 査

調査対象となる母集団の中から，ある一部の人々を抽出して行う調査です。この方法には，無作為標本抽出法（母集団から統計的に一定の確率でサンプルを選ぶ方法）と，有意標本抽出法（調査者のなんらかの意図に基づいて母集団からサンプルを選ぶ方法）の2つがあります。

3) 調査地域の決定

調査地域は，予算やサンプル数，調査員などの条件や，調査目的に照らして最終的に決定されます。

4) 調査方法の決定

調査方法としては，一般的には「質問法」「観察法」「実験法」などがあります。詳しくは，後述します。

5) 質問票の設計

調査目的に合った質問を用意することが重要です。質問形式としては，次のものがあります。

❶ 自由回答法

質問に対する回答を自由に言葉や文章で答える方法

長所	・質問の作成が簡単 ・よい導入質問ができる。 ・理由や動機をたずねるのに便利 ・回答の微妙なニュアンスがはっきりわかる。
短所	・回答者のレベルによって回答内容が左右される。 ・回答にかなりの時間がかかる。 ・調査結果の整理が面倒

❷ 選 択 法

回答をいくつかの回答選択肢の中から選択する方法

長所	・曖昧な回答が少なくなる。 ・調査結果の整理が簡単 ・コンピュータによる処理に適している。
短所	・選択肢の設定が難しい。

(ア)　賛　否　法

　　質問に対する回答を「はい」か「いいえ」のいずれかで答える方法。

(イ)　単一選択法

　　質問に対する回答を回答選択肢の中から，1つだけ選択する方法。

(ウ)　多項選択法

　　該当する選択肢が多数ある場合に，いくつでも回答できる方法。

(エ)　制限選択法

　　該当する選択肢が多数ある場合に，そのうち重要なものをいくつか選択する方法。

(オ)　評　定　法

　　質問に対する回答や何段階かの評定選択肢の中から，1つだけ選択する方法。

(カ)　順　位　法

　　回答者の意見や好みによって，回答選択肢に順位をつけてもらう方法。

6)　集計・分析方法の決定

　　収集したデータを，評価のしやすいように集計・分析方法を決定します。調査目的に対して，有効な価値をもつ情報となるような効果的な方法にします。

③　調査の実施

実際の調査にあたっては，調査員を募集・選定し，十分な教育・訓練を行う

ことが大切です。できるだけ客観的な内容がつかめるように行い，また確実に回収することが重要です。

④　調査結果の分析

調査によって収集されたデータは，加工・分析され，調査目的のための有効な価値をもつ情報となります。調査したデータのもつ意味を，深く掘り下げることが重要です。

⑤　調査結果の報告

報告書の基本的な形式としては，「概論・結論」「調査の主旨」「調査の目的，期日，方法，対象者」「調査の分析結果」「提言」の構成により，報告書が作成されます。

図表　マーケティング・リサーチのプロセス

①　調査目的の明確化	解決しようとする問題と背景の明確化
②　調査計画の立案	問題に対してどのようにアプローチをすべきか計画する。 　・既存資料の分析 　・調査対象の設定 　・調査地域の決定 　・調査方法の決定 　・質問票の設計 　・集計・分析方法の決定
③　調査の実施	データの収集
④　調査結果の分析	収集されたデータの分析・加工
⑤　調査結果の報告	報告書の作成

（2）　調査の方法

実態を調査する方法には，次のものがあります。

① 質　問　法

調査者が質問票を作成し，被調査者から回答を求める方法です。調査のアプローチに，いくつかの技法があります。

1)　面　接　法

　　調査員が被調査者と面接し，直接質問して回答を求める方法です。回収率が高く，詳細なデータが得られますが，コストと時間がかかります。

2)　郵　送　法

　　質問票を郵送し，回答を記入後に返送してもらう方法です。費用が少なくてすみ，広範な地域の調査に有効ですが，回収率が低いなどの問題点があります。

3)　電　話　法

　　電話を使って質問し，回答を得る方法です。低コストで短時間に調査ができますが，簡単な質問しかできません。

4)　留　置　法

　　調査員が質問票を直接，あるいは郵送によりあらかじめ被調査者に渡して質問内容について説明し，期限を定めて回答を依頼し，後日調査員が訪問して回収する方法です。回答内容が複雑なときなどには適していますが，回答者が本人かどうか不明の場合があります。

図表　質問法の各特徴

	面接法	郵送法	電話法	留置法
調査の対象者数	少ない	多　い	多　い	多　い
質問の客観性	低　い	高　い	低　い	高　い
質問の項目数	多　い	多　い	少ない	多　い
回答の信頼性	高　い	普　通	低　い	普　通
回収の早さ	普　通	遅　い	早　い	遅　い
回　収　率	高　い	低　い	低　い	高　い
調査のコスト	多　額	少　額	少　額	高　額

② 観 察 法

事実を直接観察することによって，必要なデータを収集する方法です。具体的，客観的で正確な結果が得られますが，時間と費用がかかります。また，心理的要因などをつかむことはできません。

具体例としては，以下のものがあります。

1）動 線 調 査

　小売店の店内における顧客の流れを調べ，通路幅が適当か，売場配置は適切かなどを検討します。商品配置や店舗改装への情報を提供してくれます。

2）他 店 調 査

　同業他店の動向を調べるもので，競合店の顧客層，客単価，また取扱商品の中の主力商品は何か，新商品は何か，商品配置などについて調査します。

3）交通量調査

　自動車の流れ，人の流れを観察し，一定時間ごとの交通量，流れの方向などを調査します。店における交通量と売上高などの関係を検討します。

③ 実 験 法

ある問題を実験によって確かめてみる調査方法です。その結果により，特定の因果関係を明らかにしようとする方法です。

具体例としては，次のものがあります。

1）広告効果テスト

　同一商品を，同じ大きさで，同じ場所に，同じ日に，同じ内容または異なった内容のいくつかの広告を，同じ媒体に掲載し，その効果を測定します。

2）消費者使用テスト

　消費者に商品を提供し，それを実際に使ってもらい，その商品の使用中・使用後についての意見や感想を述べてもらう方法です。

　3)　陳列テスト

　　　商品に対する消費者の反応を知るため，一定期間陳列し販売してみて，

　　　その結果により採用すべき商品の色やデザインなどを決定する方法です。

　④　パネル調査

　パネルとは，調査の対象者としてあらかじめ予定されたメンバーのことです。

同一の調査対象者に対して，特定の調査を一定期間，同一事項を繰り返し行う

調査方法です。市場での時系列的な変化や動きを把握することができます。

　消費者の購買動向，商品の動き，テレビなどの視聴率の変化などを把握しよ

うとするものです。

　⑤　動 機 調 査（モチベーション・リサーチ）

　消費者の購買動機などを把握するため，消費者の心理プロセスなどを詳しく

把握し分析する質的な調査です。心理学的な技法を用いて，定性的データを収

集し測定します。

　人間の意識の深層にある隠れた動機をとらえようとする方法であり，深層面

接法，集団面接法，投影技法などがあります。

　1)　深層面接法

　　　面接者が被面接者と 1 対 1 で時間をかけて面接し，被調査者が意識して

　　　いない動機を明らかにする方法です。

　2)　集団面接法

　　　一定の集団の被面接者を一箇所に集めて，あらかじめ設定したテーマを

　　　中心に意見を述べさせ，その結果を分析する方法です。

　3)　投 影 技 法

　　　回答者の深層心理を別のものに投影することで，その人の本当の心理を

　　　把握する方法です。語句連想法，文章完結法，絵画回答法などがあります。

語句連想法	掲示している言葉に対して，直感的に思い浮かぶ連想語を回答してもらう調査法
文章完結法	不完全または未完成の文章を提示して，思いのままに文章を補完してもらう調査法
絵画回答法	主題が明確な図版，つまり製品やブランドなどの写真やそれを使用している場面を提示して，その場面から想像される物語を語ってもらう調査法

⑥ グループ・インタビュー

　グループ・インタビューは，定性的な調査手法であり，司会者の進行によって，数名の対象者を座談会のような形式で自由に発言させ，それらの内容や相互のやりとりから調査テーマに関する仮説を導き出すものです。

　新製品開発のコンセプトを発見するなど，課題に対する仮説づくりに活用されますが，このグループ・インタビューから導き出されたものは，あくまでも仮説にすぎません。そのため，他の定量的な調査手法による数値的データと組み合わせることによって，より有効な調査成果を得ることができます。

図表　調査方法の種類

調 査 方 法	内　　容
質　問　法	質問票を作成し，被調査者から回答を求める方法 ① 面接法，② 郵送法，③ 電話法，④ 留置法
観　察　法	事実を直接観察し，必要なデータを収集する方法 ・動線調査，他店調査，交通量調査
実　験　法	実験を行い，その結果により要因の因果関係を明らかにする方法 ・広告効果テスト，消費者使用テスト，陳列テスト
パネル調査	同一対象者に，特定の調査事項を定期的・継続的に反復調査する方法
動機調査	消費者の心理過程を把握するため，心理学的な技法を用いて，定性的データを収集・測定する方法 ・深層面接法　　・集団面接法　　・投影技法
グループ・インタビュー	数名の調査対象者に自由に発言させ，その内容や相互のやりとりからテーマの仮説を導き出す定性的な調査手法

株式会社 税務経理協会　おすすめ書籍のご案内
2022.8

租税法の潮流シリーズ〔全四巻〕
中里 実 著

租税法の潮流〔第一巻〕 — 課税問題の変遷 —
1970年代以降の租税法の変遷が、発表した小論や講演録を辿ることで浮かび上がる。当時の著者の関心を映す同時代レポート。
2021/4発売　6775-5　A5判並製 516頁　4,950円

租税法の潮流〔第二巻〕 — 金融取引の課税 —
新たな金融取引に対する税制政策の議論がどのように展開されてきたのかを追うことができる。テーマとして一貫性の高い第二巻。
2021/10発売　6810-3　A5判並製 444頁　4,950円

租税法の潮流〔第三巻〕 — 所得課税の争点 —
法人税や地方税ほか、現在の税制改革につながる問題点を提起したもの、理論を重視したものなど、当時の議論を見つめ直す第三巻。
2022/3発売　6863-9　A5判並製 496頁　4,950円

租税法の潮流〔第四巻〕 — 税制改革の背景 —
その時々の税制改革の多様なテーマについて、租税法の解釈論のみならず立法論へも踏み込んだその背景を整理する第四巻。
2022/8発売　6868-4　A5判並製 416頁　4,950円

月刊　［毎月10日発売］
税経通信
情報を読み解くための多様な視座を提供する

1946年創刊。旬な問題を的確に捉え、各分野の専門家による税務実務と税務会計戦略の解説を掲載する専門雑誌。

標準定価　2,970円
年間購読料 36,000円（臨時号も付いてお得）
※　デジタル版も好評配信中（kindle, 他）

〒161-0033　東京都新宿区下落合2-5-13
TEL 03-3953-3325 ／ FAX 03-3565-3391

http://www.zeikei.co.jp
価格は10%税込定価です

必要最低限の消費税インボイス対応

売手・買手側の立場から、インボイス制度導入に向け
対応しなければならないことを具体的に解説。

税理士法人　山田＆パートナーズ　著

2022/7発売　6873-8　A5判並製 96頁　1,320円

24の相談事例でつかむ　相続税申告書の作成実務

相続専門税理士が導く、申告書の作成方法と相続実務対応。相続税務の
論点、税額計算、納税者対応、申告書の作成ポイントを押さえる。

税理士法人　トゥモローズ　著

2022/4発売　6844-8　B5判並製 234頁　2,750円

相続に係る専門家のための遺贈寄付の実務

― 税務／法務／相談者対応 ―

10万円からできる相続の新しい選択肢。遺贈寄付に関わる専門家が
寄付者の想いを確実に実現するために知っておきたい実務を解説。

三浦美樹・脇坂誠也　著　2022/6発売　6856-1　A5判並製 240頁　2,970円

海外進出の実務シリーズ　　　　　　　　　　　　　　2022/6発売

シンガポールの会計・税務・法務Q&A〔第4版〕

進出企業から実際に寄せられた質問をもとに、シンガポール駐在経験の
豊富な会計士・弁護士が執筆。移転価格税制等の最新情報を追加。

EY新日本有限責任監査法人　編　　　6854-7　A5判並製 348頁　2,860円

中国・アジア企業　　　　　　　　　　　　　　　　　2022/4発売

外資・外国人への税務支援入門

外資・外国人が税理士に求めるものは？　契約締結から申告までに
必要な実務の知識とテクニックを様々な経験を踏まえて丁寧に解説。

森村　元　著　　　6847-9　A5判並製 244頁　2,970円

【練習問題 7】

次の文章について，正しいものには○印を，誤っているものには×印をつけよ。

① 第一次データは，他の機関や団体によって収集加工されたものである。

② 標本調査は，調査対象となる母集団の中から，ある一部の人々を抽出して行う調査である。

③ 留置法は，調査員が質問票を直接，あるいは郵送によりあらかじめ被調査者に渡して質問内容について説明し，期限を定めて回答を依頼し，後日調査員が訪問して回収する方法である。

④ 観察法は，事実を直接観察することで，必要なデータを収集する方法である。

⑤ 実験法は，消費者の購買動機などを把握するため，消費者の心理プロセスなどを詳しく把握し分析する質的な調査である。

【練習問題 7　解答・解説】

① - ×

第一次データは，独自に調査を実施して得たデータのことである。第二次データは，他の機関や団体によって収集・加工され公開されたものである。

② - ○

標本調査には，無作為標本抽出法（母集団から統計的に一定の確率でサンプルを選ぶ方法）と，有意標本抽出法（調査者のなんらかの意図に基づいて母集団からサンプルを選ぶ方法）がある。

　一方，全数調査は，調査対象すべてについて調査する方法である。

③－○

　留置法を含む質問法は，調査者が質問票を作成し，被調査者から回答を求める方法である。

　他には，面接法，郵送法，電話法がある。

④－○

　観察法は，具体的・客観的で正確な結果が得られるが，調査に時間と費用がかかる。

　具体例としては，動線調査，他店調査，交通量調査などがある。

⑤－×

　実験法は，ある問題を実験によって確かめてみる調査方法である。その結果により因果関係を明らかにしようとする方法である。具体例としては，広告効果テスト，消費者使用テスト，陳列テストなどがある。

　一方，動機調査は，消費者の購買動機などを把握するために，消費者の心理プロセスなどを詳しく把握し分析する質的な調査である。

　人間の意識の深層にある隠れた動機をとらえようとする方法であり，深層面接法，集団面接法，投影技法などがある。

　以上，③〜⑤までの調査法以外には，パネル調査（同一の調査対象者に対して，特定の調査を一定期間，同一事項を繰り返し行う調査方法）がある。

マーケティング事例

7　マーケティング・リサーチ

〘時　事〙

（1）　インターネット・リサーチ

　今日，若年層からシニア層に至るまで幅広くインターネットが使われており，インターネットユーザーの分布が実際の人口分布に近づいていることから，インターネット・リサーチの有効性が確立されつつあります。

　インターネット・リサーチの手法には，クローズ型とオープン型があります。現在の主流は特定多数を調査対象とするクローズ型で，調査モニターとして事前に登録されたインターネットユーザーがウェブ上の質問に従って回答するという方法をとります。

　オープン型は，不特定多数の回答者を受け入れます。原則として誰もが回答者になることができるため，同一人による恣意的な複数回答や，懸賞狙いの回答を識別・排除することは難しく，その信頼性に疑問符がつけられています。

　インターネット・リサーチの最大のメリットは，調査から集計までを短時間に行える点にあります。また，新製品の初期採用者のように調査対象をリクルーティングすることが難しい場合であっても，事前の登録情報や予備調査によって比較的容易に調査を実施することが可能です。

　50歳以上のシニアに特化した市場調査に，登録会員を使ってインターネット・リサーチを展開する「シニアマーケティング.com」や，化粧品や美容に関する口コミランキングなどを発信する「@cosme」などの著名なサイトがあります。

〖 実　務 〗

（1）　マーケティング・リサーチの５Ｗ１Ｈ

　マーケティング・リサーチとは，マーケティング活動を進める過程で発生する意思決定や問題解決のために，消費者あるいは競合他社などの市場関与者を対象としてさまざまな手法による調査を実施し，収集したデータを分析・加工して活用する一連の過程をいいます。市場の成熟化，消費者の個性化，あるいはＩＴ革命の進展などを背景として，マーケティング・リサーチが扱う領域はますます拡大しています。マーケティング・リサーチの概要を５Ｗ１Ｈに置き換えると，次のようになります。

図表　マーケティング・リサーチの５Ｗ１Ｈ

①　WHEN（いつ調査するか）
リサーチの実施時期であり，調査時期の設定が結果を左右する場合がある。
②　WHERE（どこで調査するか）
リサーチを行う対象エリアとして，全国規模で行うのか，地域を限定して行うのかなど，リサーチの地理的範囲である。
③　WHO（調査対象は誰か）
マーケティング・リサーチの対象は主として消費者であるが，企業や非営利団体がその対象となる場合もある。
④　WHAT（何を調査するのか）
リサーチで明らかにすべき課題やテーマは何かを明確にする。WHY と密接な関係がある。
⑤　WHY（なぜ調査するのか）
リサーチの目的（問題意識）を明確にしないと，その調査結果も的外れなものとなってしまう。
⑥　HOW（どのように調査するか）
アンケート調査，郵送調査，電話調査，観察調査，インターネット調査などのさまざまなリサーチ手法の中から，調査の目的やテーマに最適なものを選択する。

（2）　競合店調査（ストア・コンパリゾン）

　同業態の競合店を含め他店に出向いて自店との顧客層の違い，品揃えや価格の違い，店舗施設や接客応対などの実態を観察・調査するのが，**競合店調査**です。**ストア・コンパリゾン**の目的は，地域になくてはならない店との評価を得るための，店作り・売場づくりに役立つ要点をライバル店の店舗観察を通じて探ることにあります。競合店の店舗観察を行ったら，記憶が薄れないうちに，自店と競合店の比較表を作成して，見落としがないかをチェックすることが必要です。

図表　競合店比較表のイメージ

	自　　店	競合店1（店舗名）
①　店舗規模		
②　立地特性		
③　商圏範囲		
④　顧客特性・主要顧客層		
⑤　売り場構成		
⑥　品揃え		
⑦　価格		
⑧　販促方法		
⑨　接客応対		
⑩　ストア・コンセプト		

（3）　マーケティングデータの分析手法

　消費者のアンケート調査などの解析手法として，さまざまな**多変量解析**が用いられます。

　多変量解析の1つである**クラスター分析**は，異なる性質のものが混ざりあっている対象の中から互いに似たものを集めてクラスターを作り，対象を分類する方法です。マーケティング・リサーチに，このクラスター分析を用いること

により，ブランドの分類や，イメージワードの分類，生活者のセグメンテーションなどが可能となり，「生活者サイドの視点に立った分類」を発見できるといわれています。数値分類法ともいわれます。

因子分析は，個々のデータ要素間の相関関係を分析し，そこに共通して存在する特性を抽出する方法で，買い物をした消費者のアンケートから，どのような購買パターンの消費者が存在するかを明らかにするといった場合に用います。

主成分分析は，多数のデータ要素間の相関関係を分析し，共通の要素を抽出し，少数の主成分にまとめるための手法です。

回帰分析は，原因となる要素と結果との間に一方的な因果関係がある場合に，用いられる手法であり，定量的な関係式で示されます。

この他，マーケティング・リサーチによく用いられる分析を列挙します。

ポジショニング分析（コレスポンデンス分析）は，複数のカテゴリー間の類似度，関係の深さを分析し，ブランドイメージなどをマトリクス図表にポジショニングできます。

コンジョイント分析は，商品やサービスの持つ複数の要素について，顧客がどの点に重きを置いているのか，また顧客に最も好まれるような要素の組み合わせはどれかを統計的に抽出します。

コーホート分析は，生まれた時期が同じ対象者ごとに分類し，その世代特有の生活行動，意識，消費動向などを探る分析方法です。

優良顧客を識別する **RFM 分析**は，直近購買日，購買回数，購買金額からなる顧客購買履歴データから，ターゲット顧客や優良顧客を抽出します。

〈問題・解答解説〉

問題 7—1　時事問題

次の文章の（　）に当てはまる適切な語句を語群から選びなさい。

インターネット・リサーチの手法は2つに大別されるが，現在の主流は特定多数を調査対象とする（　）型である。

（a）オープン　　（b）アンケート　　（c）アウトバウンド

（d）クローズ　　（e）インバウンド

〈解　答〉

（d）

〈解　説〉

　クローズ型は，調査モニターとして事前に登録されたインターネットユーザーがウェブ上の質問に従って回答するという方法をとる。

　一方のオープン型は，不特定多数の回答者を受け入れるため，同一人による恣意的な複数回答や，懸賞狙いの回答を識別・排除することは難しく，その信頼性に疑問符がつけられている。

問題7—2　実務ケース

　次の文章の（　　）に当てはまる適切な語句を語群から選びなさい。

　マーケティング・リサーチにおける5W1Hについて，アンケート調査，郵送調査，電話調査，観察調査，インターネット調査などから，最適な手法の選択は（　　）に該当する。

　（a）WHERE　　（b）WHO　　（c）WHAT
　（d）WHY　　　（e）HOW

〈解　答〉

（e）

〈解　説〉

　（a）WHERE は調査エリア，（b）WHO は調査対象，（c）WHAT は調査テーマ，（d）WHY は調査目的を意味する。

問題 7—3　実務ケース

次の文章の（　　）にあてはまる適切な語句を語群から選びなさい。

消費者のアンケート調査により店舗を解析する手法として，買い物をした消費者の意識データを利用して，どのような購買パターンの消費者が存在するかを明らかにするといった，個々のデータ要素間の背後に存在し，そこに共通して存在する特性を抽出する方法は，（　　）である。

（a）クラスター分析　　（b）因子分析　　　（c）主成分分析
（d）回帰分析　　　　（e）コーホート分析

〈解　答〉

（b）

〈解　説〉

消費者のアンケート調査などの解析手法として，さまざまな多変量解析が用いられる。この問題の，個々のデータ要素間の相関関係を分析し，そこに共通して存在する特性を抽出する方法は，（b）の因子分析である。

クラスター分析は，データの集合を，個々のデータ間に見られる類似性や距離に基づいてグループ分けする方法である。

主成分分析は，多数のデータ要素間の相関関係を分析し，共通の要素を抽出し，少数の主成分にまとめるための手法である。

回帰分析は，原因となる要素と結果との間に一方的な因果関係がある場合に，用いられる手法であり，定量的な関係式で示される。

コーホート分析は，生まれた時期が同じ対象者ごとに分類し，その世代特有の生活行動，意識，消費動向などを探る分析方法である。

マーケティング知識

8　消費者行動

（１）　消費者の購買意思決定プロセス

　消費者の購買意思決定プロセスは，「消費者が商品やサービスを購買し使用するという意思決定をする上で通過する一連の段階である」と定義することができます。

　このプロセスは，一般には次の５つの段階があると考えられます。

①　問題認識

　消費者は何らかの原因に基づいて，特定の欲求や必要性を感じたとき，つまり理想の状態と現状との差を認識したときに，その解決の必要性に気づきます。

　生活の上で，不満や不自由を感じるときに，ある商品やサービスが不足していることに気づきます。

②　情報探索

　認識された問題を解決するために必要な情報を探し出す段階です。多くは今まで消費者自身が経験的に記憶している「内部情報の探索」から始められます。それだけでは不十分なときは，広告や友人などからの「外部情報の探索」が行われます。

　情報の探索にあたっては，それに必要な時間や費用，獲得している情報量などから影響を受けます。

③　代替案の選択

　探索された情報から，いくつかの代替案が絞られ，それらについて評価が下

されます。ここでは製品やサービスについての評価だけではなく，店舗や接客などのさまざまな影響要因について総合的に評価されます。

評価基準としては，自らの過去の経験，価値観，家族の意見など，さまざまなものがあります。

④ 購 買 行 動

代替案の中から最も評価の高い商品やサービスを，最も適切と判断された店舗で購入することになります。

具体的に製品・サービス，ブランド，購買場所，購買時間などが決定されます。

⑤ 購買後の評価

購入された商品を実際に使用して，その結果が購入前の期待と比較して満足のいくものだったかどうかについて，評価することになります。

その結果，満足度が高ければ高いほど，その商品やメーカー・販売店に対する愛顧度は高まり，リピート購買へつながることになります。逆に不満足であった場合は，その商品をその店舗からは購入しなくなります。

このようにして評価の結果は，消費者の中に情報として蓄積され，次回の購買行動の際に影響を及ぼす内部情報として使用されます。

図表　消費者の購買意思決定プロセス

段　　階	内　　容
① 問 題 認 識	理想と現実の間のギャップの認識
② 情 報 探 索	内部情報の探索，外部情報の探索
③ 代替案の選択	代替案の評価，総合的評価
④ 購 買 行 動	最も評価の高い商品の購入
⑤ 購買後の評価	購入前の期待と比較して満足度を評価

（2）　消費者行動の決定要因

①　外 的 要 因

消費者を取り巻く環境からの決定要因には，次のものがあります。

1)　文　　　　　化

　文化は，ある社会の成員によって共有され，その社会において世代から世代へと受け継がれていく信念や価値，態度，行動様式などです。これらは行動の規範，慣習や社会の成員に共通した日常生活の行動様式であり，また個人の同調性を促すある種の強制にもなります。

2)　社 会 階 級

　社会階級とは，社会内部の同質的な集団のことであり，同一の価値観，ライフスタイル，利害，行動様式を共有し，似たような意思決定をし購買行動をとります。

　社会階級を決定する要因としては，職業や学歴，個人的成功，財産，所属階級意識などがあります。消費者行動の違いは，特に製品や銘柄に対する好み，店舗の選択や購買行動などに表れます。

3)　家　　　　　族

　家族は，個人の購買意思決定や消費行動に最も大きな影響力をもっています。家族という要因では，そのライフサイクルの考え方が最も重要な要素となります。世帯主の年齢，結婚の段階，子供の数とその成長段階などの組合せによって決定されます。それぞれの段階で家族の抱える問題は異なり，それに伴い購買行動も異なったものになってきます。

4)　準 拠 集 団

　準拠集団とは，個人の態度や行動に影響を与える実在または架空の集団です。

　第一次集団は，対面的なコミュニケーションをもつ集団として，仕事仲間，隣人，遊び仲間などがあります。

　第二次集団は，社会組織としての学会，宗教団体，労働組合などがあります。

個人は，これらの集団の中での態度，行動範囲などから影響を受けます。

5) 対人的影響

　　対人的影響とは，口コミ広告のことです。ここで重要なのが，ある製品の購買経験が豊富で商品知識を十分にもち，またマスメディアに多く接して新製品や流行に敏感である，「オピニオン・リーダー」の存在です。各階層のコミュニケーションは，このオピニオン・リーダーから横断的に流れます。

6) 企業のマーケティング

　　企業のマーケティングは，消費者行動に規定される一方，同時に消費者にも影響を与えます。製品の特性，価格，プロモーションの方法，販売方法，店舗イメージなどが主な購買決定要因です。

図表　外的要因

要　　因	内　　容
① 文　　化	信念，価値，態度，行動様式など
② 社 会 階 級	社会内部の同質的な集団
③ 家　　族	家族のライフサイクル
④ 準 拠 集 団	実在または架空の集団（第一次集団，第二次集団）
⑤ 対人的影響	口コミ広告，オピニオン・リーダー
⑥ 企業のマーケティング	製品，価格，プロモーション，販売方法，店舗イメージなど

② **内 的 要 因**

消費者個人一人ひとりの心理的要因に基づくものであり，基本的な要因としては，次のものがあります。

1) 動　　機

　　動機は，目標へ向けての行動エネルギーをかりたて方向づけるものであり，行動のきっかけとなる条件で，要求（欠乏や不足に対する緊張状態），動

因（要求を解消するための行動に駆り立てるエネルギーや反応を起こす力），誘因（動因を満足させる外的刺激）の３つの側面があります。

　要求に関する考え方には，マズローの欲求５段階説があり，これは人間の欲求はその充足に伴い，「生理的欲求→安全の欲求→所属と愛情の欲求（社会的欲求）→自己尊重の欲求（承認欲求）→自己実現の欲求」というように低次のものから高次の段階へ発達していくというものです。

2)　知　　　覚

　知覚は，個人の内的または外的環境にある刺激から一定の意味を付与するプロセスです。これには，以前の学習や記憶，期待，信念，態度やパーソナリティなどが影響します。

　消費者行動を決定する要因としては，一定の基準に従って特定の刺激のみが知覚される「選択性」が重要となります。

　また，消費者は知覚されたリスクによって影響を受け，自分にとって好ましくない結果が出てこないように，また出てしまった好ましくない結果を減少させるように努力をする，という消費者行動に出ます。

3)　態　　　度

　態度は，一定の対象に対して一貫した一定の反応傾向を示すことです。消費者行動においては，製品，サービス，ブランド，企業，店舗などに対し一定の態度を一度形成してしまうと，なかなか変化しません。人間の態度は，心理的バランスを図ろうとして安定の方向に傾きがちです。

　しかし，永続的に不変というわけではなく，準拠集団やオピニオン・リーダーによる影響，メディアやコミュニケーションの内容，受け手の特性などの要因によって変化します。

4)　学　　　習

　学習は，過去の同一または類似の心理的・行動的な経験の繰り返しにより，行動の仕方が発展することです。

　ある購買行動が学習されるとそれは習慣となり，同じ行動が今後も繰り返されて強化されていきます。消費者がある製品を購入するかどうかの検

討も，多くは主に過去の学習の結果に影響されます。

5) パーソナリティ

　　パーソナリティは，他人とは区別される個人の特性のことです。個人は同一で統一性をもった特性をもちます。製品やブランド選択において，個人自身または他者に対してもっている意味が強く作用しています。

図表　内的要因

要　　　因	内　　　容
① 動　　機	目標へと行動のエネルギーをかりたて方向づけるもの，行動のきっかけとなる条件（要求，動因，誘因）
② 知　　覚	個人の内的・外的環境にある刺激から一定の意味を付与するプロセス
③ 態　　度	一定の対象に対して一貫した一定の反応傾向を示すこと
④ 学　　習	過去の同一または類似の心理的・行動的な経験の繰り返しにより，行動の仕方が発展すること
⑤ パーソナリティ	他人とは区別される個人の特性

（3）　購買意思決定スタイル

　消費者が購買を行う場合は，製品に関する知識の程度やそのときの購買状況などから，3つの意思決定スタイルに分類することができます。

①　拡大的問題解決

1) 購 買 対 象

　・消費者がこれまで知識をもたなかった製品やブランド

　・購買頻度が低い高価な商品など

2) 購買対象についての情報

　・ほとんど知識がない

3）　意思決定パターン
・情報探索，代替案の評価に多くの時間をかける。
・商品群についての知識，ブランド選好に対する知識などの学習過程を促進する必要がある。

② **限定的問題解決**

1）　購 買 対 象
・よく知っている関心のある商品群に，新たに参入した未知のブランドなど

2）　購買対象についての情報
・商品群についての概略的知識はあるが，個々のブランドや特徴は知らない。

3）　意思決定パターン
・追加的な情報の提供
・ブランド理解と信頼性を高めるコミュニケーションが必要

③ **反復的問題解決（日常的反応行動）**

1）　購 買 対 象
・購買頻度が高く価格が安い商品など

2）　購買対象についての情報
・商品に対する知識とブランド選好をもつ

3）　意思決定パターン
・情報探索，代替案の評価に多くの時間を費やすことはない。
・同一ブランドを購入するとは限らず，特売割引や品切れなどの情報やパッケージデザインの変更等にも影響される。

（4） 新製品の普及過程と消費者の分類

E. M. ロジャースは，新製品の普及過程を，イノベーションということばで表し，それが消費者に普及し浸透する過程を体系化しています。

イノベーションの採用時期により，消費者を次の5つのカテゴリーに分類しています。

① 革　新　者

最も早い時期にイノベーションを採用する消費者です。新製品への関心が高く，情報に対する感度も高い人々です。

② 初期採用者

進歩的な層であり，多くの人々に影響を与えるリーダー的な層です。大衆のモデルとしてオピニオン・リーダー的な役割を果たす人が多いです。

③ 前期追随者

社会の平均よりやや早いタイミングで採用する大衆です。採用には比較的慎重に時間をかけます。

④ 後期追随者

平均的な人が採用した後に行動に出る慎重な層です。新製品の評価が出るまで採用はしない人々です。

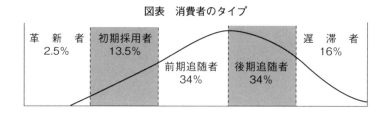

図表　消費者のタイプ

⑤ 遅 滞 者

変化を好まず，新製品に無関心な層です。社会的にも孤立した人々が多いです。

（5）　Z 世 代

「Z 世代」とは，1990 年代後半から 2010 年代の序盤ごろに生まれた人々を指す言葉です。アメリカでこの世代を「Generation Z」と呼ぶようになったことから，日本でも「Z 世代」という表現で呼ばれるようになりました。

①　Z 世代の特徴

1)　デジタルネイティブである

　　Z 世代は，生まれたときからインターネットが利用可能な環境にあり，成長とともにスマートフォンを使いこなし，コミュニケーションツールとして SNS に親しんできたデジタルネイティブです。

2)　社会的問題への関心が高い

　　幼い頃から，地球温暖化による異常気象や，東日本大震災のような大きな自然災害を目の当たりにしてきたこと，また，学校教育の中で環境問題や社会問題，そして SDGs について学んでいること，これらに関する情報をインターネットで気軽に調べられる環境にいることなどから，社会問題への関心が高い傾向にあります。

3)　人が多様であることは常識である

　　子供のころからインターネットを介して世界中の情報にアクセスできる環境に置かれ，SNS などを通して多様な価値観・考え方に触れてきたことから，人の価値観や考え方，働き方，性的指向などは多様であることを当たり前のこととして捉えています。そして，違いは受け入れて尊重し合うものだという考えを持ち，個としての自分らしさを大切にする傾向にもあります。

4) 無駄な出費をしない

　2008 年のリーマンショック，2011 年の東日本大震災，また，終身雇用の崩壊など，不安定な経済・社会情勢を目の当たりにしていることなどから，無駄な出費を好まない，所有に対する強いこだわりがなく，他者とモノをシェアすることにも抵抗感が少ないなどの傾向があります。

【練習問題 8】

次の各問について，正しい答えをひとつ選べ。

① 消費者の購買意思決定プロセスは，消費者が商品やサービスを購買し使用するという意思決定をする上で通過する一連の段階である。

　消費者が特定の商品を特定の店舗でリピート購買するのに影響を最も与える段階はどれか。

　A．購買後の評価

　B．情 報 探 索

　C．代替案の選択

② 消費者行動の決定要因のうち，外的要因の中で，オピニオン・リーダーと関係のある要因はどれか。

　A．文　　化

　B．準 拠 集 団

　C．対人的影響

③ 消費者行動の決定要因のうち，内的要因の中で，マズローの欲求5段階説と関係のある要因はどれか。

　A．動　　機

　B．知　　覚

　C．パーソナリティ

【練習問題8　解答・解説】

①－A

　購買後の評価は，購入された商品を実際に使用して，その結果が購入前の期待と比較して満足のいくものであったかどうかについて，評価することになる。

　その結果，満足度が高ければ高いほど，その商品やメーカー・販売店に対する愛顧度は高まり，リピート購買につながることになる。

　消費者の購買意思決定のプロセスは，問題認識→情報探索→代替案の選択→購買行動→購買後の評価の5段階を経ていく。

②－C

　対人的影響とは，口コミ広告のことである。ここで重要となるのが，ある製品の購買経験が豊富で商品知識を十分にもち，マスメディアに多く接していて新製品や流行に敏感なオピニオン・リーダーである。各階層へのコミュニケーションは，オピニオン・リーダーから横断的に流れる。

　外的要因には，文化，社会階級，家族，準拠集団，対人的影響，企業のマーケティングがある。

③－A

　動機は，目標へ向けての行動エネルギーをかりたて方向づけるものであり，行動のきっかけとなる条件であり，要求，動因，誘因の3つの側面がある。

　要求に関連した考え方として，マズローの欲求5段階説があり，人間の欲求は「生理的欲求→安全の欲求→所属と愛情の欲求（社会的欲求）→自己尊重の欲求（承認欲求）→自己実現の欲求」と低次から高次の段階へ発達していく。

　内的要因には，動機，知覚，態度，学習，パーソナリティがある。

マーケティング事例

8 消費者行動

〖 時 事 〗
（1） 消費構造の変化

　経済社会活動の中で，消費活動は非常に大きなウエイトを占めています。内閣府の報告によると，2020 年の家計が支出する消費額の総額は約 280.5 兆円で，経済全体（国内総生産（GDP）＝約 539.1 兆円）の 50 ％以上を占めています。消費者の消費活動は，わが国の経済社会全体に大きな影響を及ぼしており，経済の持続的な成長のためには，消費者が安心して消費活動を営める市場を構築する

図表　名目国内総生産に占める家計消費等の割合（2020 年）

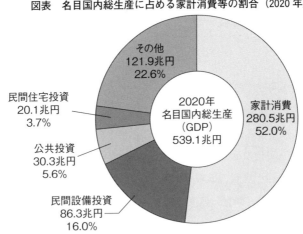

（備考）　1．内閣府「国民経済計算」により作成。2020年10－12月期2次速報値（2021年3月9日公表）。
　　　　2．「その他」は，対家計民間非営利団体最終消費支出，政府最終消費支出，在庫変動及び純輸出の合計。
出所：令和3年版　消費者白書

ことが重要です。

　消費構造の推移をみると，1955年には，消費支出に占める割合は食料，被服及び履物の割合が高く，国民は多くの支出を生活必需品に割いていました。1960年代の半ばには，経済成長を通じ，生活の程度を中程度と感じる人々が半数を超えるなど，人々の暮らしが豊かになり，消費支出における生活必需品の割合は低下し，教養娯楽や交通・通信の消費が増加しました。特に，交通・通信については，パソコンや携帯電話の急速な普及に伴い，1990年代後半以降2009年まで大きく上昇しています。2000年代には，保健医療や教育の割合も上昇しており，ライフスタイルの変化が消費の費目構成に表れています。

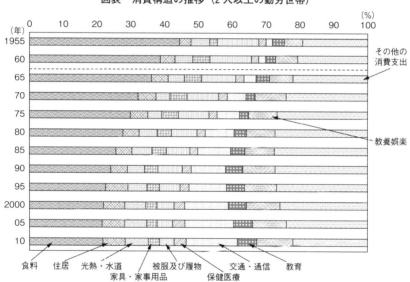

図表　消費構造の推移（2人以上の勤労世帯）

資料出所　総務省統計局「家計調査」（農林漁家世帯を除く）
　（注）　1）数値は2人以上の勤労者世帯で，1965年以降は全国，60年以前は人口5万人以上の市のみを対象としている。
　　　　　2）1960年以前の住居は水道料，家具・什器を除く住居費，光熱・水道は光熱費と水道料の計，家具・家事用品は家具・什器，被服及び履物は被服費，教養娯楽は教養娯楽と文房具費の計としている。

　総務省「家計調査」により，1世帯当たりの消費支出構造の長期的な変化を
みてみると，1970年に3割弱だったサービスへの支出は，2000年には4割を
超え，2015年には42.6％とモノの消費からサービスの消費へシフトが強まり，
家計に占めるサービスへの支出割合が上昇しています。実質賃金の改善傾向が
みられるものの，将来の所得に対する不安から，消費者の支出に対する姿勢は
慎重な状態が継続しています。

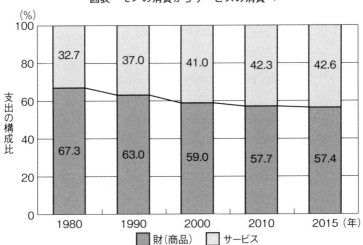

図表　モノの消費からサービスの消費へ

（備考）　1.　総務省「家計調査」により作成。
　　　　　2.　2人以上の世帯（農林漁家世帯を除く。）の一世帯当たり支出の構成比。
　　　　　3.　財・サービス支出計には，「こづかい」，「贈与金」，「他の交際費」及び
　　　　　　　「仕送り金」は含まれていない。

　松坂屋銀座店跡地に再開発されたJ・フロントリテイリングの「GINZA
SIX」が，2017年上期の日本経済新聞社の日経MJヒット商品番付の「西の大
関」にランクインしました。「モノからコト」や「脱・百貨店」の象徴的な存
在としてオープンしたこの商業施設は，カフェやギャラリーを併設した「銀座
蔦屋書店」などが出店し，「モノ消費からコト消費」の流れが一層強まってい
ることを表しています。

（2）　感性消費と感性マーケティング

　モノを買う判断基準が，商品の品質ではなく，「好きか嫌いか」といった感覚的な判断基準で購買の意思決定をすることを**感性消費**といいます。こうした感性消費の行動は，趣味・嗜好性，ファッション性に富んだ商品に敏感に反応する若年層や女性層に多くみられますが，最近では中高年層においても同様の傾向が増えています。

　感性面で根強い人気商品である，アップル社のパソコンやタブレット端末，携帯音楽プレイヤーのiPodなどは，感性を刺激するハイタッチなデザインと操作性が評価されています。また，高級ホテルのリッツ・カールトンは，高いレベルの接客サービスだけでなく，何よりくつろげる環境空間が顧客の感性に共鳴し，リピート客が多いといいます。そのほか，商品やパッケージのデザイン，店の内外装や照明，BGM，香りなどが消費者の購買に大きな影響を与えています。

　21世紀のビジネスでは，今まで以上に消費者への感動や共感が求められ，心理学的要素が重要になっています。視覚，聴覚，嗅覚，触覚，味覚の五感に訴えて顧客の感性をつかみ，さらなる顧客の感性消費をデザインするマーケティング手法を**感性マーケティング**といいます。感性という人間科学が，マーケティングの重要な研究テーマになっています。

（3）　富裕層のマーケティング

　富裕層という定義は存在しませんが，金融機関では，金融資産の額で富裕層かそうでないかを位置づけています。日本で1億円以上の金融資産をもつとされる富裕層の人口は，約212万人（2015年クレディスイス調べ），およそ100人に2人といわれています。株価水準の堅調な動きなどを追い風に富裕層の消費意欲は拡大しています。外資系企業の共稼ぎ夫婦などのシニア以外の富裕層も増えており，日常的なサービスである家事代行や共働き世帯中心に学童保育サービス，健康のためのダイエット指導や都市型ホテルのエステサービスなどの高単価サービスを提供するさまざまなサービス業が，これらの高額消費の取

り込みを強化しています。

　中間層以下の節約志向が根強い中で，富裕層の高額消費が消費者物価の押し上げ要因になると期待されています。そうした富裕層をターゲットにした付加価値の高い商品やサービスを追求するマーケティング活動が注目されています。高級レストランや高級ホテルに代表されるように，料理や宿泊設備以外にも内装や接客態度，雰囲気など本来提供する機能以外の部分において高級感を演出することが富裕層獲得において非常に重要であるといわれています。

　今日，富裕層の多くはインターネットを利用しており，インターネット・マーケティングにおいても同様に，使いやすさの面や関連情報の提供以外の部分でも高級感を追求して，富裕層にアピールすることが重要となります。

　参考：http://media.yucasee.jp/posts/index/14846

（4）プレミアム消費

　景気回復への期待感が強まり，従来品に比べて高級な品を買い求める消費者の消費行動をプレミアム消費といいます。最近の流行商品例としては，4K・8K（高精細）テレビなどの高画質な映像を可能にした少し高めの家電製品，ベンツ初心者モデルなどのやや手ごろな輸入車，単価1万円以上のジーンズ，高級ヘアケア商品，プレミアムビールなどです。これらの購入者は，必ずしも富裕層に限られているわけではなく，価値のあるハイレベルな商品を選んで購入し，少し贅沢な生活気分の時間をもちたいという庶民感覚とも考えられます。もちろん，日本の高い技術力から生まれた商品が増えていることも影響しています。

（5）若者の情報行動「ビジュアルコミュニケーション」

　1億総スマホ時代といわれるように，総務省データによると20代～30代の若者のスマホ個人保有率は，2016年9割を超えました。スマホの保有率（世帯）が6割を超える2013年ころから，若者の情報発信スタイルは，それまでの文字中心のブログやSNSなどの「日記型」から，ツイッターやフェイスブック，

インスタグラムなど文字が少ないビジュアル中心の「アルバム型」サービス（ビジュアルコミュニケーション）に変化しています。

　このビジュアルコミュニケーションにシフトしてきた背景には，スマホの普及とスマホカメラの機能高度化，写真・画像加工アプリの進化などにより，手軽で簡単に写真や動画を共有できるようになったことが大きく影響しています。表現力豊かな写真や動画で自分の感情や状況を表すことができてきたことで，文字の重要性が低下していきました。そのため，こうしたビジュアルコミュニケーションにおいては，「SNS（インスタ）映え」がポイントとなります。SNS映えとは，被写体として写真写りがいいことと，「リア充（リアルの生活が充実している人物）」ぶりをアピールできるということです。

　つまり，若者が写真・動画を通じて情報発信しているのは，被写体のモノ（商品）ではなく，「こんなすばらしい体験ができている」や「こんなおしゃれな場所にいる」というコト（体験）だということです。こうした体験の共有により，SNSのフォロワーに対して「こんなことがしたい」や「こんな場所に行きたい」というあこがれや興味・関心，消費意欲に訴えて，映画やアニメなどの聖地巡礼のように，行動や購入のきっかけになっています。数年前からのハロウィン仮装イベントの盛り上がりは，この若者を中心とした活発なビジュアルコミュニケーションによるもので，目立つことと共有することの楽しさがイベントに拍車をかけました。

　企業や商品の場合は，商品の世界観を伝え，その魅力を深く共有するブランド啓蒙が期待されています。女性ファッション誌『JJ』（光文社）では，雑誌の誌面で商品を紹介し，ブランドの世界観というコンテンツをインスタグラム上で紹介するという，インスタグラム連動型タイアップ広告を企画しています。各メディア広告の特性を生かし，連動して発信することで，紙媒体の可能性を大いに広げ，ブランドと消費者のつながり構築にも大きく役立っています。

　従来からある「マス型」や「インフルエンサー型」のように，１対Ｎ（多数）としてある企業や有名人などから情報が多数の消費者に発信・拡散されて消費行動に影響を与えるのではなく，Ｎ（多数）対Ｎ（多数）として消費者が消費者

にオリジナルの発信源が不明のまま，いつのまにか影響を与え合い共感してその体験をコピーしていく「シミュラークル（オリジナルなきコピー）型」という新たな情報伝達のモデルが誕生しています。

これは，誰もが体験をビジュアルでコミュニケーションする時代ならではの現象です。今後，ネット通販サイトとの連動などで，消費者が検索し合い，直接購買行動が行われるプラットフォームに進展していくことを予測し，消費者の情報拡散やそれによって起こる流行の波及をつかむことがますます重要になってきます。

コミュニケーションタイプの変化

マス型	1対N	マスメディアからの発信を受けて，行動する （例：CMをみて，その商品を購入する）
インフルエンサー型	1対N	有名人などの口コミの影響力を使い，行動させる （例：人気モデルのブログで紹介したものが，流行する）
シミュラークル型	N対N	オリジナルの発信源が不明のまま，多くの人に共有される （例：インスタグラムでよく目にするイベントに，参加する）

シミュラークルとは，「オリジナルなきコピー」のことで，フランス語で虚像，模造品と訳されます。
参考資料：https://dentsu－ho.com/articles/3747
　　　　　https://note.mu/gocci/n/n952610da9701
総務省：http://www.soumu.go.jp/johotsusintokei/whitepaper/ja/h29/html/nc111110.html

【 実　務 】
（1）　ハイテク製品の普及プロセス

ロジャースが提唱した新製品の普及プロセス（イノベーター理論）では，消費者①イノベーター　②アーリーアダプター　③アーリーマジョリティ　④レイトマジョリティ　⑤ラガードに分類されます。このうちイノベーターとアーリーアダプターを合わせた層に普及した段階（普及率16％超）で，新製品や新技術は急激に拡がっていくので，イノベーターとアーリーアダプターにいかにアピールするかが新製品普及のポイントであるとされてきました。

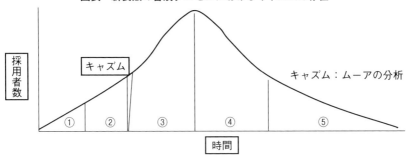

図表　新製品の普及プロセスにおけるキャズムの存在

　これに対して米国のマーケティング・コンサルタントのジェフリー・ムーア
は，利用者の行動様式に変化を強いるハイテク製品の普及においては，特に
アーリーアダプターとアーリーマジョリティの間には“深くて大きな溝（キャ
ズム）”があると指摘しました。

　ここで，イノベーターとアーリーアダプターで構成される市場を初期市場，
アーリーマジョリティ以降の市場をメインストリーム市場と区分します。一般
にイノベーターやアーリーアダプター層が積極的に新しい技術を採用するのに
対して，アーリーマジョリティ層は安定や安心を重視する傾向があります。ス
マートフォンやタブレット端末，LED照明などはキャズムを克服し，メイン
ストリーム市場に突入しています。一方，電気自動車や生活支援ロボットなど
はまだ初期市場の段階といえます。

　製造業の技術経営においては，研究開発フェーズから事業化（製品化），産業
化（大規模市場化）において，それぞれ“死の谷”，“ダーウィンの海”といわ
れる障壁が存在すると警告しています。上記のキャズムと重なる部分はありま
すが，視点が異なるものであり，統一的な対応づけはなされていません。

（２）　マズローの欲求５段階説

　マズローは，人間の欲求を５つの段階に分け，その欲求は低次から高次へと
段階的に移行していくとしています。

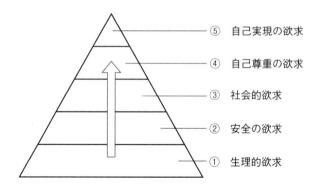

① 生理的欲求

食欲，睡眠欲，排泄欲といった生存のための本能的な欲求です。

② 安全の欲求

苦痛，不快，不安を与えるものから自分を安全に守りたいという欲求です。

③ 社会的欲求

愛したり愛されたり，他の人々と仲間でいたい，協力し合いたいという欲求。所属と愛の欲求ともいいます。

④ 自己尊重の欲求

他人から認められ尊敬されたい，名声を得たいという欲求。承認欲求ともいいます。

⑤ 自己実現の欲求

自分の潜在能力を最大限に発揮し，目標を成就・達成させたいという欲求です。

わが国の消費者について考えるとき，生活は安定し，モノは飽和時状態であることから，最高段階にある「自己実現の欲求」が高まっていると考えられます。

（3）　ライフスタイル分析

①　AIO分析

　消費者の生活構造，意識，行動に関する社会的パターンをライフスタイルといいます。ライフスタイルには，広義に捉える場合（全般的なライフスタイル）と狭義に捉える場合（特定の生活領域のライフスタイル）があります。

　全般的なライフスタイル分析の代表的な手法として，消費者の活動（Activities）と関心事（Interest），そして意見（Opinion）について調査するAIO分析があります。これらの3つの観点から多数の質問をアンケート形式で行い，その回答結果で消費者を分類します。分類されたクラスター（群）に共通する特徴を明らかにし，人口統計的に得られる特性とクロスさせて分析することで，消費者のセグメンテーションや商品ターゲットに関するきめ細かい戦略を立案できます。

　なお，AIO分析のような全般的なライフスタイルは総合的に消費者を理解する上では役に立つものの，特定の商品ブランドの戦略づくりにはあまり実用的ではありません。従来のAIO項目は，生活に関わる一般的な項目からなるために，例えば特定分野のライフスタイルに限定したり，商品に対する態度や商品の使用状況，よく利用するメディアなどをライフスタイル項目に取り込むようにして，より特定の商品の消費活動に結びつくような項目に限定したり補充したりしています。

図表　代表的な AIO 項目

行動（Activities）	仕事，レジャー，趣味，社交，スポーツ，コミュニティ
関心（Interest）	家族，仕事，ファッション，食事，教養・習い事，メディア
意見（Opinion）	政治，ビジネス，社会問題，教育，文化，未来，自分

（4）　ネットワーク外部性（Network externalities）

　コンピュータのデータ交換，ビデオの録画データ，ゲームソフトなど，他の消費者との情報交流が頻繁に起こるような場合は，他の消費者との規格の共有

や使用される製品の互換性などが重要な意味をもちます。消費者間に頻繁な相互作用が存在する状況において，同じ製品をもつ他の消費者が多ければ多いほどその製品の価値が大きくなるという性質を**ネットワーク外部性**といいます。ネットワーク外部性を有する製品の市場では，すでに売れている製品がさらに売れるというポジティブ・フィードバックが働きます。このポジティブ・フィードバックの効果は，**デファクト・スタンダード**や**一人勝ち現象**などをもたらす要因のひとつであると考えられます。

　製品や規格の市場シェアは，それぞれの製品の性能だけでなく，初期の段階での消費者の購入状況がその結果に大きな影響を与えます。このように，各消費者の製品の選択と購入のタイミングに依存して，将来の市場での製品シェアが決まってしまう特性のことを**経路依存性**といいます。次世代 DVD の規格ではソニー陣営のブルーレイ方式が業界標準（デファクトスタンダード）になりました。

（5）　ブランド・ロイヤルティ

　消費者があるブランドを愛好し，繰り返し購入し続ける度合いを「ブランド・ロイヤルティ」といいます。消費者が特定のブランドを愛好する理由として，①コストパフォーマンスが優れている，②デザインなど外観から受けるイメージがよい，③メーカーが信頼できる，④信頼できる第三者の推奨がある，⑤そのブランドの愛好者に憧れや親近感を抱いていることなどが挙げられ，消費者が特定ブランドを忠誠的に購入し続ける状態が「高ロイヤルティ」の状態です。企業にとってブランド・ロイヤルティの獲得は安定した収益の確保につながるため，重要なマーケティング目標に位置づけられます。また，高ロイヤルティ顧客による口コミ効果を期待できる点も大きなメリットといえます。

（6）　サブスクリプションサービス（サブスク）

　サブスクリプションサービスは，企業が製品やサービスを売り切るのではなく，消費者に定額料金で貸し出す定額利用のことで，「所有から利用へ」とい

う消費形態の変化に対応し，若者を中心に急速に広がっています。企業にとっては利用しやすい金額でまず使ってもらい，将来の顧客を囲い込むメリットなどがあります。

　サブスクの火付け役は，米ネットフリックスのような映画見放題の動画配信，スポティファイなどの聴き放題の音楽配信とされています。これらの成功を受けて，トヨタ自動車が始めた月額定額サービス「KINTO（キント）」などの自動車や家電，衣料品などで定額利用モデルを導入する動きが広がっています。

〈問題・解答解説〉

問題8—1　時事問題
　次の文章の（　　）に当てはまる適切な語句を語群から選びなさい。
　その商品の性能や機能を重視して理性的な基準で判断するのではなく，シンボル性やデザイン性を重視して「好きか嫌いか」という基準で購買を決定するのが（　　）の特徴である。
　（a）感性消費　　（b）選択的消費　　（c）サービス消費
　（d）計画購買　　（e）ブランド志向

〈解　答〉
　（a）

〈解　説〉
　消費者が商品の購入を「良いか悪いか」という基準で判断する場合はその商品の性能や機能が重要になるが，「好きか嫌いか」という基準で購入を決定する場合には，機能性だけでなくシンボル性やデザイン性が求められる。例えば，高価なブランド品を購入する人にとっては，そのブランドの象徴的な価値や，それを所有することで得られる満足感や優越感がより重要なのである。

問題8—2　実務ケース

次の文章の（　　）にあてはまる適切な語句を語群から選びなさい。

最近の身の回り品の消費行動として，４K・８K（高精細）テレビなどの少し高めの家電製品，やや手ごろな輸入車など，従来品に比べて高級な品を買い求める消費が目立っている。この現象を「（　　）消費」とよぶ。

（a）利便性　　　（b）徹底探索　　（c）こだわり

（d）プレミアム　　（e）感　性

〈解　答〉

（d）

〈解　説〉

「プレミアム消費」に関する事例である。

４K・８K（高精細）テレビなどの高画質な映像を可能にした少し高めの家電製品，ベンツ初心者モデルなどのやや手ごろな輸入車，単価１万円以上のジーンズ，高級ヘアケア商品，プレミアムビールなどが最近のプレミアムな流行商品である。

ところで，その他の選択肢も確かに昨今の消費行動の１パターンであるが，題意を表すものではない。

問題8—3　実務ケース

次の文章の（　　）にあてはまる適切な語句を語群から選びなさい。

コンピュータのデータ交換，ビデオの録画データ，ゲームソフトなど，消費者間に頻繁な相互作用が存在する状況において，同じ製品をもつ他の消費者が多ければ多いほどその製品の価値が大きくなるという性質を（　　）という。

（a）価格弾力性　　　　　（b）ライフタイム・バリュー

（c）ネットワーク外部性　　（d）価値連鎖

（e）ブランドロイヤルティ

〈解　答〉

（ c ）

〈解　説〉

　ネットワーク外部性（Network externalities）を有する製品の市場では，すでに売れている製品がさらに売れるというポジティブ・フィードバックが働く。このポジティブ・フィードバックの効果は，**デファクト・スタンダード**や**一人勝ち現象**などをもたらし，製品の流通における**チャネルキャプテン（チャネルリーダー）**となりやすい。

　選択肢（b）のライフタイム・バリューは，顧客から永続的に取引を続けてもらうことによって得られる利益・価値（顧客生涯価値）のことで，顧客関係マネジメント（CRM）に関するキーワードである。

　問題8—4　実務ケース

　次の文章の（　　）にあてはまる適切な語句を語群から選びなさい。

　米国のジェフリー・ムーアは，利用者の行動様式に変化を強いるハイテク製品の普及プロセスにおいて，特に（　　）の間には“深くて大きな溝（キャズム）”があると指摘した。

　（a）イノベーターとアーリーアダプター

　（b）アーリーアダプターとアーリーマジョリティ

　（c）アーリーマジョリティとレイトマジョリティ

　（d）レイトマジョリティとラガード

〈解　答〉

（ b ）

〈解　説〉

　ジェフリー・ムーアの提唱したイノベーター理論は，ハイテク業界において新製品・新技術を市場に浸透させていく際に，アーリーアダプターとアーリーマジョリティ間の普及率16％を超える段階に，移行を阻害する深い溝（キャ

ズム）があることを指摘した。これを「普及率 16 ％の論理」と呼ぶ。

問題 8—5　実務ケース

次の文章の（　　）に当てはまる適切な語句を語群から選びなさい。

消費者の生活構造，意識，行動に関する社会的パターンを（　　）といい，消費者のセグメンテーションや商品ターゲットの絞り込みに活用される。

（a）ライフステージ　　（b）ライフプラン　　（c）ライフライン

（d）ライフスタイル　　（e）ライフサイクル

〈解　答〉

（d）

〈解　説〉

ライフスタイル分析の代表的な手法として，消費者の「活動」と「関心事」，そして「意見」の3つの観点から多数の質問をアンケート形式で行い，その回答結果で消費者を分類する方法がある。分類されたクラスター（群）に共通する特徴を明らかにし，人口統計的に得られる特性とクロスさせて分析することで，消費者のセグメンテーションや商品ターゲットに関するきめ細かい戦略の立案に役立てることができる。

マーケティング知識

9　製 品 戦 略

（1）　製品・サービス分類

①　消費財と生産財の比較

商品の使用主体が一般消費者であるのか，事業者であるのかによって，商品は消費財と生産財に分類することができます。

1)　消費財…一般消費者が最終消費のために使用するもの

2)　生産財…法人組織や公共機関などが，他の商品の生産や経営活動，再販売などをすることによって，利益をあげるために使用されるもの

消費財と生産財を比較すると，次のようになります。

図表　消費財と生産財の比較

	消 費 財	生 産 財
購 買 者	最終消費者	法人組織，公共機関など
市 　 場	水平的・開放的市場	垂直的・限定的市場
一回の購入量	少量	多量
需要の価格弾力性	大きい	小さい
商 品 知 識	十分な知識を有していない	豊富で専門的な知識を有している
購 買 動 機	慣習的，衝動的，感情的	計画的，合理的
購 買 態 度	個人的，感情的，嗜好的，趣味的	商品の能力，生産性，採算性を重視
購 買 頻 度	多い	少ない
購 買 目 的	個人的消費満足	使用による利益
生 　 産	大量生産	少量生産

② 消　費　財

消費財は，消費者が自己の家庭内で直接消費したり，使用する目的で購入される商品です。

消費財はさらに，消費者の購買慣習によって，次の3種類に分類することができます。

1)　最　寄　品

最寄品は，消費者が価格や品質の比較にあまり時間や労力を費やさずに，高い頻度で迅速に購入され，販売活動やサービスをそれほど必要としない商品で，単価は通常少額です。

食料品や日用品が主体であり，短期間のうちに消費されるものが多いため，消費者は商品を習慣的に購入します。

購入する場所は，住居の近隣や仕事などで移動する途中など，便利のよいところで買物をします。

具体的な商品としては，食料品，生活必需品，日用品などです。

2)　買　回　品

買回品は，消費者が商品を購入するときに，品質，価格，色，デザイン，スタイルなどについて，十分に時間と労力を費やし，比較検討した上で選択し購買する商品です。

最寄品ほど頻繁に購入されずに，単価は一般に最寄品よりも高額です。購入する場所は，住居よりやや遠くの専門店や百貨店，ショッピングセンターなどで買物をします。

具体的な商品としては，紳士服・婦人服などの衣料品，靴・バッグ，家電製品，装身具などです。

3)　専　門　品

専門品は，購買者が特別の努力を惜しまず，遠方まで買い求める商品です。特別のブランド性や仕様などの特徴をもち，積極的な購入努力を行いますが，購買頻度は非常に低いです。

購入にあたっては，価格は二次的要素となり，購入決定まで相当の時間

を要し，計画的に行います。購入する場所は，通常信頼性のある高級な専門店を選択します。

　具体的な商品としては，自動車，高級家具，貴金属などです。

図表　3種類の消費財の特徴比較

	最　寄　品	買　回　品	専　門　品
購 買 頻 度	高い	低い	きわめて低い
価　　格	低い	比較的高い	きわめて高い
購 入 方 法	習慣的	計画的	計画的
購買努力・時間	かけない	かける	非常にかける
購 入 場 所	近所	数店を比較検討	遠方も可
商品回転率	高い	中くらい	非常に低い
利　益　額	低い	中くらい	高い
そ　の　他	大量生産が可能	流行性がある	販売員からの影響が大

③ 生　産　財

生産財は，産業財とも呼ばれ，他の製品を生産したり，経営活動を行うため，また再販売をすることによって利益をあげるために，企業や組織によって消費，使用される製品のことです。

生産財は，その用途によって，以下のように分類することができます。

1) 設　備　品

❶　主要設備品

　産業経営者の経営活動に必須のもので，大きな投資を必要とします。設備の購入には，トップマネジメントや部門責任者の承認が必要です。

❷　補助設備品

　主要設備の補助材料や備品のことです。購入の手続きは機械的で，購入頻度が多く，営業担当者が頻繁に訪問することが必要です。

2)　商品を構成する原材料

❶　原　　料

完成品の生産の主体となる基礎製品のことです。農産物，鉱産物，水産物，林産物などの素材が原料です。

❷　半　製　品

ある産業の最終製品であり，他産業の基本的な生産材料となるものです。鋼材，鋼管，鉄板，木材，皮革，ガラスなどの加工された材料が半製品です。

❸　部　　品

本質的に形を変えることなく，いくつかのものが合成されてできる製品であり，それが完成品となるものです。蓄電池，点火プラグ，タイヤなどが合成部品です。

3)　作業用消耗品

産業経営者の経営活動を円滑，かつ迅速に行うために必要な製品です。例としては，機械油，灯油，石炭，洗剤，石けん，ペンキ，文房具，蛍光灯などがあります。

4)　管 理 用 具

事務設備ならびに事務用補給品などのことをいいます。購入よりもリースの場合が多いです。例としてはコンピュータ機器などがあります。

図表　生産財の分類

設　備　品	①　主要設備品 ②　補助設備品
商品を構成する原材料	①　原料 ②　半製品 ③　部品
作業用消耗品	
管理用具	

④　サービス商品

サービスは，アメリカマーケティング協会の定義によると，「販売のために
提供される，あるいは商品販売に関連して提供される諸活動，利益，あるいは
満足である」とされています。

1)　主体的サービス

　　サービス商品として独立して存在しているもので，例えば飲食業，旅館，
　理美容，クリーニングなどのサービス業者のサービスです。

2)　付随的サービス

　　商品などに付随して行われるもので，ビフォアサービスやアフターサー
　ビスなどといわれる相談，修理，苦情処理などのことです。

主体的サービス	サービス商品として独立して存在している。
付随的サービス	商品に付随して行われる。

また，サービスを主体的に提供するサービス業の分類として，次の３つに分
類できます。

1)　対個人サービス

　①　日常生活関連………理美容，クリーニング，駐車場など

　②　娯楽・スポーツ・文化関連………パチンコ，ゲーム，フィットネスク
　　ラブ，ビデオレンタルなど

　③　宿泊・旅行関連………ホテル，旅館，旅行業など

　④　教育関連………学習塾，進学塾，資格受験など

2)　対事業所サービス

　①　物品賃貸関連………リース，レンタル業など

　②　情報関連………情報処理，通信など

　③　調査・広告関連………市場調査，広告業など

　④　設備管理関連………警備，ビルメンテナンスなど

　⑤　専門サービス関連………弁護士，会計士，税理士など

3)　公共サービス

　①　医療関連………病院など

　②　社会福祉関連………介護サービスなど

　③　廃棄物処理関連………ゴミの回収，リサイクルなど

図表　主なサービス業の分類

対個人サービス	①　日常生活関連 ②　娯楽・スポーツ・文化関連 ③　宿泊・旅行関連 ④　教 育 関 連
対事業所サービス	①　物品賃貸関連 ②　情 報 関 連 ③　調査・広告関連 ④　設備管理関連 ⑤　専門サービス関連
公共サービス	①　医 療 関 連 ②　社会福祉関連 ③　廃棄物処理関連

⑤　物財とサービスの相違

形のある物財と無形のサービスの相違を比較すると，次のようになります。

図表　物財とサービスの相違

	物　　財	サービス
交 換 対 象	諸資源そのもの	諸資源の機能
交 換 形 態	所有権の移転	機能のみ授受
会 計 概 念	ストック（資産）	フロー（支出）
時 間 概 念	時間を超えて存在	ある一定時間に存在
空 間 概 念	空間を超えて存在	ある一定空間に存在

⑥　サービスの特性

サービスの主な特性には，次のものがあります。

1)　無　形　性

　　商品は購入前に実体を確認することができますが，サービスは本質的に形がないので，購入以前に感知することができません。

　　そのため，品質を事前に把握することが困難ですから，売り手と買い手の口頭によるコミュニケーションがサービスを購買する決め手となります。

2)　生産と消費の同時性

　　商品は生産と消費の間に時間の経過が伴い，また流通過程を経由して消費されます。一方，サービスは提供されるその場その時に購入者である消費者がいないと成り立ちません。

3)　異　質　性

　　商品の質は標準化することが可能ですが，サービスの質は標準化できないのが普通です。サービス料金は同じでも，ベテランの人の提供するサービスと新人のサービスでは，質が異なります。

4)　消　滅　性

　　商品は貯蔵・保存することができますが，サービスは残しておいて翌日に消費するということはできません。つまり，サービスは提供されたらまもなく消えてしまうという性質をもっています。一過性が強いといえます。

図表　サービスの特性

無　形　性	サービスは形がないので，購入以前に感知できない
同　時　性	サービスは提供されるその場その時に購入者が必要
異　質　性	サービスの質は標準化できない
消　滅　性	サービスは一過性が強い

（2）　製品ライフサイクル

　製品戦略においては，製品にも人間と同じように寿命があることを理解しな

けРебなりません。市場に導入された新製品は，勢いよく成長し，その後成熟期を迎え，やがて衰退期となり，市場から姿を消していきます。

このような市場に導入された新製品が市場から消滅するまでの生涯を，製品ライフサイクル（プロダクト・ライフサイクル：PLC）と呼んでいます。

企業はこの製品ライフサイクルをできるだけ長くするために，製品を市場に導入した後，各段階に応じてさまざまな戦略を展開する必要があります。

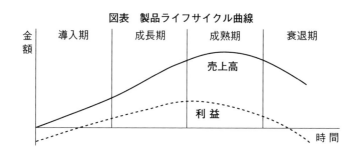

図表　製品ライフサイクル曲線

製品ライフサイクルは，時間の経過による製品の売上高の変化で示され，売上高曲線と利益曲線の関係によって表されます。

これらの曲線は，図のように山なりのカーブを描きますが，その曲線の形状や各段階を通過する時間，また消滅までの長さなどは，業界，製品，市場の状況などによって異なります。

製品ライフサイクルの段階は，一般的に次の4段階に分けられます。

① **製品ライフサイクルの4段階**

1) 導　入　期

製品が市場に導入されるにつれて，売上高がゆっくりと増大する段階です。マス広告などによって新製品の認知度を高め，市場を開発することが重要です。売上高が低く，研究開発費やプロモーション費などのコストを十分補うことができないので，多くの場合は赤字です。

2)　成　長　期

　　製品が急速に市場に受け入れられ，売上高が急速に伸びる段階です。市
　場規模も拡大するため，新規参入してくる競合他社の製品間の競争が激化
　します。この段階の後半には利益も増大してきます。

3)　成　熟　期

　　消費者の大半がその製品を購入してしまったために，売上高の伸びが鈍
　化し，需要が飽和状態になり，利益も低下します。メーカーや小売店間の
　競争が激化し，買い替え需要が中心となります。

4)　衰　退　期

　　売上高と利益が急速に減少する段階です。代替製品が登場するなどして，
　製品の需要は衰退していくため，市場からの撤退の時期を検討します。

　市場に導入された新製品は，一般的に以上のような段階をたどることになり
ますが，実際には市場への導入の前の段階として，新製品開発の期間がありま
す。

　近年では，消費者のニーズの多様化・高度化，また競争の激化などにより，
製品ライフサイクルは短縮化の傾向にあります。

② **製品ライフサイクルとマーケティング戦略**

　市場に導入された新製品は，製品ライフサイクルの各段階を通過しますが，
すべての新製品が全段階を通過して寿命を終えるとは限らず，市場導入後に成
長期を待たずに廃棄されるものも少なくありません。

　新製品が市場で成功するためには，その製品がたどる製品ライフサイクルを
的確に把握し，その動きに対応したマーケティング戦略展開を行っていけるか
どうかにかかっています。

　製品ライフサイクルの各段階で，どのようなマーケティング戦略を適用しな
ければならないかは，製品ライフサイクルの長さや自社製品の位置，また競争
企業の戦略などによって異なってきます。

　製品ライフサイクルの各段階の主な特徴と，企業のマーケティング戦略の対応の基本は，次の通りです。

図表　製品ライフサイクルの各段階と企業の対応

	導　入　期	成　長　期	成　熟　期	衰　退　期
売　上　高	低い	急増	低成長	低下
利　　益	ごくわずか	最高水準	低下	ごくわずか
競 争 企 業	少数	多数の参入	多数	少数
戦 略 目 標	市場の拡大	市場浸透	市場シェアの維持	生産性の改善
マーケティング目標	商品の認知	ブランド地位の確立	ブランド・ロイヤルティの維持	残存利益追求
製　　品	基礎的な少数モデル	改良された多くのモデル	差別化されたモデル	利益製品へラインの縮小
流通チャネル	専売的・選択式チャネル政策	開放的チャネル政策	開放的チャネル政策	チャネルの絞り込み
価　　格	高価格	幅広い価格帯	最低水準	利益確保価格
プロモーション	認知確立のために大規模	ブランド選好のために大規模	製品差別化の強調	急速な中止

③　製品ライフサイクルの延命策

　製品ライフサイクルの成熟期において，売上がピークにさしかかる時期にはパッケージを変更したり，価格の改定などを通して，成熟期の製品を活性化することが重要です。

　成熟期における製品の活性化策は，製品ライフサイクルの延命策といわれ，「製品の改良」「新用途の開発」「新市場の開拓」などによって売上や利益の低下を未然に防止し，製品寿命を延ばします。

図表　製品ライフサイクルの延命策

①	製品の改良	より良い素材や原材料を使用することによる改良。製品デザインの見直し，パッケージの改善，機能を付加するなどで製品の改良を行う。
②	新用途の開発	既存の用途以外に，多少でも違った利用方法を開発する。
③	新市場の開拓	既存の市場にとらわれずに，新しい顧客グループを探す。

④　計画的陳腐化

　計画的陳腐化は，機能的にはまだ十分な能力を有する商品について，定期的・計画的にデザインやスタイルなどを変更し，これによって在来製品を心理的に流行遅れにしたり，旧型化することで新たな需要を引き起こす政策のことです。

　この政策は，主に耐久消費財に多く見られます。その典型的な例としては，自動車や電気製品の頻繁なモデルチェンジなどがこれにあたります。

　企業としては，利益のあまりあがらない製品を旧型化して，消費者の心理的陳腐化を促すことによって，新製品の導入をスムーズに行えるというメリットがあります。

　しかし，近年では環境問題に対する意識の高まりにより，資源・エネルギーの浪費や廃棄物処理や公害問題といった観点から，批判的な意見が多いのが実情です。

図表　計画的陳腐化の方法

①	技術または機能・性能面での陳腐化
②	デザイン・スタイル面の変更による陳腐化
③	流行遅れ意識の醸成による陳腐化
④	物理的な陳腐化

（3） 製品差別化

　製品差別化戦略は，自社製品に競合製品にはない特徴をもたせ，その違いを認識させ促進させるものです。

　その要素としては，デザイン，ブランド，包装，素材，品質，性能，機能などがあります。

　その差異を強調し，製品の総需要の中で選択的な需要を喚起し，競合製品に対する差別的優位性を獲得しようとするものです。製品差別化は，そのわずかな心理的差異を広告宣伝やプロモーションなどによって強調し，自社の製品に好意をもたせるようにします。

図表　製品差別化のポイント

物理的な差異	性能，機能，構造，品質，デザインなど
イメージの差異	企業イメージ，ブランド，ネーミング，ラベル，包装・容器，広告など
サービスの差異	情報提供，アフターサービス，信用供与など

　一般に，製品ライフサイクルにおける成長期の初期の段階では，性能や機能など製品の属性に関する物理的な部分での差別化が多く見られますが，次第に消費者の受け取るイメージ上の差別化に重点が置かれるようになっていく傾向があります。

（4） 製品ミックス

　製品ミックスでは，製品ライン（製品の種類，メーカーのブランド）の数と，製品アイテム（色，サイズ，価格，味など）の数をどのように組み合わせるかが重要になります。

　企業にとって，最適な製品ミックスの決定は，多様化する消費者ニーズに対応し，経営の継続的成長と安定を図り，マーケティング戦略を効果的に進めていくために必須の事項です。

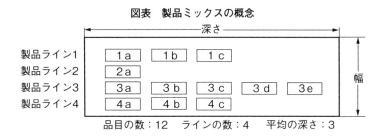

図表　製品ミックスの概念

② ブランドの基本要素
ブランドの基本要素として，次のものがあります。

（5）ブランド

ブランドは，企業が生産し販売する製品やサービスが自社の製品であること
を示し，また競合する製品と区別するために用いられる名前，記号，シンボル，
デザインなどのことです。

① ブランドの基本要素
ブランドの基本要素として，次のものがあります。
1）ブランドネーム
　　ブランド要素の1つでブランドの名前のことです。商品を効果的に認
　知・記憶させ，自社商品の選択を優位に導く有効な手段となります。簡潔
　で覚えやすく，語感がそのブランドに適合していることが必要です。
2）ブランドマーク
　　ブランド要素のうち，言葉で言い表せないサインやシンボル，デザイン
　の部分をいいます。商品自体や包装，広告，各種印刷物などに付けられ，
　常に消費者の目に訴え，視覚的な印象を与えます。

② ブランドの機能
ブランドの主な機能には，次のものがあります。
1）商品識別機能
　　消費者に他社の同じような商品と区別してもらうことです。消費者に

とっては，比較検討が可能になり，企業側にとっては競合製品との差別化になります。

2）　出所表示機能

　　製造または販売業者が特定できます。企業が責任の所在を明らかにすることで，消費者は安心できます。

3）　品質保証機能

　　同一ブランドの製品ならば，品質が一定であり，消費者は安心して購入できます。

4）　広告・販売促進機能

　　消費者への訴求効果が高く，指名買いにより需要を喚起することができます。

③　ブランドの種類

ブランドは，分類の基準によって，次のような分け方があります。

1）　所有者による分類

❶　ナショナル・ブランド

　　全国的な販路をもつ製造業者のブランドです。知名度が高く，大量生産され，マスメディアによる広告を行い，全国で販売されています。

❷　プライベート・ブランド

　　流通業者が独自に開発し，自らの責任と保証で付けるブランドです。流通チャネルが限定的であり，大規模小売業者が所有することが多いです。実質的な機能優先の低価格商品が多いのが特徴です。

❸　ジェネリック・ブランド（ノー・ブランド）

　　流通業者などが独自に開発するブランドを付けない商品のことです。製品本体の機能だけを追求し，低価格販売されます。ラベル，容器，包装などをコストダウンし，内容物を単純に表示します。

❹　ダブル・ブランド

　　製造業者と流通業者の複合ブランドです。同一製品に双方のブランドを

付けたり，併記したりするものです。ブランド力のある製造業者と流通業者が提携し，その信用力や商品イメージを高めることなどがあります。

2)　地域による分類

❶　全国ブランド

全国的な販路をもった大手製造業者のブランドのことです。全国レベルの知名度と流通支配力をもっています。

❷　地方ブランド

特定地域で販路をもつ，中小の製造業者を中心としたブランドです。ローカル・ブランドともいわれます。

3)　適用範囲による分類

❶　統一ブランド

ある企業のすべての製品に共通して付けられるブランドです。知名度の高いブランドを新しい製品にも付けることで，企業全体の統一イメージが確立し，販売促進コストが低減できます。

❷　個別ブランド

ある企業の中で個々の製品ラインごとに付けられたブランドのことです。対象市場の異なった製品をもつ場合や，品質や等級などに差がある製品をもつ場合などに採用されます。

4)　重要度による分類

❶　主力ブランド

その企業の中心となって，広告や販売が行われているブランドです。

❷　副次ブランド

主力ブランドに対して，第二次的に扱われるブランドです。

5)　同一ラインのブランド数による分類

❶　単一ブランド

一企業において，全商品に共通で，1つしか付いていないブランドのことです。その分野では代名詞ともいうべき圧倒的な知名度を誇るブランドであることが多いです。

❷ 複数ブランド（マルチ・ブランド）

同一企業が同一の領域に，複数のブランドを設定することです。消費者に商品選択の幅をもたせ，ブランド変更を自社の製品内で行わせます。販売チャネルが異なる場合は，また所有者や販売地域などで区分することもあります。

図表　ブランドの種類

所有者による分類	① ナショナル・ブランド ② プライベート・ブランド ③ ジェネリック・ブランド ④ ダブル・ブランド
地域による分類	① 全国ブランド ② 地方ブランド
適用範囲による分類	① 統一ブランド ② 個別ブランド
重要度による分類	① 主力ブランド ② 副次ブランド
同一ラインのブランド数による分類	① 単一ブランド ② 複数ブランド

④ ブランド・ロイヤルティ

ブランド・ロイヤルティとは，消費者が特定のブランドを愛顧する度合い（商標忠実性）をいいます。この度合いの強さに応じて，順次低いところから高いところまで，次のような状態・態度が見られます。

1) 商標拒否

購入経験における不満足，その他の理由から特定の商標を購入しないという態度です。

2) 商標不認知

商標が最終消費者に認知されていない状態です。

3) 商標認知

顧客が特定の商標について，聞き知っていたり思い出せる程度です。

4) 商 標 選 択

　顧客は時には浮気をしても，たいていの場合は特定商標を選択する状態
です。

5) 商 標 固 執

　顧客は希望する特定の商標以外は購入しません。そこになければ他の店
を探すという強い態度を示します。

⑤　**ブランド・エクイティ**

ブランド・エクイティは，ブランドに関する要素を総合して資産としてとら
える考え方です。ブランドを育成することによって，競争上の優位を確立する
上で重要な考え方です。

ブランド・エクイティの要素には，次の5つがあります。

1) ブランド・ロイヤルティ

　ブランド・ロイヤルティは，反復購買を増加させ，企業の安定性を向上
させます。またブランド・ロイヤルティの向上は，自社のコストダウンに
つながり，競合のコストを増加させ，競争的な行為を弱めます。

2) ブランド・ネームの認知度

　ブランドは，まず初めに消費者にブランド・ネームを認識してもらう必
要があります。ブランドの認知度が高ければ，消費者に検討される可能性
が高まります。

3) 知覚される品質

　知覚品質は，購買の決定やロイヤルティに直接影響を与え，付加価値の
付いた価格維持が可能となります。また，幅広いブランドの拡張が可能と
なります。

4) ブランド連想

　ブランドと結びついた連想は，ブランドの価値を高めます。信頼感や
サービス品質，消費者が求めているライフスタイルなどが，ブランドから
連想されれば，重要な購入理由となります。連想されたブランドを所有し

使用することは，消費者のプライドに結びつきます。

5) 所有権のある資産

商標権，トレードマーク，チャネル関係などの強化は，競争業者が顧客やロイヤルティを奪うのを阻止します。

これらの5つの要素の水準を測定し，財務的に評価したものがブランド・エクイティです。財務的な評価方法として，5つの要素がどれだけ企業の収益に貢献しているのかという視点によるものと，5つの要素の水準を新たに獲得するとしたらどれだけの費用を要するのかという視点によるものとがあります。

わが国の成熟した市場では，消費者の購買意欲は低下する傾向にあり，企業のマーケティング戦略は**市場シェア**の獲得から，一人ひとりの顧客に占める自社製品の消費割合である**顧客シェア**の獲得へとシフトしつつあります。そこでは，ブランドに共感するファン客やブランドのパートナーとなる高ロイヤルティ客の開拓が急務であり，ブランド・エクイティの5つの要素が企業と消費者を結ぶ重要な指標になると考えられています。

（6） 包　　装

包装は，商品の破損や汚損を防ぎ，運搬，販売，消費を便利にするためのものです。

① 包装の種類

1) 外　　装

包装貨物の外部包装のことです。物品を箱，袋，タルなどの容器に入れた状態です。

2) 内　　装

包装貨物の内部包装のことです。物品に適切な材料や容器などを施した状態です。

3) 個　　装

物品個々の包装のことです。物品の商品価値を高め，保護するために，

適切な材料や容器などを施した状態です。

②　包装の機能

包装の機能には，次のようなものがあります。

1)　内容保護機能

品質を保護したり，劣化を防止したりします。

2)　販売促進機能

包装は沈黙のセールスマンとして，販売力をもっています。

3)　情報提供機能

品名，製造・販売者，消費期限などの法的な表示。また品質や由来など消費者に必要な情報を提供する機能です。

4)　量的規制機能

消費者の使用，販売店の取扱い，在庫管理などの便宜を図るため，最適包装量・販売量などを規制する機能です。

5)　処理性・再使用性

環境問題から，処理性に優れ，リサイクル可能性などが必要とされています。

（7）　新製品開発

①　新製品開発の意義

企業が成長を続けていくためには，利益を生み出す強力な製品を多くもっていることが必要です。そのためには，常にいくつかの製品が製品ライフサイクルの上で，利益が獲得できるような位置にあるような製品管理を行っていくことが重要です。

現在自社に強力なリーダー製品があるからといって，後継製品の開発と育成を怠っていると，消費者ニーズの変化や企業間競争の激化などの環境変化によって，利益を生まない製品群を抱えることになりかねません。

特に近年では，製品ライフサイクルが短縮化しており，新製品開発をしても，

すぐに競合製品が出現して陳腐化してしまうことが多くなっています。

　環境変化に適切に対応できるように新製品をいかに開発するかが，大きな課題となってきています。

②　新製品開発のプロセス

新製品開発の基本プロセスは，次の段階があります。

図表　新製品開発のプロセス

①	アイデアの収集	社内・社外のアイデアの源泉
②	アイデアの選別・評価	事業化分析，市場調査
③	新製品の設計・開発	製品コンセプト化，試作品のモニターによるテスト
④	テスト・マーケティング	地域・期間を限定して市場テスト
⑤	商品化・市場導入	本格的な市場導入，新製品発表

1)　アイデアの収集

　　まず，マーケティング調査による消費者の将来のニーズや，社内の技術シーズをもとに，あらゆる情報源から幅広くアイデアを求めます。

　　アイデアの源泉には，社内と社外に分けると，次のものがあります。

　・社内の源泉

　　新製品開発部門，トップ・マネジメント，提案制度，営業部門，企画・調査部門，技術部門，顧客からのクレームや提案情報など

　・社外の源泉

　　取引先，仕入先，政府機関，調査機関，大学など各種研究機関，競争企業，業界・団体からの情報など

　　また，アイデアの創出を促進する手法としては，ブレーン・ストーミング法など，各種科学的な方法も用いられます。

＊1　ブレーン・ストーミング

　　　アイデアを創造する技法の1つで，集団（グループ）で行うものです。あるテーマに対して，各人が思いつくままにアイデアを出し合っていき，あとでア

イデアを整理しまとめます。

〈4 つのルール〉

①他人のアイデアを批判しない　②自由奔放なアイデアを歓迎する　③質より量，アイデアは多いほどよい　④他人のアイデアを活用し発展させる。

*2　消費者との共同開発

SNS の登場により，企業と顧客の距離は一層近くなりました。顧客同士でも，身近な友人や多くのフォロワーを抱える人気一般アカウント（インフルエンサー）からの口コミが元となってサービスがヒットする事例が多くあります。

そんな中，企業も以前より積極的に顧客の声をサービスに活かそうと企画しています。顧客や他企業と一緒にマーケティングを行い，商品・サービス開発や販売促進活動に活かしています。顧客と一緒にサービスを創ると，企画や改善の初期段階からターゲットの生の声を聞くことができます。顧客目線を共有することで，ターゲットやコンセプトがぶれないサービスを実現できます。

2)　アイデアの選別・評価

次に，収集されたアイデアを，自社の経営理念や戦略との適合性，開発可能性，販売可能性，自社の強みの活用，既存製品との関係，採算性などの面から選別・評価します。

さらに，市場調査や事業化調査などをもとに，トップ・マネジメントによって評価され，一定の利益が見込まれ，市場において企業が競争優位性を発揮できるアイデアだけが残ることになります。

図表　アイデアの評価項目

開発可能性	自社の技術力，新規設備投資規模，既存設備の活用可能性，原材料や部品の確保可能性など
販売可能性	市場の大きさ，需要の安定性，市場の成長性，競争状態など
自社の強みの活用	マーケティング力，研究開発力，生産能力，財務力，組織・人材能力など
既存製品との関係	他の製品ラインとの関係，既存チャネルとの関係，既存製品のライフサイクルとの関係など
採　算　性	予想売上高・シェア・利益，投資利益率，損益分岐点など

3)　新製品の設計・開発

選別・評価されたアイデアを，ターゲットとなる市場や顧客のニーズを

基礎にして，製品の開発構想，製品の主な効用や便益などを製品コンセプトとして開発します。

そして，製品コンセプトに基づいた仕様書が作成され，具体的な形をした試作品が作られます。試作品はモニターなどを使って反応を調べ，最終的に顧客の満足の得られる製品コンセプトが絞り込まれます。

4）　テスト・マーケティング

試作した製品が顧客の満足を得られ，収益性が見込まれれば，いよいよ市場導入となります。しかし，モニターによるテストで売れる見込みがあると予測した場合でも，実際の市場においては予測通りに売上があがらない場合も多いものです。

そのため，製品が市場でスムーズに受け入れられるかどうか，どのようなマーケティング戦略を展開していくのが適切なのかなどを，最終チェックを行う必要があります。

そこで，すぐに全国販売を行わずに，地域や期間を限定して，試験的に販売を行うテスト・マーケティングが実施されることになります。

テスト・マーケティングのメリットには，次のものがあります。

・具体的なマーケティング手法の実験・分析ができる（新製品の商品力，価格，プロモーションの方法など）

・低予算で密度の濃い広告の実施

・売れ行きによる設備投資の調整

など

企業は，このテスト・マーケティングの結果によって，マーケティング戦略の修正を行い，その後本格的な市場導入を行っていきます。

5）　商品化，市場導入

テスト・マーケティングによって最終的なマーケティング戦略を決定し，新製品の市場導入を行います。本格的な生産に切り替えられ，市場導入体制が整備され，新製品が発表されます。

（8）　製品ポジショニング分析

　製品ポジショニング分析は，自社製品の見直し，新市場参入を目的として，製品に対する消費者の知覚に焦点を当て，消費者の心の中における製品・ブランド間の相対的な位置づけを明確にするものです。

　この分析は，製品の特徴を最もよく表す属性やイメージを座標軸に当てはめて，各製品やブランドをその中にプロットしていくという方法で行われます。

　このポジショニング・マップの中で，製品・ブランドを位置づけ，その競合関係を知ることによって，既存製品で充足されていないニーズを明確にし，今後の製品開発などの方向性が示されます。

図表　乗用車のポジショニング分析の例

（A〜Mは車名を示す）

（9）　カニバリゼーション

　カニバリゼーションは，自社の製品同士がシェアを奪い合ってしまい，全体の売上や利益を損失してしまう現象のことです。新製品開発と市場導入の際に注意しなければなりません。

　特に，自社の新製品を市場に投入したときに，同じ製品分野に属している旧自社製品や代替的な機能をもつ自社製品の需要が，新製品に奪われてしまうことがよくあります。

　このようなカニバリゼーションを避けるためには，製品間での差別化を徹底することが必要であり，顧客に製品の違いを認識してもらうことが重要となります。

　さらには，顧客層を変化させるための製品ポジショニングの再検討や，販売

経路の変更などの対応を検討する必要があります。

　自社の新製品を市場導入する際には，競合他社の製品のみならず，従来ある自社製品との関係も考慮した上で実行することが大切です。

【練習問題 9】

　次の文章のうち，正しいものには○印を，誤っているものには×印をつけよ。

① 　最寄品は，消費者が価格や品質の比較にあまり時間や労力を費やさずに，高い頻度で迅速に購入され，販売活動やサービスをそれほど必要としない商品である。

② 　買回品は，消費者が特別の努力を惜しまず，遠方まで買い求める商品である。

③ 　サービスは，ある一定の時間，ある一定の空間に存在している無形財である。

④ 　新製品開発のプロセスにおいて，アイデアを選別・評価する場合に，ブレーン・ストーミングの手法が用いられる。

⑤ 　テスト・マーケティングは，地域や期間を限定して，試験的に販売を行い，マーケティング戦略の修正を行う。

【練習問題 9　解答・解説】

①－○

　最寄品は，食料や日用品が主体であり，短期間のうちに消費されるものが多いため，消費者は商品を習慣的に購入する。購入場所は，住居の近隣など便利のよいところで買物をする。

②－×

　買回品は，消費者が商品を購入するときに，十分に時間と労力を費やし比較検討した上で選択し購買する商品である。具体例としては，衣料品や家電製品などで，購入する場所は，やや遠くの専門店や百貨店，ショッピングセンターなどである。

　一方，専門品は，購買者が特別の努力を惜しまず，遠方まで買い求める商品であり，計画的な購買を行い，購入する場所は信頼性のある高級専門店である。

③－○

　サービスは，交換は機能のみの授受であり，在庫することはできない。一方，物財は，時間や空間を超えて存在し，交換形態は所有権の移転となり，商品の在庫は可能である。

④－×

　新製品開発の第一段階であるアイデアの収集では，消費者のニーズや技術シーズなどをもとに，あらゆる情報源から幅広くアイデアを集める。アイデアの創出を促進する手法として，ブレーン・ストーミングなどがあり，用いられる。

　第二段階であるアイデアの選別・評価は，各種アイデアを評価項目をもとに行われ，一定の利益が見込まれ，市場において企業が競争優位性を発揮できるものだけが残される。

⑤－○

　新製品開発の第四段階のテスト・マーケティングでは，製品が市場でスムーズに受け入れられるかどうか，またどのようなマーケティング戦略を展開していくのが適切なのかなどを，最終チェックを行う。

　テスト・マーケティングのメリットとしては，具体的なマーケティング手法の実験・分析が可能，低予算で密度の濃い広告の実施ができる，売れ行きによる設備投資の調整などがある。

マーケティング事例

9　製品戦略

【 時　事 】
（1）　ユニバーサル・デザイン

　ユニバーサル・デザインとは，「すべての人のためのデザイン」を意味し，年齢や障害の有無などにかかわらず，最初からできるだけ多くの人が利用可能であるようにデザインすることをいいます。この考え方は，1980年代にノースカロライナ州立大学（米）のロナルド・メイス氏によって明確にされ，7つの原則が提唱されています。

　①　公平な使用への配慮（公平性）
　②　使用における柔軟性の確保（自由度）
　③　簡単で明解な使用法（単純性）
　④　簡単で明解な使用法の伝達（わかりやすさ）
　⑤　事故の防止と誤作動への受容（安全性）
　⑥　身体的負担の軽減（省体力）
　⑦　使いやすい使用空間の確保（スペースの確保）

　ユニバーサル・デザインの商品が増えていますが，その代表例はシャンプー容器のギザギザで，リンスと区別するためのものです。髪を洗っているときに，このギザギザをさわれば容易に識別できるので，目が不自由であろうとなかろうと，誰にとっても便利です。この他，使い勝手がよい自動販売機は，広い受け皿のあるコイン投入口，選択ボタン，取り出し口が中間部分にまとめられています。また，多くの人が利用する施設でのエレベータ，エスカレーター，階段を平等，公平に設置することで，利用する人の状況に応じて，使い分けすることができます。

　ところで,「バリアフリー」は高齢者や障害者にとっての障壁を取り除いて
健常者との生活上の差別をなくすことを目的とするのに対し,「ユニバーサ
ル・デザイン」は障害者にも使いやすいものは, すべての人にも使いやすいと
いう考え方です。ユニバーサル・デザインは, その商品やサービスを利用する
人が周囲から特別視されることなく, ごく一般の商品やサービスとして, 誰も
が障害・障壁を感じないで使用できるものになっているのが特徴です。例えば,
バスの乗り降りにおいて, 車椅子用の乗降装置を積んでいるのがバリアフリー,
低床式にしてだれでも段差なく乗れるように作っておくのがユニバーサル・デ
ザインです。今後の超高齢社会においては, 小さい字が読めない人や歩行が不
自由な人も多くなり, バリアフリーのレベルからユニバーサル・デザインの条
件を満たす商品の提供が望まれます。

（2）　P　L　法

　PL は Product Liability の頭文字であり, PL 法は製造物責任法といいます。
1995 年 7 月に施行され, 製造物の欠陥によってひとの生命, 身体または財産
にかかわる被害が生じた場合に, その製造業者が損害賠償の責任を負うことを
定めた法律です。

　サービスやソフトウェアなどの無体物は, 対象外ですが, 欠陥があるプログ
ラムを組み込んだハードウェアの使用により損害を被った場合は, 動産たる
ハードウェアに欠陥があるものとして本法の対象になります。また,「欠陥」は,
次の 3 つに分類されています。

　・設計上の欠陥
　　設計自体に問題があるために安全性を欠いた場合
　・製造上の欠陥
　　製造物が設計や仕様どおりに製造されなかったために安全性を欠いた場合
　・指示・警告上の欠陥
　　製造物から除くことが不可能な危険があり, その危険に関する適切な情報
　　を与えなかった場合や取扱い説明書の記述に不備がある場合

　PL法に定める製造業者の定義は一般的にいう製造業者よりも広く，以下が該当します。

　・製 造 業 者

　製造物を業として製造，加工または輸入した者

　・表示製造業者

　製造業者ではないが製造業者として製造物にその氏名等を表示した者または製造業者と誤認させる氏名等を表示した者

　・実質的製造業者

　製造物にその実質的な製造業者と認めることができる氏名等を表示した者

　製造物を製造・加工または輸入した者だけでなく，OEM（Original Equipment Manufacturing）製品の販売企業やPB（Private Brand）商品を販売する流通業者なども含まれるということは，例えばインターネット商店街で輸入代行業を営んでいる場合や，百貨店やスーパーが製造業者に委託して製造した製品を自社ブランド（PB商品）として販売している場合も，PL法に定めるところの実質的な製造業者とみなされることを意味します。

　PL法の背景にあるのは，消費者主権主義の思想です。これまでの民法において消費者が製造業者に損害賠償を求めるには，消費者の側が製造物の欠陥と被害の因果関係や業者の過失を立証しなければなりませんでした。しかし，PL法ではこの点が大幅に緩和され，反対に製造業者の側が因果関係や過失がないことを立証しなければならなくなりました。そのため，損害賠償請求にかかる消費者の負担は大きく軽減され，すでに薬品，食品，そして家電製品まで，多岐にわたる分野で訴訟が発生しています。

　PL法の施行は，責任負担が買い手から作り手・売り手に移行したことを意味し，企業は自社製品の安全性に対してはもちろん，価格，付加サービス，広告，包装，消費者との対話にいたるまで責任を負わなければならない立場にあることが明確になりました。経営者は製品の安全性を重視する企業風土を醸成するとともに，積極的に情報開示する姿勢を示すことが求められるといえるでしょう。

《 実　務 》

（1）　商品コンセプトとネーミング

「商品（製品）コンセプト」とは，顧客に伝えたい開発者の基本的な考え方やアイデアを，商品のもつ概念や主張としてメッセージにまとめたものです。

一般的に，商品コンセプトをまとめるには，以下の3つの要素で考えます。

①　誰に（ターゲットの**顧客**）

その商品は，どういう人に販売するのか。

②　何を（ニーズ）（ベネフィット）

そのターゲットのどのようなニーズを満たすのか，何の役に立つ（ベネフィット）のか。

③　どのように

そのニーズをどのような方法（技術）で提供するのか。

顧客にとって，どのような価値をもつ商品であるかを伝えるメッセージにまとめます。顧客は，販売されている製品を，買う前と買った後の2回評価するといわれます。はじめの評価はコンセプトの評価です。コンセプトには買う前に欲しいと思わせる力が必要です。

最近のヒット商品で資生堂のシャンプー「TSUBAKI」では，東洋美容への回帰を主張し，「日本の女性は美しい」というコンセプト・メッセージを掲げています。

ところで，このコンセプトをもっと端的に表現するものが商品（製品）の「ネーミング」です。商品が消費者の間で固有のネーミングで呼ばれるようになれば，商品の識別が容易となり，ブランド力を発揮するようになります。例えば，伊藤園の緑茶飲料の「お〜いお茶」やライオンの手洗い石鹸の「キレイキレイ」などは，日常の家庭内の会話を切り取ったもので，親しみやすく受け入れやすい名称で成功しています。

　商品の特徴をネーミングにしたシャープの冷蔵庫「どっちもドア」や，日立の冷蔵庫「真空チルド」は，普及した家電品の差別化として話題になった名称です。クロネコヤマトの「宅急便」は，当時としては初めての宅配サービスの名称として商標化されています。

　また，ネーミングが商品イメージを表しているものは，長い間消費者に固有名詞で呼ばれます。ソニーの携帯音楽プレーヤー「ウォークマン」，富士写真フィルムのカメラ付きフィルム「写ルンです」，はごろも缶詰のまぐろの油漬け「シーチキン」，小林製薬の「熱さまシート」や「のどぬ～るスプレー」など，たくさんのヒット商品があげられます。

　自動車や家電品などの耐久消費財から，化粧品や日用雑貨に至るまで，メーカーはその会社名より，固有の商品名での認知度を高めるような広告宣伝をしています。それはお店に並んでいる商品を選択するときに，識別しやすい方法を考えているからです。

　このように，商品コンセプトを表す商品名（ネーミング）やメッセージが顧客に浸透できれば，長期にその商品が記憶され愛顧されることにつながるのです。

（2）　ブランドと商標

　ブランドとは，「一企業またはそのグループの商品・サービス（役務）であることを識別するため，およびその競争業者のそれとはっきり区別するための，名称，用語，標識またはデザインあるいはその組み合わせ」で，**ブランドネーム**と**ブランドマーク**からなります。この定義の範囲では，次に説明する商標と同じ意味となりますが，ブランドには，商品名称やシンボルマーク，模様だけでなく，消費者が商品・サービスを見た際に想起させるイメージもブランドの意味に含まれます。ブランドには，商品（製品）識別，出所表示，品質保証，広告宣伝，差異表示，資産機能（ブランド・エクイティ）を有しています。

　次に，**商標**とは，「文字や図形，記号もしくは立体的形状などのことで，商品やサービスに用いられる"営業上の標識"のこと」と定義されています。

　例えば，TOYOTA，SONY，ISETAN などの "社名商標"，ウォークマンやクラウンなどの "商品名商標"，宅急便などの "サービス名商標"，ペコちゃん人形などの "立体商標"，シャンパンやスコッチなどの "地理的表示（地域ならではの特性を有する産品の名称）" などがあります。これらの商標によって，商品やサービスはその出所を表示でき，品質の保証や信頼をアピールすることができます。

　商標法により，特許庁に登録の手続きを済ませた「登録商標」に類似する商標を，他の人は使うことができません。無断で使えば権利の侵害になり，罰則が科せられるので，登録商標を独占的に使用する権利（商標権）が守られます。この権利は登録の日から 10 年間ですが，更新すれば権利の継続が可能です。

図表　商標の事例

文字商標："ウォークマン"，"WALKMAN"，"Walkman"，"宅急便"

立体商標　　　　　　　　　　　図形商標

【出所】特許庁ホームページ

http://www.jpo.go.jp/seido/s_shouhyou/chizai08.htm

（3）　商品のパッケージ・デザイン

　商品の差別化の1つであるパッケージ・デザインの要素として，パッケージの色（カラーリング）が，消費者の認知度や店舗での視認性に大きな影響を及ぼしている例があります。

　アサヒの缶ビール「スーパードライ」は銀色，明治の「R-1 ヨーグルト」の赤色などのヒット商品のカラーリングがあります。特に「R-1 ヨーグルト」は，それまでのヨーグルト（同社の明治ブルガリア・ヨーグルトなど）のパッケージは，白やブルーの色が多かったところに，ベースに赤を持ってきたことにより，店

舗の陳列棚でも目立ち，R-1 と Red との相性もよいです。また，文字の背景にゴールドを使い，高級感を引き出しています。このヨーグルトに含まれるR-1 乳酸菌が，ナチュラルキラー細胞を活性化して免疫力をアップさせることで，風邪やインフルエンザの感染率が低くなるということが話題になったことも相まって，店頭での存在感のある商品となりました。

　商品のバリエーションを増やすために，単に色数を増やす方法もありますが，特にロングセラーを狙う戦略商品については，商品のコンセプトと違和感のないカラーとデザインを選択する必要があります。

　多くの商品は，季節やその年のトレンドカラーなどにより色が選ばれる傾向がありますが，ぱっと見ただけで商品の識別がつく個性が重要になります。

出所：アサヒビール(株)ホームページ，および(株)明治ホームページ商品情報から

　日経 BP 社などの調査によると，年齢別・男女で好みの色が分かれ，特にシニアに好まれる色などが話題になっています。全体的な色の好みを見ると，東日本大震災前は多くの人が青を好んでいましたが，震災後は緑とピンクに好みが移っています。シニア女性は，柔らかい色を好み，鮮やかで強い印象を与える色を避ける傾向にあるようです。

（4）　ニーズ志向とシーズ志向の製品開発

　消費者の求めている必要性を「ニーズ」，メーカーのもっている特別な技術や材料を「シーズ」といいます。製品を開発していくときには２つのアプロー

チがあり，消費者の求めているニーズを出発点にして製品を開発していくことを「ニーズ志向」，技術的な可能性に基づいて製品を開発することを「シーズ志向」と呼びます。

消費財メーカーでは，ニーズ志向で製品（商品）開発を行う場合が多くみられます。日用品を広く展開している花王は，酵素入り洗剤『アタック』，カテキンの多い緑茶飲料『ヘルシア緑茶』など他社に先立つ技術開発の成果から商品が開発されていますが，当社の企業理念「花王ウェイ」や，以下に示す「基本となる価値観の中のよきモノづくり」に「ニーズとシーズの融合」が明確にうたわれています。

〈花王のよきモノづくり〉

① 　ニーズとシーズの融合

② 　個の力の結集

③ 　よきモノづくりのサイクル

（出所）http://www.kao.com/jp/corp_about/kaoway.html

ソニーを発展させた盛田昭夫氏は，「ソニーのポリシーは，消費者がどんな製品を望んでいるかを調査してそれに合わせて製品をつくるのではなく，新しい製品をつくることによって彼らをリードすることにある。消費者はどんな製品が技術的に可能かを知らないが，我々はそれを知っている」と述べています。

実際に各企業を見ていくと，以上のように，シーズ志向的な新商品開発が得意な企業とニーズ志向的な新商品開発が得意な企業があります。シーズ志向で新製品の導入を図っている企業には，従来のドメインと違った新事業分野に積極的に進出する傾向が見られます。

消費者が自分自身の欲求に気づいていない場合も多くあります。こうした潜在的な欲求を「ウォンツ」といいますが，ウォンツを商品化するためには，シーズの掘り下げが不可欠になります。例えば，安心して暮らしたいという

ニーズをもつ生活者に対し，安心を提供したいと思っている企業が技術的シーズの1つである超小型ICタグを応用することによって，食品トレーサビリティや偽造防止・セキュリティという新たな市場を創造しています。

　ニーズとシーズは，企業において両立・融合させることが望ましく，同時にウォンツを絶えず意識したマーケティングを展開していくことが求められています。

（5）　リバイタリゼーション

　製品ライフサイクルの成熟期において，製品のデザインや機能の改良，新用途の開発，新市場の開拓などによって，売上の低下を未然に防止し，製品（商品）の延命を図ることを**リバイタリゼーション**（再活性化）や，**プロダクト・エクステンション**といいます。数年ごとにリバイタリゼーションを繰り返し，数10年の間，消費者に愛されてきたロングセラー商品の事例として，「カルピス」や「チキンラーメン」の変遷を確認してみましょう。

　乳酸菌飲料の「カルピス」は1919年7月7日（七夕）に販売が開始されました。当初の「カルピス」は，濃縮タイプ（原液）で，水，湯で5倍程度に希釈して飲用されました。1960年前後には，瓶入りのオレンジ，パイン，グレープカルピスが発売されました。当初，原液のカルピスは瓶詰めの商品でしたが，平成に入ってから紙パック入りが主体となりました。「カルピス」は，戦前から一般家庭の常備品として使われ，戦後は贈答用の定番商品として親しまれてきました。しかし，その後の生活様式の変化で希釈が必要な原液の「カルピス」は次第に一般家庭において飲まれなくなっていき，1973年には炭酸水で希釈した「カルピスソーダ」が発売され，1991年に水で希釈された「カルピスウォーター」が発売されました。発売初年度の「カルピスウォーター」の売上金額は約280億円で，翌1992年には初年度を上回る約385億円（2,450万ケース）を達成し，空前の大ヒットとなりました。当初，懸念されていた濃縮タイプの「カルピス」とのカニバリゼーションもなく，「カルピスウォーター」のヒットによって，相乗的に「カルピス」と「カルピスソーダ」の売上も伸長し，

贈答用の瓶入りカルピス　紙パック入りカルピス　発売当時の「カルピスウォーター」

【出所】カルピス・ホームページ：カルピス社の歩み
　　　　http://www.calpis.co.jp/corporate/history

「カルピス」ブランド全体が勢いを得て活性化しました。

　2017年には，乳酸菌が体脂肪を減らす「機能性表示食品」の「カラダカルピス」，カルピス味のミネラルウォーター「おいしい水プラス　カルピスの乳酸菌」を発売しました。時代のニーズに対応しながら，さらにその歩みを進めています。

　「チキンラーメン」は，世界初のインスタント（即席）ラーメンとして1958年に発売され，以来50年，国内だけでなく，世界で広く消費されています。

　大阪・梅田の阪急百貨店で500食を試食販売した発売時の価格は，85g入りで1袋35円でした。当時としては高い値段の「チキンラーメン」でしたが，「お湯をかけて2分でできるラーメン」が話題となり，瞬く間に評判となりました。その後，類似商品も多く発売される中，インスタントラーメン市場を牽引し続けてきました。1962年にはスープ別添タイプのインスタントラーメンを発売し，さらに幅広い人気を獲得しました。60年代後半に市場は飽和状態になり，1971年に「カップヌードル」を開発，発売しました。以降，カップ麺は徐々に売れ行きを伸ばし，今では袋麺に代わる主力商品となっています。

　ここ数年，インスタントラーメン市場全体はほぼ横ばい状態にあるものの，袋麺の市場は徐々に縮小しつつあります。厳しい状況の中にあっても「チキン

ラーメン」だけは善戦しています。2003年には，「チキンラーメン」の上面に
窪みを付けた「たまごポケット」がある，卵を載せやすく改良した商品が大当
たりしました。

　このように麺の形を変えたり，パッケージの袋から麺が見えたり，キャラク
ターが変わったりなどの変更はありましたが，発売当時から「チキンラーメ
ン」の味を変えず，内容量も85gのままとなっています。基本的には昔のイ
メージを今も踏襲しています。

発売当時のチキンラーメン
のパッケージ

たまごポケット付きのチキンラーメンの
パッケージ（左）とカップヌードル（右）

【出所】日清食品ホームページ：日清食品アーカイブ
　　　　http://www.nissinfoods.co.jp/com/archive

（6）　保健機能食品

　特定保健用食品（トクホ），栄養機能食品，機能性表示食品の3種類は，「保
健機能食品」と呼ばれ，一定の科学的根拠に基づき健康への効果を表示するこ
とが認められています。

　機能性表示食品は，市場が年々拡大しています。

　一方，健康補助食品や栄養補助食品，自然食品やサプリメントなどの「その
他健康食品」は，一般の食品と同じ扱いで，健康への効果を表示することはで
きません。「その他健康食品」を選ぶ消費者は，あくまで食品であり，「摂取す
るだけで痩せる」や「歩行能力の改善」などのように，痛みの症状を軽くした
り，病気を治したりする薬とは異なることの認識が必要です。

保健機能食品	内　　容	表　示　例
特定保健用食品（トクホ）	国が安全性や効果を審査し，表示を許可	○○が含まれているのでおなかの調子を整えます。
栄養機能食品	効果が認められている栄養成分を基準量含めば表示でき，届け出不要	鉄は赤血球を作るのに必要な栄養素です。
機能性表示食品	根拠となる論文などを国に届け出れば，企業の責任で表示でき，個別審査は受けない。	○○が含まれています。○○には△△の機能があります。

〈問題・解答解説〉

問題 9—1　時事問題

次の文章の（　　）に当てはまる適切な語句を語群から選びなさい。

（　　）商品はすべての人に使いやすいものは障害者にも使いやすいという考え方で製品を開発するため，もともとのデザインが障害・障壁を感じさせないものになっているのが特徴である。

（ａ）バリアフリー　　（ｂ）ボーダーレス　　（ｃ）エイジレス

（ｄ）グッドデザイン　　（ｅ）ユニバーサル・デザイン

〈解　答〉

（ｅ）

〈解　説〉

高齢者や障害者の障壁（バリア）を取り除いて健常者との生活上の差別をなくすことを目的とするのはバリアフリーであり，ユニバーサル・デザインはもともとのデザインが障害・障壁を感じさせない製品を開発することを目的とする。

問題 9―2　時事問題

　次の文章の（　　）に当てはまる適切な語句を語群から選びなさい。

　これまでの民法では，損害賠償請求にあたり消費者が製造物の欠陥と被害の因果関係や業者の過失を立証しなければならなかったが，（　　）ではこの点が大幅に緩和され，製造業者の側が因果関係や過失がないことを立証しなければならない。

　（a）独占禁止法　　（b）消費者保護基本法　　（c）民事訴訟法

　（d）PL 法　　　　（e）大規模小売店舗立地法

〈解　答〉

　（d）

〈解　説〉

　PL 法（製造物責任法）の施行は，責任負担が買い手から作り手・売り手に移行したことを意味し，企業は自社製品の安全性に対してはもちろん，価格，付加サービス，広告，包装，消費者との対話にいたるまで責任を負う立場にあることが明確になった。

問題 9―3　実務ケース

　次の文章の（　　）にあてはまる適切な語句を語群から選びなさい。

　さまざまな製品概念に共通して重要なことは，製品というものが，いくつかの階層からなり，消費者はトータルとしての製品，すなわち「（　　）の束」として製品を購入しているということである。

　（a）利　益　　（b）コンセプト　　　（c）ニーズ

　（d）機　能　　（e）ベネフィット

〈解　答〉

　（e）

〈解　説〉

　コトラーは，製品概念を「製品の核，製品の形態，製品の付随機能」という3層構造や，「中核ベネフィット，ベーシックな製品，期待された製品，拡大された製品，潜在的な製品」の5つの製品階層に整理した。

　さまざまな製品概念に共通して重要なことは，製品というものが，いくつかの階層からなり，消費者はトータルとしての製品，すなわち「**ベネフィットの束**」として製品を購入していることである。

問題 9—4　実務ケース

　次の文章の（　　）にあてはまる適切な語句を語群から選びなさい。

　資生堂シャンプー「TSUBAKI」に代表されるように，1つの製品分野に共通のブランドで，広告宣伝を行うマーケティング戦略を（　　）戦略という。

　これに対し，ビール飲料のように，1メーカーの個々の製品ごとに異なるブランドを展開する戦略を**マルチブランド戦略**という。

　（a）ナショナル・ブランド　　　（b）メガブランド
　（c）ジェネリック・ブランド　　（d）ファミリー・ブランド
　（e）コーポレート・ブランド

〈解　答〉

　（b）

〈解　説〉

　1つの製品分野に共通のブランドで，広告宣伝を行うマーケティング戦略を**メガブランド戦略**という。資生堂によると，「メガブランド戦略」とは，宣伝・販売促進を1つの大型ブランドに集約させてヘアケア，スキンケアなどのカテゴリーごとに業界のトップシェアを狙うことを指している。

　ナショナル・ブランドは，全国的に販売されている大手メーカーの商品を指す。

　ジェネリック・ブランドは，ブランドをつけない流通業者などが独自に開発する商品のことである。

　ファミリー・ブランドは，いくつかの商品カテゴリをまたがった，包括的なブランドとして認知されているもので，花王の「ニベア化粧品」やトヨタの「カローラ」などが挙げられる。

　コーポレート・ブランドは，企業ブランドのことで，コカコーラ，マイクロソフト，ディズニーなどが世界的に価値のあるブランドとして知られている。

問題9—5　実務ケース

　次の文章の（　　）にあてはまる適切な語句を語群から選びなさい。

　「カルピス」や「チキンラーメン」などのようにロングセラーと呼ばれる商品の多くは，その商品が衰退期に入る前に，斬新なデザインや機能・性能に改良するなど商品に修正を加えて再活性化し，商品寿命の延命（プロダクト・エクステンション）を図ってきた。これを（　　）という。

　（a）計画的陳腐化　　　　　（b）リポジショニング
　（c）リバイタリゼーション　（d）イノベーション
　（e）リノベーション

〈解　答〉

　（c）

〈解　説〉

　製品が衰退期にはいる前に，デザインや機能に改良を加えて，商品の延命を図ることを**リバイタリゼーション（再活性化）**という。これは現製品の延命策である。

　これに対し**計画的陳腐化**は，現製品が十分成熟する前に，計画的にデザインやスタイルなどを変更し，在来製品を流行遅れにして，新たな需要を引き起こす政策である。

　リポジショニングとは，市場にすでに存在する自社商品を，その特長が生か

せるように市場空間内で位置づけをし直すことである。対象顧客を見直すなど，誤った位置づけがされている製品や，不利な位置にある製品を有利な位置に移動させることを検討する。

　イノベーションは，ビジネス一般における革新や改革である。

　リノベーションは，既存の建物の用途や機能を変更・更新し，性能を向上させることをいう。

マーケティング知識

10　価格戦略

（1）　価格戦略目標

価格に関する意思決定は，企業経営に対して重要な役割を担っています。企業の業績としての売上高は，製品の「価格×販売数」で表され，直接的な収益性に貢献し，企業の成長性や安定性に大きな影響を与えます。

価格戦略目標としては，以下のものがあります。

①　売上の最大化

目標とする売上高の達成のために，最適な価格設定を行うことが必要です。目標利益率を前提とした売上高の増大が求められます。

②　目標利益率の達成

目標売上高と目標利益率の達成で目標利益額が確保されます。投資とリスクの関係から投資利益率（ROI）でみる場合もあります。

③　マーケット・シェアの維持・拡大

マーケット・シェアの拡大は，売上高の相対的増加と製品の単位当たりコストの相対的低下を意味し，利益の向上に結びつきます。

④　価格の安定化

価格の安定は，利益の安定化につながり，また企業イメージやブランドイメージの維持向上にも有効です。ただし，独占禁止法上の制約があります。

⑤　競争への対応

価格戦略は，競合企業との競争上でも大きな意味があります。競合企業の価格戦略に注意することが重要です。

⑥　そ　の　他

流通業者の利益確保，参入障壁の構築などがあります。

（2）　価格設定方法

価格設定の基本は，これ以下では利益がでないという低価格（製品コストが限界）と，これ以上では需要がないという高価格（消費者の価格価値の認識の限界）の間で設定されます。

① コスト志向型価格設定法（コスト・プラス法）

この方法は，コストに一定の利益を加えたものを販売価格とする方法です。確実に利益が得られる方法ですが，あくまでも自社のコストのみを基準とした価格設定です。

そのため，市場においてこの価格設定での販売が可能であるかは不確かです。競争企業の製品価格がまったく考慮されていませんし，消費者の購買意欲を喚起することができる価格であるかどうかも不明です。

○　マージン率によるコスト・プラス法

　　製造業者では，製造原価に一定額または一定率の利益を加えて販売価格とします。過去の実績や業界の慣習などを参考にして決定されます。

○　マーク・アップ率によるコスト・プラス法

　　小売業者や卸売業者などの流通業者では，仕入原価に値入額を加えて販売価格とします。値入額は仕入時に計画した利益のことです。

② 需要志向型価格設定法

消費者がある製品に対して，どの程度の価値を認めているかが価格設定の基

礎となります。「この製品に対して，消費者はいくらくらいまでなら支払うだ
ろうか」という点から考えて価格設定をしたり，あるいはその価格に見合う製
品の開発を行うなどの方法です。

　例としては，食品スーパーでは閉店時間が迫ると，特に生鮮食品の値下げを
行いますが，これは価格引下げによる在庫の整理という側面とともに，閉店間
際は生鮮品の鮮度が若干落ち，消費者の評価も低くなるため，それに見合う価
格をつけるという考え方に基づいています。

③　競争志向型価格設定法

　競争企業との関係を重視した価格設定法です。競争企業が設定している価格
と同じレベルにしたり，追随したりする方法があります。

　業界で最もマーケット・シェアのある企業がプライスリーダーとなり，その
企業が設定した価格に業界他社が追随せざるを得ない状況をプライス・リー
ダーシップといいます。

　また，競争企業よりも低価格を設定し，マーケット・シェアの拡大を図ろう
とする価格設定方法もあります。

　それ以外としては，競争入札方式により価格を設定する方法もあります。

　競争志向型の価格設定法は，コストや需要の関係を考慮しない方法です。

図表　価格設定方法

コスト志向型	コストに一定の利益を加えて価格設定を行う。
需要志向型	消費者の価格への価値をもとに価格設定を行う。
競争志向型	競争企業との関係を重視して価格設定を行う。

④　心理的価格設定法

　コスト，需要，競争の3要因が価格設定の基本ですが，その他として心理的
な価格設定法が実際にはあります。

1)　名 声 価 格

　　高級品などは，消費者に品質の良さを印象づけるために意識的に高価格
　を設定します。毛皮・宝石・高級時計などは，意図的に高価格を設定して
　います。

2)　慣 習 価 格

　　長期間価格が一定しており，消費者が慣習的に認知している価格です。
　価格を急に変更することは難しいものです。ガムやキャラメル，缶飲料な
　どがあります。

3)　端 数 価 格

　　価格を切れのよい価格ではなく，98 円，980 円，4,980 円などの端数の
　価格にすることで，消費者に割安感を与え売上増加を図る方法です。

⑤　その他の価格設定法

1)　プライスライン政策

　　高価格，中価格，低価格の3つ程度の価格を設定するものです。異なる
　価格を設定することで顧客の選択性を高め，売上と利益の増加を図ります。
　販売側では，価格管理がしやすくなるというメリットがあります。

2)　抱き合わせ価格政策

　　複数の製品やサービスを組み合わせて売るときの方法です。それぞれを
　別に購入する場合より安い価格を設定します。

3)　キャプティブ価格政策

　　本体となる製品の価格を低く設定し，それを使用するために不可欠な製
　品を相対的に高く設定することで，利益を獲得する政策です。

4)　ロス・リーダー政策

　　集客のために有名ブランド品を利益度外視で極端に安く売る政策です。
　来店客を増やし，目玉商品と一緒に他の商品も購入してもらうことで，売
　上と利益を獲得するものです。

5）二重価格政策

　　商品の定価価格と実際に販売する価格を1枚の値札に記載して，値引率の大きさを強調して販売促進効果をねらうものです。

6）均一価格政策

　　異なる商品を同一価格で販売するもので，総売上をあげることによって利益を得ようとするものです。

7）ハイ・アンド・ロー政策

　　特売時には広告商品の価格を低くして販売し，特売が終わるとその価格を通常時の価格に戻して販売する価格政策です。

8）エブリディ・ロー・プライス（EDLP）政策

　　毎日低価格で商品を提供する政策です。価格を低く抑えるために大量仕入などを行い，継続的なコスト削減により利益を確保するものです。

9）オープン価格政策

　　メーカーが消費者向けの小売価格を設定しないため，小売業者が自由に販売価格を設定する政策です。

（3）　新製品の価格設定

①　初期高価格政策（上澄吸収価格政策）

　新製品の製品ライフサイクルの導入段階に高価格を設定しておき，強力な販売力によって，価格弾力性の低い高所得者をとらえ，その後成長段階に移行し，競争企業による類似製品が導入されるに従い，順次価格を引き下げてシェアの確保を図っていこうとする政策です。

　新製品の研究開発費などを早期に回収することができ，業界でのリーダー企業にとって有効な方法です。

　開発された新製品が顧客ニーズとマッチしており，また技術的にも高度であり，競争企業の製品模倣による市場への参入までに時間がかかると推測される場合に適用されます。

〈基本条件〉

・市場に価格に左右されない顧客層が存在すること

・特許など，商品が法的保護を受けていること

・技術面での優位性があること

・高いブランドイメージをもっていること

②　初期低価格政策（市場浸透価格政策）

　新製品の発売時から低価格を設定し，急速に広範な市場を獲得し，競争企業の追随を阻止しようとする政策です。

　大量生産によりコストの低減が見込まれ，価格弾力性の高い消費者を対象とします。また，競争相手の製品が技術的に模倣が容易で短期間に市場に参入することが予想され，常に潜在的競争の脅威が強い場合に有効です。

〈基本条件〉

・競合する商品間で技術格差がなく，同質性が高いこと

・マス・マーケットの開拓が可能であること

・大量生産で生産コストを引き下げる可能性があること

・競争者の市場参入の意欲を減退させる効果があること

図表　新製品の価格設定

上澄吸収価格政策	価格は高価格，先発参入者としての製品イメージの定着，価格弾力性の低い消費者を対象
市場浸透価格政策	価格は低価格，早期のマーケットシェアの獲得，価格弾力性の高い消費者を対象

（4）　価格弾力性

　価格弾力性とは，商品の価格が変化したときに，需要がどれだけの割合で変化したかを表す比率です。需要の変化率を価格の変化率で割った数値で示されます。

$$需要の価格弾力性＝需要の変化率÷価格の変化率$$

　需要の価格弾力性が高くなるほど価格の変動が需要に及ぼす影響が大きく，逆に需要の価格弾力性が低くなるほど価格の変動が需要に及ぼす影響が小さくなります。

　この値は，製品の特性によって異なります。

| 価格弾力性が大きい | 高額の耐久消費財，専門品など |
| 価格弾力性が小さい | 生活必需品，生産財など |

　価格の変更に対する消費者の反応を検討する場合などには，有効な考え方です。

（5）　参 照 価 格

　参照価格は，ある製品やサービスの実際の価格と比較するために用いる価格であり，購買する環境において得られる外的参照価格と，消費者の内部にある内的参照価格に区別されます。

①　外的参照価格

　商品を購買する環境から外的に入手可能な参照価格のことで，希望小売価格や店頭販売価格，同クラス製品の販売価格などがあります。

②　内的参照価格

　過去に購買した商品の価格などをもとに，消費者の記憶に長期間保持された参照価格のことです。消費者は実際の販売価格と内的参照価格の差から，高いあるいは安いと感じます。

（6）　流通業者に対する価格政策

　価格戦略においては，消費者に対する価格設定だけではなく，流通業者に対する価格政策を考えなければなりません。それは，多くの製品は製造業者から流通業者を通じて販売されるからです。

①　割引価格政策

割引は，表示価格から販売業者の取引条件に応じて，一定の割合の金額を差し引き，実際の販売価格とすることです。割引は，取引時点で行われます。

1)　業 者 割 引

業者割引とは，販売業者の流通段階や遂行する流通機能に対して行われる割引です。製造業者が小売業へ直接販売する場合と，卸売業者に販売する場合では，価格は後者の方が割引率が大きくなります。

2)　数 量 割 引

買い手が一度に大量購買する場合には，売り手は一定の割引を行います。売り手にとっては，少量販売よりも販売費などのコストが節約されるので実施されます。

3)　現 金 割 引

業者間での売買は，一般に手形払いや掛払いの形で行われるため，買い手が代金を現金で支払う場合は，一定の割引を行います。貸し倒れのリスクの減少，代金の請求や回収のための経費が節減されるからです。

図表　割引価格政策

業者割引	流通段階，流通機能に対する割引
数量割引	大量購買する場合の割引
現金割引	現金で代金を支払う場合の割引
季節割引	季節商品をオフ・シーズンに売買する場合の割引
販売促進割引	販売促進への貢献に対する割引

4)　季 節 割 引

季節商品の売買がオフ・シーズンに行われる場合は，一定の割引が実施されます。需要の一定時期への集中を減らして平均化し，生産設備の稼動効率を高めます。

5) 販売促進割引

　買い手が売り手の代わりに販売促進活動を行う場合に提供される割引です。小売業者があるメーカーの製品を広告したり，販売促進キャンペーンを実施したりした場合があります。

② リベート

リベートは，取引から一定期間を経た後，支払われた代金の一部を割戻しするものです。

1) 数量リベート

　大量取引の促進を図ることを目的とするリベートです。取引量のランクごとに割戻し率を定め，取引量が多くなるほどその率を高くする累進的リベートが一般的です。

2) 現金リベート

　代金の早期回収を目的とするリベートです。現金による支払期限のランクごとに割戻し率を定め，支払いが早くなるほどその率は高くなります。

3) 早期引取リベート

　季節製品の早期引取を目的とするリベートです。引取時期が需要期より早くなるほど，割戻し率は高くなります。

4) 目標達成リベート

　取引先の販売意欲の高揚を目的とするリベートです。あらかじめ販売業者との間に決めておいた販売目標の達成度に応じて，割戻し率が決定されます。

図表　リベートの種類

数量リベート	大量取引の促進を目的とする。
現金リベート	代金の早期回収を目的とする。
早期引取リベート	季節製品の早期引取を目的とする。
目標達成リベート	取引先の販売意欲の高揚を目的とする。

（7）　今日的な価格設定方法

①　フリーミアムモデル

特定の商品やサービスを無料で提供することによって収益を上げるフリー戦略の1つで，基本的な商品やサービスを無料で多数のユーザーに提供し，高機能や高品質を付加した商品やサービスを有料で利用する一部のユーザーから収益を得る手法です。

②　サブスクリプションモデル

消費スタイルは，「モノを購入して所有する」従来型から，「モノを利用して共有する」という形に移行しつつあります。この収益化モデルは，顧客やユーザーと一定期間の利用契約を結び，月額または年額で一定の利用料を課金する手法です。

③　ダイナミックプライシング

需要と供給の状況に応じて価格変動させる価格設定の手法です。現在のダイナミックプライシングは，AI（人工知能）を導入し，インターネット上で蓄積したビッグデータをリアルタイムで解析し，瞬時に最適価格を算出することが最大の特徴となっています。

（8）　電　子　決　済

電子決済とは，現金を用いることなく電子的なデータの送受を行い，処理する決済方式のことをいいます。クレジットカード決済，デビットカード決済やプリペイドカード決済，電子マネーやQRコード決済とさまざまな種類があります。実店舗やインターネット上のECサイトなどで電子決済を使い，サービスや商品を購入することができます。

〈電子決済の種類〉

①　プリペイド方式（先払い方式）

電子マネーの購入やチャージを先に済ませてから商品・サービスを購入

するプリペイド方式（先払い方式）があります。スイカやパスモをはじめとする交通系電子マネーが代表例です。

② リアルタイムペイ方式（即時払い方式）

金融機関と連携して，口座残高を上限に即時決済するリアルタイムペイ方式（即時払い方式）があります。金融機関のデビットカード，インターネットバンキング，モバイルバンキングなどがこの分類に入ります。決済処理を済ませた直後に口座から利用金額が引き落とされるため，ほぼ現金と同じような使い方ができます。

③ ポストペイ方式（後払い方式）

クレジットカードのように決済はその場で行い，後から商品・サービスの購入代金が請求されるのがポストペイ方式です。クレジット発行会社への申請により，対応するクレジットカード，または専門アプリをインストールしたスマートフォンやタブレットで簡単に利用できます。財布を持ち歩かなくてもスマートフォン1台で決済できるので，非常に便利な決済手段です。

【練習問題10】

次の記述のうち，正しいものには○印を，誤っているものには×印をつけよ。

① 価格戦略の目標には，価格の安定化がある。利益の安定化につながり，また企業イメージやブランドイメージの維持向上に有効である。

② マーク・アップ率によるコスト・プラス法は，製造原価に一定額または一定率の利幅を加えて販売価格を設定する。

③ 慣習価格は，長期間価格が一定しており，消費者が慣習的に認知している価格のことである。

> ④　業者割引とは，買い手である業者が売り手の代わりに販売促進活
> 動を行う場合に，その貢献度によって提供される割引である。
> ⑤　目標達成リベートは，取引先の販売意欲を高めることを目的に実
> 施されるリベートである。販売目標の達成度に応じて，割戻し率が
> 決定される。

【練習問題 10　解答・解説】

①－○

価格戦略の目標としては，価格の安定化のほかに，売上の最大化，目標利益率の達成，マーケット・シェアの維持・拡大，競争への対応などがある。

②－×

マーク・アップ率によるコスト・プラス法は，仕入原価に一定の利幅を加えて販売価格とする。流通業者が行い，仕入原価基準である。

一方，マージン率によるコスト・プラス法は，製造原価に一定の利幅を加えて販売価格とする。製造業者が行い，販売価格基準である。

③－○

慣習価格の場合には，価格を急に変更することは難しい。具体例としてはガムやキャラメル，缶飲料などがある。

これ以外の心理的な価格設定法としては，名声価格，端数価格などがある。

④－×

業者割引とは，販売業者の流通段階や遂行する流通機能に対して行われる割引である。小売業者と卸売業者では，製造業者の割引率は後者の方が大きくなる。

　販売促進割引は，買い手が売り手の代わりに販売促進を行う場合に提供される割引である。

　割引は，表示価格から販売業者の取引条件に応じて，一定の割合を差し引き，実際の販売価格とする。割引は，取引時点で行われる。

　割引価格政策はこの他に，数量割引，現金割引，季節割引などがある。

⑤－○

　目標達成リベートは，あらかじめ販売業者との間に取り決めておいた販売目標の達成度のランクに基づいて，割戻し率が決定される。

　リベートは，取引から一定期間を経た後に支払われた代金の一部を割戻しするものである。

　これ以外のリベートとしては，数量リベート，現金リベート，早期引取リベートなどがある。

マーケティング事例

10　価 格 戦 略

〘 時　事 〙

（1）　消費低迷期の価格戦略

　わが国の経済は，2012年12月から始まった景気拡大が続き，その長さ（期間）ではいざなぎ景気（1965年〜70年，57か月）を超えて戦後2番目になりました。しかし，一般庶民には，それほど景気がよいという実感がありません。その理由は，プラス成長とはいえ年率1〜2％台程度で，株価上昇もバブル時代（1980年代後半からの好況期）の最高値の4万円近く（3万8,915円）に比べると半分程度だからです。富裕層は豊かになり，高級品が売れ，一部の商品に値上がりするものがあっても，中間層以下の節約志向は根強く，全体の物価が下落している「デフレ」状態にまだあると考えられています。

　経済が順調に回っているときは，余すところなく物価が上がる「緩やかなインフレ」状態が望ましく，日銀が「デフレ」脱却のために，量的緩和とマイナス金利による超金融緩和政策を続けていますが，その効果はまだ不確かです。

　小売最大手イオンの岡田元也社長が，2017年4月の決算発表の記者会見で，「脱デフレは大いなるイリュージョン（幻想）だ」と述べました。さらに，これからは，ディスカウント店舗などにも注力すると発言しています。セブン−イレブンは，ナショナルブランド（NB）商品の約60品目を4月から5％値下げし，ドラッグストアやスーパーマーケットの価格に近づけました。西友（米国ウォールマート子会社）などは，全体的にEDLP（Everyday Low Price）型低価格戦略を志向しています。

（2） 価格の維持・安定政策

　商品・サービスの適正価格の維持・安定を図ることは，消費者の信頼を得るための重要な要素ですが，価格の維持・安定政策のうち，競合関係にある企業がお互いに申し合わせて協調的な行動をとることは原則として独占禁止法で禁止されています。さらに，メーカーや卸売業者が商品の最終小売価格（再販売価格）を決定して，小売業者にこれを守らせる再販売価格維持政策は，自由な価格決定を制限することになるので，独占禁止法によって，一部の例外（書籍や新聞などの著作物）を除き禁止されています。

　一方で，数社で圧倒的な寡占市場が形成されているような自動車，ビール，携帯電話，パソコン，ゲーム機，航空，電力・ガスなどの業界では，競合する企業の間で協定や申し合わせがなくても，ある企業が値上げを行うと他の企業も同調して値上げを行い，値下げをすると同様な値下げを行う価格指導制（プライス・リーダーシップ）によって，価格が定められる傾向があります。

（3） キャッシュレス決済

　キャッシュレス決済とは，紙幣と硬貨を使わない決済方法のことです。あらかじめ一定金額を入金（チャージ）しておくプリペイド（前払い），デビットカードなどで預金口座から直接引き落とすリアルタイムペイ（即時払い），クレジットカードに代表されるポストペイ（後払い）の３つに大別されます。

　スマートフォンを使った決済（スマホ決済）は，おサイフケータイのように装置にかざすだけでチップの情報を読み取ったり書き込んだりして決済する非接触型とスマホアプリから QR コードで決済する QR コード型に大きく分かれます。QR コード型は，スマホ決済が普及する中国を中心にアジアで普及しており，専用の読み取り機が不要で導入費用が抑えられることから，キャッシュレス決済の分野で最先端の IT による変革が進んでいます。

　現金志向が強い日本では，キャッシュレス決済比率が約３割弱と海外より低く，政府はカードの利用が多い外国人観光客の利便性を損なわないよう，2025年までにキャッシュレス決済比率を４割まで高める目標を掲げています。

〘 実　務 〙

（1）　小売業における価格類型

①　売価政策による分類

1) ディスカウント価格…自社で PB 商品を開発し，継続的に低価格で販売する価格です。

2) 割引価格…メーカーの NB 商品を中心に，商品を割り引いて販売する価格で，ディスカウント価格と異なり一過性の価格です。

3) プロパー価格…廉売や割引をしない，いわゆる「正札」の価格です。

②　プライスゾーンによる分類

プライスゾーンとは，取扱い商品・品種の売価の下限から上限までの範囲（価格帯）です。

1) ベストプライス…高級品あるいは特殊品につけられる価格です。

2) ベタープライス…やや高級な商品につけられる価格です。

3) モデレートプライス…ポピュラープライスより若干高めに設定された価格です。

4) ポピュラープライス…誰もが買いやすく設定された中心的な価格です。

5) チーププライス…特売などによる廉売価格です。

③　販売方法による分類

1) プロパー価格…商品本来の正価です。

2) 特売価格…プロパー価格より低く設定する価格です。

3) 目玉商品…特別に安価な価格を設定し，価格の魅力で集客を図ろうとするものです。

4) インストア・プロモーション価格…店内に限定して公表される特売価格です。

④　価格表示方法による分類

1)　メーカー希望小売価格…メーカーが設定した最終小売段階における基準価格です。

2)　オープンプライス…メーカーによる希望小売価格の表示がなく，小売業者が独自に設定する小売価格です。

3)　二 重 価 格…値下げ前の価格と値下げ後の価格を同時に表示し，値下げ前の価格を「＝＝」などで抹消して安さの強調を狙うものです。

（2）　価格設定法

モノやサービスの価格の多くは，次の4つのいずれかによって決められます。

①　**需要**：需要と供給との関係で価格が決められる。

②　**コスト**：販売に至るまでにかかる費用に，儲けをプラスして価格設定する。

③　**競合**：競合との競争面に配慮して価格設定する。

④　**戦略的な価格設定**

かつて，メーカー主導でモノの値段が決められていた時代には，コストを基準にした価格設定が多く，定価表示やメーカー希望価格の表示が行われていましたが，最近では，小売主導の価格設定となり，店ごとに価格を設定するオープン価格のモノが多くなっています。インターネットなどで，どの店の商品が一番安いかを簡単に調べられるようになると，比較が可能なモノの値段は，需要やコストでは決められず，競合との関係で価格設定されてしまうことが増えてしまいます。

そこで，メーカーや店では次々に新商品を投入することになり，商品のライフサイクルが短くなっています。新商品の価格は，他社（他店）にない商品であれば，次のような戦略的な価格設定をすることができます。

1）スキミング・プライス（上澄吸収価格）

スキミング・プライスは，初期段階では高価格に設定し，早期に粗利益を確

保し，開発費や商品導入段階における営業費を回収しようとする価格政策です。開発初期の高精細テレビジョンやビデオカメラなどの家電品に適用されました。

2）ペネトレーション・プライス（市場浸透価格）

ペネトレーション・プライスは，圧倒的な市場シェアを握ることや大衆への普及を目的に，新商品投入時に低めの価格を設定する価格政策です。携帯電話やスマートフォンなどの価格設定に採用されました。

3）フリーミアム（無料）

フリーミアム（Freemium）とは，基本的なサービスや製品を無料で提供し，さらに高度な機能や特別な機能について料金を課金する仕組みです。95％を無料（フリー）で提供して5％の人にプレミアム版を買ってもらうビジネス・モデルです。また，携帯電話端末を無料で提供し，使った通信料を課金することや，端末にダウンロード（搭載）するソフトウエアやコンテンツの料金を取るなどもこのグループに含まれます。

この無料（フリー）からお金を生みだす新戦略（フリー戦略）は，「ロングテール」概念*の提唱者クリス・アンダーソンが，マーケティング戦略として提案したといわれています。

> ＊　ロングテール概念とは，ネット販売などで少量販売の商品数が非常に多く，20-80の法則が当てはまらない現象があること。

（3）　価格差別化

価格差別化とは，価格設定能力があり独占力を有している企業が，市場において複数の消費者群が存在することが分かっている場合に，同種の製品・サービスを，異なる価格で販売することです。このような価格設定により，企業は自らの利潤を最大化することが可能となります。

価格差別化には，顧客セグメント別，製品形態別，イメージ別，場所別，時期別といったタイプがあります。商品・サービスや流通の多様化が進展し，一

物一価ではなく，一物多価が成立する状況が生まれています。

　例えば，航空機の運賃や旅行ツアーの料金は，株主優待，早期予約（早割），搭乗時期（閑散期割引），手配する旅行会社，保有するクレジットカードなどによって，かなり異なってきます。メーカーの飲料水も，コンビニエンスストアやスーパーマーケット，自動販売機，旅館・ホテル，レストラン，居酒屋，レジャー施設などによって一物多価が常識となっています。

（4）　ダイナミック・プライシング（変動料金制）

　ダイナミック・プライシングは，商品やサービスの需要に応じて価格を変動させる仕組みのことです。ホテルや航空会社，大型テーマパークなどでは，販売状況や季節要因によって変わる需給を見て，商品やサービスの値付けを柔軟に変動させるダイナミック・プライシングがすでに導入され，小売業にも広がろうとしています。

　家電量販大手の株式会社ノジマは，全店のほぼすべての商品に価格などの表示をデジタル化した電子棚札を導入しました。人工知能（AI）などの活用によるビッグデータ分析で過去の販売実績や天候，競合先の価格設定などを総合的に分析し，無線通信で商品の価格や商品情報，在庫状況などをリアルタイムで表示することで，より頻繁な値付けの変更が可能になりました。

　企業側には，需要の取り込みによる収益機会の拡大と売れ残りや在庫などを減らせるほか，値札の付け替え作業の手間が省け，消費者側にもより簡単に商品の内容が理解でき，価格面での選択の幅が広がるメリットがあります。

〈問題・解答解説〉

―――― 問題 10―1　時事問題 ――――――――――――――――――――

　次の文章の（　　）にあてはまる適切な語句を語群から選びなさい。

　寡占市場が形成されているような業界では，競合する企業の間で協定や申し合わせがなくても，ある企業が値上げを行うと他の企業も同調して値上げを行い，値下げをすると同様な値下げを行う（　　）によって，価格

が定められている。

(a) カルテル 　　　　　(b) プライス・リーダーシップ

(c) 再販売価格維持 　　(d) コスト・リーダーシップ

(e) EDLP

〈解　答〉

(b)

〈解　説〉

　ある企業が値上げを行うと他の企業も同調して値上げを行い，値下げをすると同様な値下げを行う状況を，**プライス・リーダーシップ**（**価格指導制**）というが，企業間での申し合わせにより価格を誘導するカルテルとは違い，違法ではない。

　なお，選択肢（d）の**コスト・リーダーシップ**は，競合他社よりも低いコストを実現することにより，競争優位を確立する戦略である。

問題10―2　時事問題

　次の文章の（　　）にあてはまる適切な語句を語群から選びなさい。

　（　　）は，全国の世帯が購入する家計に係る財及びサービスの価格等を総合した物価の変動を時系列的に測定するもので，景気が過熱ぎみか停滞ぎみかといった景気判断に用いられるなど，「経済の体温計」とも呼ばれる指標である。

(a) 経済成長率 　　　(b) 為替レート 　　　(c) 景気動向指数

(d) 企業物価指数 　　(e) 消費者物価指数

〈解　答〉

(e)

〈解　説〉

　消費者物価指数（CPI）は，消費者世帯が購入する各種の商品（食料，衣料な

ど）やサービス（交通費，医療費など）の価格を総合して，1つの指数に表したものである。

　なお，**経済成長率**とは，GDP（国内総生産）が前年比でどの程度成長したかを指す指標である。**景気動向指数**は，内閣府が毎月公表する産業，労働，金融などさまざまな経済活動で，景気に重要かつ敏感な複数の指標動向をもとに算出した統合的な景気指数で，景気の予測や現状判断，確認などに利用される。

┈┈ 問題 10—3　実務ケース ┈┈

　次の文章の（　　）にあてはまる適切な語句を語群から選びなさい。

　九州の熊本県に本社・工場を置く再春館製薬所は，40 年以上ロングセラーとなっている基礎化粧品を主力に通信販売を展開し，テレマーケティングに対応する美容部員が，顧客との信頼関係作りに特に注力している製薬会社である。当社は，「無料お試しセット」の提供など，古くから（　　）による顧客の拡大にも努めている。

　（a）バリュー戦略　　（b）オフプライス戦略　　（c）フリー戦略

　（d）差別化戦略　　（e）EDLP

〈解　答〉

　（c）

〈解　説〉

　再春館製薬所は，40 年以上ロングセラーとなっている基礎化粧品「ドモホルンリンクル」を看板商品に，テレビ通販を展開している。ドモホルンリンクルの無料お試しセットの提供など，古くから"フリー戦略"による顧客の拡大に努めている。無料のお試しセットで良さを実感したお客様は，5 万円相当の基礎化粧品セットを繰り返し購入する。

問題10―4　実務ケース

次の文章の（　　）にあてはまる適切な語句を語群から選びなさい。

カジュアルウェア業界でコスト・リーダーシップを発揮しているユニクロが，商品の高品質・低価格化を実現できているのは，商品の企画・生産・物流・販売までを一貫して自社で行う（　　）であることが理由の１つである。

（ａ）ファブレス　　　　（ｂ）ディスカウント・ショップ

（ｃ）LCC　　　　　　　（ｄ）フランチャイズ・チェーン

（ｅ）SPA

〈解　答〉

（ｅ）

〈解　説〉

ユニクロは，商品の企画・生産・物流・販売までを一貫して自社で行う製造小売業（SPA：Speciality store retailer of Private label Apparel）を確立しており，店頭での販売状況を見ながら，タイムリーに必要な量の生産を計画でき，さらに中間流通マージンを排除することにより余分なコストをカットできるため，品質の高い商品を低価格で提供することが可能になる。

ファブレス（fabless）とは，工場を持たないメーカーのこと，LCC は，格安航空会社（Low-Cost Carrier）のことである。

問題10―5　実務ケース

次の文章の（　　）にあてはまる適切な語句を語群から選びなさい。

ハンバーガーチェーンである日本マクドナルドが経営の基本として徹底している，レストランビジネスの基本理念でもある QSC＋V の C の意味は，（　　）である。

（ａ）Customer　　　（ｂ）Cost　　　　（ｃ）Convenience

（ｄ）Communication　　（ｅ）Cleanliness

〈解　答〉

（e）

〈解　説〉

　日本マクドナルドが経営の基本として徹底している，レストランビジネスの基本理念は，Quality：品質，Service：サービス，Cleanliness：清潔さ，Value：価値である。

　マクドナルドは，確かに低価格も指向しているが基本理念ではない。

　他の選択肢の Customer，Cost，Convenience，Communication は，ロバート・ラウターボーンが提唱するマーケティング・ミックスの要素である。

マーケティング知識

11　流通チャネル戦略

（1）　流 通 機 能

　現代は，製品を生産する製造業者と消費者との間にさまざまな形で隔たりが生じています。この生産と消費の分離をつなぎ，製造業者の生産した製品を消費者のもとへ届ける役割を，流通業者が担っています。

①　生産と消費の分離と流通機能

1)　主体的分離

　　生産する人と消費する人は，お互いを知りえません。この製造業者や生産者と消費者を結びつけるために，数多くの取引関係が介在します。これらを担当するのは，卸売業者や小売業者などの売買機能です。

2)　場所的分離

　　生産地と消費地が距離的に離れています。このような地理的なギャップを結びつけるために，物流業者などは鉄道，トラック輸送，航空輸送，船舶輸送などの輸送機能により，その役割を担います。

図表　生産と消費の分離と流通機能

	分離の内容	流通機能
主体的分離	生産する人と消費する人が違う。	卸売業者や小売業者などによる売買
場所的分離	生産地と消費地が距離的に離れている。	物流業者などによる輸送
時間的分離	生産する時期と消費する時期が異なる。	倉庫業者などによる保管

3) 時間的分離

　生産する時期と消費する時期が異なります。このような時間的なギャップを埋めるのが，倉庫業者などによる保管機能であり，需要と供給を調整します。

② 流　通　業

生産と消費をつなぐ流通機構の中で，売買や輸送，保管などの業務を担当する業者を流通業といいます。流通業には，卸売業，小売業のほかに，流通業務を支援する物流業や倉庫業なども含まれます。

1) 卸売業の役割

　卸売業は，取引・輸送・保管などにより，商品を製造業者から収集・中継し，小売業へ分散する役割，つまり製造業と小売業との間の仲介になる需給調整機能を担っています。

　下図の通り，卸売業が介在しない取引を行うと非常に複雑な取引関係になってしまいますが，卸売業が介在すると非常に効率のよい取引関係になります。

図表　需給調整機能

(a) 卸売業を経ない取引　　　　(b) 卸売業を経る取引

メーカー　　　　　　　　　　　メーカー

卸売業

小売業　　　　　　　　　　　　小売業

　この機能のほかにも，卸売業は金融機能，危険負担機能，情報収集提供機能などの役割を果たしています。

　近年では，流通経路の短絡化の進展などにより，卸売業は単に需給調整を行うのみでは生き残れず，物流や情報機能の強化や小売店支援機能（リテールサポート機能）など，新たな卸機能を求められています。

2)　小売業の役割

　　小売業は，卸売業者や製造業者などから商品を仕入れて，家庭や個人などの最終消費者に販売を行っていく役割を担っています。

　　また，小売業は商品を販売するだけではなく，快適な買物環境を整え，さまざまな情報を提供し，配達・修理などのアフターサービスなども行い，消費者ニーズに応える各種役割を果たしています。

　　近年では，従来の単に商品を仕入れて販売するという業種型小売業から，消費者志向に基づく営業形態である業態型小売業が増加しています。例としては，コンビニエンスストア，ホームセンター，ドラッグストアなどが挙げられます。

3)　物流業の役割

　　流通には売買などの商取引流通と，輸送・保管などを担当する物的流通がありますが，物流業はこの物的流通を行う役割を担っています。

　　近年では，小売業からの多頻度小口配送の要求が高まるとともに，物流需要が増大してきており，物流コストが上昇してきています。物流業にとっては，物流の効率化は大きな課題となってきています。

（2）　流通チャネル政策

①　流通チャネルの選択要因

　流通チャネルは，商品を生産者から消費者へと流通させるための経路のことです。流通経路には，業種・業界別や商品別にさまざまな経路があり，実際にはこれらが複雑にからみ合っています。企業はさまざまな要因を考慮しながら，自社に適合した流通経路政策を決定していきます。

　流通チャネルの主な選択要因には，次のものがあります。

1)　製品の特性

　　最寄品，買回品，専門品の別，単価，耐久力など

2)　製造業者の特性

　　資本力，新製品の開発力，競争力など

3) 流通業者の特性

　　販売能力，規模など

4) 市場・顧客の特性

　　顧客の数，購買量，地理的分布など

5) 競争業者の特性

　　競争企業のマーケティング戦略など

② **流通チャネルの長さ**

流通チャネルを長くするか短くするかという経路の段階数について検討します。

1) 消費財の経路

　❶ 無段階型経路

　　製造業者と消費者が直結し，中間段階がない無段階の経路のことです。製造小売業や訪問販売・通信販売などの無店舗販売，電子商取引（e コマース）などがこの形態にあたります。

　❷ 一段階型経路

　　製造業者と消費者の間に中間業者が一段階入る経路です。大規模小売業と製造業者の直接取引や自動車販売などに見られる経路です。

　❸ 多段階型経路

　　一番多く用いられているのが，この中間段階が複数になっている多段階型経路です。実際には，中間段階の卸売業者が１社だけではなく，大手の一次卸から中小の二次・三次卸までいくつもの卸売業者を経る場合も多いです。特に消費財でも食品等の最寄品関係になると，ますます複雑かつ多段階になってきます。

2) 生産財の経路

　　生産財の経路の場合は，消費財の場合と違い小売業は介在しないため，次の２種類になります。

❶　無段階型経路（生産者→需要者）

　長期間にわたって継続的に使用され，比較的高価格で，限定された市場で高度の技術を必要とする受注品などが対象となります。主要設備品，半製品，大量に購買される原材料などは，生産者からユーザーへ直接販売されます。

❷　一段階型経路（生産者→卸売業者→需要者）

　比較的低価格で，価格弾力性が高く，また品質の標準化が進んでいる見込み生産品が対象となります。付属設備品や業務用消耗品などは，専門的な卸売業者による間接的な販売が一般的です。

図表　流通経路の段階数（消費財）

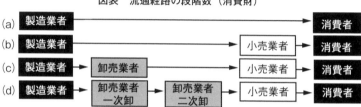

③　流通チャネルの幅

流通チャネルを広くするか狭くするかという経路の利用数についての検討をします。

1）　開放的経路政策

　　開放的経路政策とは，取引先数を限定しないで，取引を希望する販売業者のすべてと取引を行う経路政策のことです。

　　取引条件を満たし，信用のある販売業者と取引しますが，小口取引になりやすく，自社製品の優先的な販売を要求することが困難であるという側面があります。

　　この政策が採用されるのは，日用品や食料品等の業界に多く見受けられます。

2) 限定的経路政策

　限定的経路政策は，流通経路の数を限定し，特定の販売業者とのみ取引
を行う経路政策のことです。

❶　選択的経路政策

　特定の地域において一定数の取引業者を選定し，その選定された業者と
のみ取引を行う経路政策です。

　取引業者を選定する場合は，一定の選定基準を設け選択します。この段
階では，競争業者の製品も扱えるため，自社の製品のみの販売要求までは
できないという側面があります。

　この政策が採用されるのは，化粧品や医薬品などの業界に多く見受けら
れます。

❷　専売的経路政策

　特定の地域において取引業者を一業者選定し，その業者とのみ取引を行
う経路政策のことです。契約により特定地域での専売権を与え，自社製品
のみの販売を要求するものです。

　この政策が採用されるのは，自動車や石油などの業界に多く見受けられ
ます。

3) 統合的経路政策

　統合的経路政策とは，製造業者が自ら販売会社や支店・営業所を設け，
強力な販売網を確立する経路政策のことです。

　系列支配を強め資本統合を図り，自社独自の販売ルートを構築しようと
します。

図表　流通経路の利用数

開放的経路政策	取引を希望する販売業者すべてと取引を行う。
限定的経路政策	特定の販売業者とのみ取引を行う。 ①　選択的経路政策…特定地域で一定数選定 ②　専売的経路政策…特定地域で一業者選定
統合的経路政策	自社独自の販売網を確立する。

（３）　垂直的マーケティングシステム

　従来の伝統的な流通チャネルでは，その構成メンバーである製造業者，卸売業者，小売業者は，お互いにゆるやかに結びつき，それぞれが独自の意思で自律的に行動しています。取引交渉も自由に行われます。

　しかし，近年では流通を取り巻く環境の変化とともに，流通経路を１つのシステムとしてとらえ，計画的にチャネル管理を行っていこうという考え方が台頭してきました。

　この考え方が垂直的マーケティングシステムです。このシステムでは，自社の利益よりもシステム内の全体の利益を追求することを目的としており，規模の利益を発揮しやすいのが特徴です。

　一方，チャネル・メンバー間での衝突が起きやすく，これを回避しお互いが協調関係を維持するために，チャネル・キャプテンの強力なリーダーシップが必要となります。

　この垂直的マーケティングシステムには，次の３つのタイプがあります。

①　企業型システム

　企業型システムとは，流通経路の全体またはかなりの部分を同一企業が単一所有しているシステムのことをいいます。

　例としては，チェーンストアがあります。チェーンストアは，資本的一体性，管理的統一性，営業的共通性を特徴とし，一企業がその資本によって多店舗展開しているチェーン組織です。

　1）　前方統合タイプ

　　　製造業者が自社の販売会社や保管倉庫などを設立し，卸売機能や小売機能を遂行するものです。

　2）　後方統合タイプ

　　　小売業者などが自社の保管倉庫や拠点配送センターなどを管理し，本部の機能整備を行うものです。

3) 混合統合タイプ

　卸売業者が前方統合として直営小売店を設立し，一方で後方統合として製造分野に進出するものです。

② 契約型システム

契約型システムとは，チャネルの構成メンバーが，お互いに契約を交わすことによってシステムを構築しているものをいいます。

例としては，ボランタリーチェーン契約とフランチャイズチェーン契約が代表的なものとして挙げられます。

1) 前方統合型契約システム

　卸売業者が主宰するボランタリーチェーン，フランチャイズチェーンシステムのことです。

2) 後方統合型契約システム

　小売業者が主宰するボランタリーチェーンのことです。

③ 管理型システム

管理型システムとは，チャネル構成メンバーが資本による所有や契約という形をとらずに，システム全体の利益のために統一的行動をとろうとするものです。

一般にメーカーによるリーダーシップのもとで，その名声や信用，ブランド力，マーケティング力などにより，流通業者などのメンバーとの協力関係を築

図表　垂直的マーケティングシステム

企業型システム	同一企業が単一所有しているシステム 1）　前方統合　2）　後方統合　3）　混合統合タイプ
契約型システム	チャネル構成メンバーが契約を交わすことでシステムを構築 1）　前方統合型　2）　後方統合型契約システム
管理型システム	チャネル構成メンバーがシステム全体の利益のために統一的行動をとるもの

き，協調的行動を引き出すシステムです。

　経済的手段としては，値引き，リベート，資金援助などがあり，非経済的手段としては，さまざまな販売促進策による支援があります。

（4）　チャネル・コントロール

　チャネル・コントロールとは，流通チャネル内において，チャネルの一メンバーが，自社のマーケティング政策を他のチャネル・メンバーに影響させる主導権をもち，リーダーシップを発揮することをいいます。

　また，このような強力なチャネルをコントロールできるパワーをもった企業のことを，チャネル・キャプテンあるいはチャネル・リーダーと呼んでいます。

　チャネル・キャプテンの種類には，次のものがあります。

①　生産者の場合

　寡占的な製造業者とメーカーによる系列化があります。家電製品や化粧品などのナショナル・ブランド商品がその対象となります。製造業者は卸売業者を代理店化し，小売業者を特約店化します。あるいは，メーカーが卸売機関として販売会社を設立して，その機能を代行します。生産者であるメーカーがチャネル全体を組織化して統合します。

②　卸売業者の場合

　卸売業者がチャネル・キャプテンとなる例としては，書籍・雑誌の卸売段階に存在している取次店，また中小メーカーによる加工食品の場合などが挙げられます。卸売業者がチャネル全体の流通を統制します。

③　小売業者の場合

　大規模小売業者であるスーパーチェーン本部，ボランタリーチェーン本部などが，チャネル・システムをリードする場合が挙げられます。プライベート・ブランド商品を自社で開発し販売するケースなどがあります。

④ 消費者の場合

消費生活協同組合が，自ら商品開発を行い，生協ブランドで販売をする場合が挙げられます。商品の製造をメーカーに依頼します。

（5） 製 販 同 盟

製販同盟は，大手メーカーと大規模小売業との間で結ばれた戦略的提携のことです。相互が受発注・在庫管理・物流を中心とした提携関係を築いていきました。

この製販同盟が成立するためには，個々の企業目標とは別に，提携するパートナー同士が顧客に優れた価値を提供し，満足させることを共通の目標とし，それぞれが有する情報などの資源を相互に活用し合う関係になることが重要です。

〈製販同盟のポイント〉
- ・複数企業が共通の目標達成に向けて，相互の持つ経営資源を有効に活用すること。
- ・重複する投資の無駄を排除することで効率化を図り，競争力を強化すること。
- ・発生が予想されるリスク負担を共有すること。
- ・パートナー相互の関係は，対等の関係であること。
- ・共通のテーマに向けての新しい取組みであること。

（6） オムニチャネルまでのステップ

オムニチャネルは，リアル店舗とインターネット販売の境界を取り払った状態，つまり相互を行き来しながら購入できる販売方法です。

① シングルチャネル

顧客に対して，1つのチャネルを提供するチャネルであり，顧客に対する販売接点は1つです。例えば，店舗のみを運営します。

②　マルチチャネル

顧客に対して，複数の販売チャネルを提供する，つまり顧客接点が複数あるチャネルです。例えば，店舗に加えて，カタログ販売やECサイトなどを提供するチャネル戦略です。それぞれのチャネルは独立しており，顧客管理や在庫管理は別々に運営されています。統一感のブランド体験を提供しにくいといわれています。

③　クロスチャネル

顧客に対して，複数の販売チャネルを提供するものであり，在庫や顧客管理のシステムは連携していて，チャネル間での管理は統合化されています。顧客をユーザーとして認識していますが，機能は別々の運用です。

④　オムニチャネル

よりチャネル間の境目なく統合された複数のチャネルを提供し，顧客一人ひとりに最適なサービスを提供します。どのチャネルからの購買であっても，その顧客に対して一貫性のあるサービスを提供できるように，顧客の接点はチャネル間でも共有されている状態です。顧客はチャネルを別々に認識せず，同一ブランドとして認識し，購買行動も1つとして認識します。

〈オムニチャネル〉

オムニチャネルとは，顧客とのさまざまな接点を組み合わせ，顧客の利便性を高めてビジネスチャンスを最大化する流通戦略です。リアル店舗（実店舗）とネットとの融合による相乗効果をねらうものであり，顧客を中心に購買チャネルを連携することで，顧客満足を最大化し，統合された全体最適を目指すものです。

現在のようにスマートフォンやタブレットの急速な普及により，消費者はいつでも，どこでも，好きな時に買物を行うことが可能になりました。小売業者は，消費者の購買行動の多様化に対応し，さまざまな販売チャネルを用意し，シームレスな購買体験を提供することが求められるようになってきています。

　商品の認知から購買に至るマーケティングのプロセスを，顧客の視点から再構築し，顧客経験価値を高めることで，ブランド価値を向上させ，最終的には顧客生涯価値を向上することを目指す戦略です。

（7）　物的流通の基本要素

　物的流通とは，生産者から消費者へ生産物の実質的移動を行うことです。具体的には，輸送，保管，荷役，包装などの物資流通活動と情報流通活動が含まれています。

①　輸　　送

　生産と消費が場所的，時間的に分離しており，原材料や製品輸送の役割は重要です。商品の特性や輸送量などを検討し，輸送方法（鉄道，自動車，船舶，航空など）や配送ルートを決定し，輸送コストの低減を図る必要があります。計画的配送，共同配送など輸送体制の構築が必要です。

②　保　　管

　生産と消費の時間的隔たりを結びつける機能を果たします。商品の特性，顧客へのサービスレベルとコストを検討し，商品の保管場所や倉庫の種類や規模などを決定します。

図表　物的流通の基本要素

輸　　送	生産と消費の場所的・時間的分離を結びつける
保　　管	生産と消費の時間的分離を結びつける
荷　　役	商品の積みおろし，移動，仕分けなど
包　　装	商業包装（個装），工業包装（内装，外装）
受注処理	情報ネットワーク技術化（EOS，自動発注など）
情報処理	情報システム化（受発注情報，仕入情報，加工情報，配送情報など）
流通加工	多品種小口購買（小分け，値付け，小口化包装など）

行き先別仕分け，梱包，迅速な出荷体制の確立のために，流通センターや配送センターが設けられています。

③　荷　役

輸送や保管を行うときに発生するもので，商品の積みおろし，移動，仕分けなどがあります。人手に頼る面が多いですが，機械化，自動化，情報化などにより，よりいっそうの合理化・効率化を進め，コストの低減を図ることが必要です。

④　包　装

商品の保護，輸送・保管・荷役の効率化，また販売促進機能などを担っています。包装の種類は，商業包装（小売や消費のために必要）と，工業包装（物流管理のために必要）があります。

前者については個装があり，製品一つひとつの包装です。後者についてはまず内装があり，包装貨物の内部包装です。そして外装は，包装貨物の外部包装のことです。

⑤　受 注 処 理

販売先からの注文を受ける方法です。受注処理をいかに迅速に正確に効率的に行うかが重要となります。情報ネットワーク技術の発展に伴い，EOS（電子受発注システム）や自動発注などが導入されています。

⑥　情 報 処 理

各種物流情報を収集し加工して，有用な情報として提供します。受発注情報，仕入情報，加工情報，配送情報などがあり，今日では情報システム化が課題となっています。

⑦　流通加工

　多品種小口購買が多くなるに従い，小売業者からの流通加工の要請が大きくなっています。商品の小分け，値付け，小口化包装などがあります。

（8）　顧客サービスと物流コストの関係

　物流戦略における顧客サービスと物流コストは，相反するトレード・オフの関係にあります。つまり，顧客サービスを向上させれば物流コストは大幅に上昇し，逆に物流コストを低く抑えると販売の機会を失うことになります。

　そのため，トータル・コストの考え方をとり入れ，個別にコストの減少を図るよりも，物流のトータル・コストの最小化を図ることが大切です。直接に外部へ支払ったコストだけではなく，多くの内部物流費を明確にし，物流原価計算を行い管理会計的な視点から物流コストの全体像を正しく把握していかなければなりません。

　マーケティング的側面と財務的側面を両方考慮すること，つまり顧客サービスを向上させながら物流コストを増加させないような，物流情報システムを構築することが求められています。

　そのためには，物流情報システムの開発と活用，物流活動の機械化・自動化・情報化を図ることが必須となってきています。高度化した顧客ニーズに対応するためにもそれが必要です。

（9）　ロジスティクス

　物的流通は，以前は販売活動の副次的な位置づけでした。ところが，現在では商品の物理的な輸送や保管だけではなく，物流は企業活動のすべての領域に関係をもってきています。つまり，経営を支え，企業活動を戦略的に支援する物流管理本部としての「ロジスティクス」としての役割です。

　マーケティング活動において，競合他社との厳しい競争において差別的優位性の確保が難しくなってきている中では，物流面での差別化が重要となってきており，トータル・ロジスティクスとしての考え方が重要となっています。

　物流活動全体をトータルに管理し，さらに物流が主体となって戦略的優位性を築き，企業の各部門の活動を調整し統制していくことです。市場の予測からマーケティング活動，生産計画，原材料の購買までを統合的にコントロールすることが物流戦略の新しい考え方です。

(10)　物流効率化

　物流戦略を策定し実行していく場合の，物流効率化の取組みの方法は，以下の通りです。

①　物流管理の合理化

物流管理の合理化策

1)　物流部門の設置と物流会計の導入
2)　荷役作業の機械化と情報化の推進
3)　輸配送の計画化・平準化による受発注・配送の改善
4)　適正なサービス・コストの負担，取引慣行の改善

②　物流の共同化

物流の効率化のためには，複数の企業が共同して物流効率化投資を行うことが求められます。

1)　集荷・配送の共同化
　　輸送ロットの大口化，返り便の活用，交錯輸送の回避などが可能となるとともに，積載効率向上などが図れる効果があります。
2)　共同物流センターの設置
　　集荷・配送に加えて，保管・物流加工・仕分けなどの共同化が可能となる効果があります。
3)　共同物流情報ネットワークの構築
　　受発注データから在庫データまでを統合したネットワークを構築することにより，適正な在庫管理や的確な配送・納品を行うことが可能となる効

果があります。

③　モーダル・シフト化

モーダル・シフト化は，幹線輸送ではトラック輸送から大量輸送が可能な鉄道や海運へ輸送モード（方法）をシフト（変更）し，地域輸送ではトラック輸送により行うといった，複合一貫輸送体制へ輸送構造を転換することです。

④　ユニット・ロード化

輸送効率や荷役作業の省力化などの面から，ユニット・ロード化の推進が物流効率化の有効な対応策になります。

一貫パレチゼーションにより，パレットに荷物を積んでユニット（単位）化し，パレットごとトラックや貨車に積載し運搬する輸送方式を行います。パレット規格を標準化し，パレットの共同利用の促進を行うことが必要です。

⑤　物流活動の国際化

企業経営の国際化に伴い，物流においても国際化の必要性が高まってきています。国際複合一貫輸送や国際宅配便などが推進されています。

(11)　サプライチェーン・マネジメント

サプライチェーン・マネジメントは，原材料・部品を供給する供給業者から，製造会社，卸売業者，小売業者，物流業者など，顧客に至るまでの全体をネットワークで結びつけ，生産や在庫，購買，販売，物流などすべての情報をリアルタイムで交換することで，サプライチェーン全体の効率を大幅に向上させる経営手法です。

複数の企業や組織の枠を超え，経営資源や情報を共有し，チェーン全体の最適化を目指して，計画的・継続的・効率的に商品を流していくものです。

このサプライチェーン・マネジメントを構築するには，チェーンを構成するメンバーに，①顧客の視点に立った業務の構築　②情報ネットワークの構築

図表　サプライチェーン・マネジメントの範囲
流通全体に目を向けるサプライチェーン・マネジメント

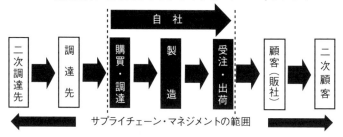

（出所）　日経ビジネス編『最新経営イノベーション手法50（1999年版）』日経BP社，1999年。

③役割分担の明確化　④情報の共有化　⑤計画の共有化　⑥在庫リスクの共有化　⑦物流の共有化などが必要です。

　サプライチェーン・マネジメントの考え方は，1980年代のアメリカのアパレル業界で始まったQR，1990年代にアメリカの食品・日用雑貨業界で始まったECRが原型といわれています。

　①　QR

　QR（クイック・レスポンス）は，迅速な対応を意味しています。1985年ころから，アメリカの衣料品業界で使われている手法です。

　ここでは，衣料品メーカーと流通業者を情報ネットワークで直接に結び，小売店頭のPOS情報を速やかにメーカーの供給体制に反映させることで，流通業者に迅速に商品を供給し，メーカーと流通業者の双方の在庫を削減させます。

　このように，メーカーと流通業者の間で販売情報，売れ筋情報，商取引情報などをやりとりすることで，流通段階のむだな在庫を減らしてコストを削減することができます。メーカー側も需要予測が今までより正確にできるようになりました。

② ECR

ECR は，効率的な消費者対応のことです。1990 年代の前半にアメリカの加工食品や日用品メーカーと流通業者の間で使われていた手法です。

メーカーと流通業者が協力することで，消費者が望む商品を迅速に提供できるようにする仕組みです。小売店などの POS 情報とメーカーを情報ネットワークで結び，店頭在庫を管理し，販売動向に応じて，メーカーは欠品を出さないように生産・物流体制を整え，速やかに小売店に商品を供給していきます。

ECR の基本戦略には，1）効率的な品揃え，2）効率的な販売促進活動，3）効率的な商品補充活動，4）効率的な新商品導入があります。

(12) サードパーティ・ロジスティクス

サードパーティ・ロジスティクスは，専門能力を備えた物流業者が，企業の物流管理業務を一括して代行することです。この物流業者は，高度な情報機能を活用して物流機能を強化し，多頻度小口配送や即日納品などの専門能力をもっています。

戦略的に外部資源を活用するアウトソーシングを行うことにより，自社の経営資源を生産，営業，開発，技術などの基幹業務に重点的に配分することが可能になります。

この戦略的な提携によって，商品の需要予測に基づいた仕入や，ピッキングや包装などの物流加工を行うことができ，消費者対応型の物流体制を実現することができるようになります。

図表　サードパーティ・ロジスティクスのメリット

企業側の利点	専門物流業者の利点
① 物流コストの削減 ② リードタイムの短縮 ③ 基幹業務への集中 ④ 物流コストの明確な把握　など	① 物流関連業務の一括受託 ② 物流業務の専門化 ③ 物流ノウハウの蓄積　など

(13) エコ・ロジスティクス（グリーン・ロジスティクス）

　近年では，今までの経済システムによる大量生産，大量消費，大量廃棄の状況が行き詰まりを見せており，成長への限界が近づいてきています。社会全体が地球規模の環境問題を重視し，対応することが求められており，循環型社会への転換を図ることが急務となっています。

　製品の開発から生産，流通販売，消費，廃棄等の各プロセスでの環境の影響をライフサイクル・アセスメント（LCA）で評価することや，環境マネジメント・システム（ISO14000シリーズ）による取組みが求められています。

　メーカーや流通業者に廃棄物の適正な処理や再生資源の有効活用が，法律面からも義務づけられています。

　エコ・ロジスティクス（グリーン・ロジスティクス）は，従来の生産者から消費者に向けた一方通行の「動脈物流」に対し，今後の循環型再生産社会を支えるための，消費者から生産者に向けられた「静脈物流」を含めた双方向システムの枠組みであり，その構築の必要性が社会的に求められています。

図表　動脈物流と静脈物流

動脈物流

（商品の流れ）

部品等供給業者　メーカー　卸売業者　小売業者　消費者

（再生資源の回収）　静脈物流

【練習問題 11】

次の文章のうち，正しいものには○印を，誤っているものには×印をつけよ。

① 主体的分離は，生産する人と消費する人が分離していることである。生産者と消費者を結びつけるのは，物流業者の売買機能である。

② 卸売業者は，取引・輸送・保管などにより，商品を製造業者から収集・中継し，小売業へ分散する役割である需給調整機能を担っている。

③ 消費財の食品等の最寄品は，製造業者と消費者の中間段階が複数になっている複雑な多段階型経路が多い。

④ 統合的経路政策とは，特定の地域において取引業者を一業者選定し，その業者とのみ取引を行う経路政策のことである。

⑤ 契約型システムとは，流通チャネルの構成メンバーが，お互いに契約を交わすことによってシステムを構築しているものをいう。

【練習問題 11　解答・解説】

①－×

主体的分離においては，製造業者と消費者を結びつけるために，数多くの取引関係が介在し，これらを担当するのは，卸売業者や小売業者などの売買機能である。

②－○

卸売業者は，需給調整機能以外にも，金融機能，危険負担機能，情報収集提供機能などの役割を果たしている。近年では，物流・情報機能の強化や小売店

支援機能（リテールサポート機能）など，新たな役割が求められている。

③－○

　多段階型経路では，中間段階の卸売業者が大手の一次卸，中小の二次・三次卸といくつも入る場合もある。

　消費財の経路には，この多段階型経路のほかに，無段階型経路（製造業者と消費者が直結しており，中間段階がない無段階の経路），一段階型経路（製造業者と消費者の間に中間業者が一段階入る経路）がある。

④－×

　統合的経路政策とは，製造業者が自ら販売会社や支店・営業所を設け，強力な販売網を確立する経路政策のことである。

　一方，限定的経路政策の中の専売的経路政策は，特定の地域において取引業者を一業者選定し，その業者とのみ取引を行う経路政策のことである。限定的経路政策は，流通経路の数を限定し特定の販売業者とのみ取引を行う経路政策であるが，他には選択的経路政策（特定の地域において一定数の取引業者を選定し，その選定された業者とのみ取引を行うもの）がある。

　また，開放的経路政策は，取引先数を限定しないで，取引を希望する販売業者すべてと取引を行う経路政策である。

⑤－○

　契約型システムの具体例としては，ボランタリーチェーン契約やフランチャイズチェーン契約などがある。

　垂直的マーケティングシステムには，このほかに，企業型システム（流通経路を同一企業が単一所有しているシステム），管理型システム（チャネル構成メンバーがシステム全体の利益のために統一的行動をとろうとするもの）がある。

マーケティング事例

11　流通チャネル戦略

【 時　事 】

（1）　まちづくり3法

　まちづくり3法とは，都市計画法（1998年施行），大規模小売店舗立地法（2000年施行），中心市街地活性化法（1998年施行）の3つをいいます。

　まちづくり3法の目的と基本理念は，それぞれ次のように記述されています。

　「都市計画法は，都市計画の内容及びその決定手続，都市計画制限，都市計画事業その他都市計画に関し必要な事項を定めることにより，都市の健全な発展と秩序ある整備を図り，もって国土の均衡ある発展と公共の福祉の増進に寄与することを目的とする。(第1条)

　都市計画は，農林漁業との健全な調和を図りつつ，健康で文化的な都市生活及び機能的な都市活動を確保すべきこと並びにこのためには適正な制限のもとに土地の合理的な利用が図られるべきことを基本理念として定めるものとする。(第2条)」

　「大規模小売店舗立地法は，大規模小売店舗の立地に関し，その周辺の地域の生活環境の保持のため，大規模小売店舗を設置する者によりその施設の配置及び運営方法について適正な配慮がなされることを確保することにより，小売業の健全な発達を図り，もって国民経済及び地域社会の健全な発展並びに国民生活の向上に寄与することを目的とする。(第1条) なお，この法律には基本理念の記載はない。」

　「中心市街地活性化法は，中心市街地が地域の経済及び社会の発展に果たす役割の重要性にかんがみ，近年における急速な少子高齢化の進展，消費生活の変化等の社会経済情勢の変化に対応して，中心市街地における都市機能の増進

及び経済活力の向上（以下「中心市街地の活性化」という。）を総合的かつ一体的に推進するため，中心市街地の活性化に関し，基本理念，政府による基本方針の策定，市町村による基本計画の作成及びその内閣総理大臣による認定，当該認定を受けた基本計画に基づく事業に対する特別の措置，中心市街地活性化本部の設置等について定め，もって地域の振興及び秩序ある整備を図り，国民生活の向上及び国民経済の健全な発展に寄与することを目的とする。（第1条）

　中心市街地の活性化は，中心市街地が地域住民等の生活と交流の場であることを踏まえつつ，地域における社会的，経済的及び文化的活動の拠点となるにふさわしい魅力ある市街地の形成を図ることを基本とし，地方公共団体，地域住民及び関連事業者が相互に密接な連携を図りつつ主体的に取り組むことの重要性にかんがみ，その取組に対して国が集中的かつ効果的に支援を行うことを旨として，行われなければならない。（第3条）」

　まちづくり3法は，中心市街地の活性化に官民一体となって取り組み，推進してきましたが，法律制定後8年が経過し，郊外に大型店が乱出し，中心市街地の空洞化が起こり，従来の商店街が消費者ニーズから乖離する事態が発生していました。そこで2006年にまちづくり3法が見直され，都市計画法と中心市街地活性化法が改正され，大規模小売店舗立地法は指針が改定となりました。全体の方向性としては，「コンパクトでにぎわいあふれるまちづくり」で，中心市街地のにぎわい回復を狙っています。2006年の改正都市計画法では，床面積1万平方メートル超の大規模集客施設の郊外への出店を大幅に規制し，「第2種住居」「準住居」「工業地域」には原則として出店ができなくなりました。

（2）　大規模小売店舗立地法

　かつて2000年までは，大規模小売店舗法（大店法）の下，中小小売業の事業機会を守るため大規模小売店の出店を規制していましたが，2000年6月に大店法が廃止され，代わって大規模小売店舗立地法（大店立地法）が施行され，大規模小売店の進出が大幅に緩和されました。

　それまでの大店法には，開店日，店舗面積，閉店時間，休業日数などの営業規制がありましたが，大店立地法は，店舗面積 1,000m² 超の小売業に対し，環境に配慮することを前提に出店が可能になりました。出店側が配慮すべき地域環境とは，①駐車場・駐輪場などの交通問題，②リサイクルの推進，廃棄物の減量化，③歩行者の利便性の確保，④防災，⑤騒音，⑥廃棄物の適正管理・処理，⑦街並みづくりなどです。出店側は，立地に伴う周辺の地域の生活環境への影響については，予め十分な調査・予測を行い，適切な対応を行うことが必要になります。かつての大店法では対応できなかった大型店の立地と生活環境への影響についてチェックできる仕組みになったことが大きな特徴です。

　また，2006 年の指針の改定では，対象が商業施設から，娯楽施設，健康増進施設，医療機関など，あらゆるサービス施設に拡大されました。また，事業者が自主的に社会的責任を果たすよう，経済産業省が業界団体に対し，強力に指導することになっています。

（3）　バリアフリー新法（高齢者，障害者等の移動等の円滑化の促進に関する法律）

　2006 年 12 月に施行されたバリアフリー新法は，「ハートビル法」と「交通バリアフリー法」を一体化した法律で，高齢者や障害者等が肉体的・精神的に負担なく移動できるように，建築物や交通施設等をバリアフリー化するものです。

　バリアフリーとは，高齢者や障害者等が社会参加する上で気軽に移動・利用できるよう階段や段差などの障壁を取り除き，利便性・安全性を向上させ，健常者との生活上の差別をなくす取り組みです。バリアフリー新法では，その目的，基本理念，障害者の定義など大幅な改正が行われ，次の内容が新たに盛り込まれました。

　1　目的：障害者の自立および社会参加の支援等のための施策の充実です。
　2　基本理念：すべて障害者は，個人の尊厳が重んぜられ，その尊厳にふさわしい生活を保障される権利を有する，社会を構成する一員として社会，

経済，文化その他あらゆる分野の活動に参加する機会を与えられる，何人も，障害者に対して，障害を理由として，差別することその他の権利利益を侵害する行為をしてはならないとしています。

3　障害者の定義：従来は身体障害者だけでしたが，知的障害者，精神障害者，発達障害者が追加され，すべての障害者が対象となりました。

4　対象物：建築物や公共交通機関に加え，道路や屋外駐車場，都市公園と，日常生活で利用する施設を広くとらえ，生活空間全体におけるバリアフリー化を進めることとしています。

5　重点整備地区：市町村は，大きな鉄道駅など高齢者や障害者がよく利用する地域のみを重点整備地区としていましたが，新法では，道路，駅がない地域や，建築物，屋外駐車場，都市公園を追加し，新設・改良時のバリアフリー化を義務付け，基本構想や特定事業の対象とされました。これら既存施設や百貨店，病院，福祉施設など既存建築物のバリアフリー化も努力義務の対象に追加しました。

6　当事者の参画：計画策定段階から，高齢者や障害者の参加を求め，利用者の視点を反映させるべく，基本構想作成時の協議会制度の法制化，利用者や地域住民からの基本構想提案制度の創設が図られました。

2020年東京五輪開催に向け，政府はバリアフリー新法の顕在化した課題（ハード・ソフト両面の不足，地域の取り組み不足，利用しやすさの不足）に対し2018年にバリアフリー新法の一部を改正し，より実践しやすくするための具体策を示し，高齢者や障害者等が暮らしやすい世の中をつくりあげる目標を掲げています。

（4）　流 通 外 資

国際競争力を備えた外資系の流通業を「流通外資」と呼びます。1991年，アメリカのトイザらス（アメリカ：玩具）が日本に進出し，それを契機として大店法の緩和が進み，1992年にキンコーズ（アメリカ：オフィスサービス），1995年にギャップ（アメリカ：カジュアル衣料），1997年にオフィス・デポ（アメリカ：

オフィス用品），1999年にプライス・コストコ（アメリカ：ホールセール），2000年にカルフール（フランス：ハイパーマーケット）など外資系の流通業が相次いで日本に上陸しました。また，2008年にはスウェーデンのカジュアル衣料専門店「ヘルス・アンド・モーリッツ（H＆M）」が東京の銀座と原宿に出店しました。銀座では，国内市場をリードしているユニクロ（ファーストリテイリング）やスペインのZARA（インディテックス）とともに，カジュアル衣料品において激しい顧客争奪戦となっています。

　人口が多く所得水準も高い日本は市場としての魅力に富み，アジアへの進出拠点としても適しているという判断によるものです。バブル崩壊以降，地価の下落により進出コストが低減したこと，流通業のグローバル化によって商品調達から販売までを世界的な規模で行う流通業が増えたことなども，進出に拍車をかけています。

　流通外資の進出は，従来型の日本の流通構造や取引慣行の変容を促進しています。流通外資はメーカー直送体制を原則とする低価格販売を行い，独自の経営ノウハウと優れた商品調達力，オペレーション力を活かし，日本の市場においても多店舗展開を進めています。

　また，流通外資とともに，アメリカの大手商業ディベロッパー（ショッピングセンターの開発・運営を専門に行う業者）も日本に進出しています。わが国の流通業界は，流通外資の進出に加えて海外の商業ディベロッパーの進出もあり，激戦の様相を呈しつつあります。

（5）　百貨店の再編

　三越呉服店が，1904年「デパートメントストア宣言」をしてから110年以上にわたり小売業の模範的な立場にあり，わが国の百貨店は豊かな消費文化を築いてきましたが，20世紀後半から次々に現れた小売の新業態（大型ショッピングセンターなど）に消費者が移り，以前の殿様的な営業手法ができなくなりました。そこで，これらの新業態に対抗するため，2007年前後ころから大手百貨店の再編が加速してきました。

2006年6月	そごう・西武百貨店の「ミレニアムリテイリング」をセブン＆アイ・ホールディングスが完全子会社化
2007年9月	大丸と松坂屋が経営統合し，J・フロントリテイリングを設立
2007年10月	阪急百貨店と阪神百貨店が経営統合し，エイチ・ツー・オーリテイリングを設立
2008年4月	三越と伊勢丹が経営統合し，三越伊勢丹ホールディングスを設立
2008年〜	高島屋とエイチ・ツー・オーリテイリングが経営統合を試みたが断念
2016年10月	セブン＆アイ・ホールディングスとエイチ・ツー・オーリテイリングが資本業務提携

　地方の景気が上向かず，地方の消費者は節約して百貨店に買い物に行かないため，特に地方・郊外店は疲弊し，都心部にある百貨店の旗艦店の利益でグループの地方・郊外店を支えることができなくなっています。それぞれの百貨店が従来のブランドをそのまま使用しているため，消費者からは百貨店の再編が見えにくく実感しづらいところがありますが，地方都市や郊外の店舗を閉店するなど既存店舗の統廃合や店舗運営の共通化，新しい店舗開発や有力専門店との提携などが進んでいます。

　大手百貨店では，主力商品である衣料品の供給元であるアパレルメーカーの厳しい経営環境や低価格のファストファッションとの競争が激しくブランドの廃止や売場削減が相次いでいます。そのため，百貨店が独自に開発し，自らの責任と保証でつけるプライベートブランドの衣料品の開発・販売に力を入れるようになっています。

　百貨店売上高は，国民の消費傾向や景気実態を図る指標によく用いられます。また，今日でも百貨店は，ファッションを中心とした流行や文化の発信拠点であることに変わりはありません。企業存続のために効率的な運営努力の継続は必要ですが，内需拡大と文化の発展のためにも，美術展や地域の物産展などの催事（イベント）の開催やさまざまな方法による豊かで快適な新しいライフスタイルの提案を行う生活演出業としての役割が求められます。急速に経済圏を

広げているインターネット通販やファストファッションなどとの競争激化の中，それぞれのグループがさまざまな小売事業との提携や取り込みにより，消費者の多様なニーズに応える体制に取り組むことが生き残りのカギになりそうです。

（6）　アマゾンエフェクト（アマゾンが他の企業・業界に与える影響）

　インターネット通販（EC）のアマゾン・ドット・コムが進出・成長する業界や市場において，インターネット通販の台頭で米国内の百貨店やショッピングモールが閉鎖に追い込まれるなど，百貨店やスーパーなどの既存の小売業をはじめとする書籍などのコンテンツ産業，生鮮食品や衣料品といったさまざまな企業に影響・変化を与えている事象のことを，アマゾンエフェクト（アマゾン効果）といいます。

　アマゾンエフェクトの影響は，米国同様に小売業の再編が進む日本にも広がりますが，必ずしもすべての小売業が大きな影響を受けているわけではなく，小売業としてインターネット通販との連携など対抗できる強みを持つかどうかで明暗を分けそうです。

〖 実　務 〗
（1）　流 通 政 策
①　リテール・サポート

　メーカーや卸売業が，経営や販売促進の面で小売業を支援する活動です。財務・税務のアドバイス，POSシステムの提供とPOSデータ分析，売場レイアウト提案，棚割提案，マーチャンダイジング提案などがサポートの内容です。

　ディーラー・ヘルプスも同様の活動ですが，その主目的が自社商品の販売促進であるのに対し，リテール・サポートは小売業の活動を支援することで結果として自社商品の販売増を目指す点に違いがあります。

　アイリスオーヤマ㈱は，半透明の衣類用収納ボックスなど家庭用プラスチック製品の製造・販売で著名になった企業です。宮城県仙台市に本社があり，メーカー機能と問屋機能をあわせ持つメーカーベンダーです。社長も参加する

新商品開発会議を毎週行い，年間1,000アイテム以上の新商品を開発しています。また，2002年よりお取引先様への派遣を開始したSAS（セールスエイドスタッフ：Sales Aid Staff）は，全国のホームセンターなど約1,000店舗（2015年8月）で商品の紹介とお客様のニーズを吸い上げ，年間約8万件が報告されています。

② リベート

日本独特の商慣習であり，メーカーが，卸売業者，小売業者に対して，一定期間の取引量や取引金額に応じて支払う代金の割戻しです。商品の取引量に応じて支払う累進リベート，新商品導入を促進するための導入リベートなどがあります。メーカーが，流通チャネルの統制や販売経路拡大を目的として支払う一種の報奨金であり，メーカーが取引先の経営状況に応じて個別にリベート金額を調整して，取引先の利益を補填するようなケースも見られます。

③ アローワンス

アメリカで一般的なシステムで，商品の販売を促進するために支払われる協賛金です。広告掲載に対して支払う広告アローワンス，指定の陳列実行に対して支払う陳列アローワンスなどがあります。

リベートは，自社商品を取り扱ってもらうことを目的に支払うもので，明確な支払基準がなく，取引先に応じて設定され，支払いについてもオープンにされていません。一方のアローワンスは，商品を販売してもらうことを目的に，すべての取引先に対して共通の支払基準でオープンに支払われます。

（2）　卸売業の組織
① 代　理　店

メーカーと契約して，一定地域の販売権を得て販売を代理する卸売業をいいます。販売網が整備されていない市場に新規参入する場合や，自社で販売網を敷くことが難しい場合に，代理店制度を採用することで短期間で効率的に流通チャネルを構築できるというメリットがあります。

② 特 約 店

特定の条件がついた特約契約をメーカーと結び，販売活動を任される卸売業をいいます。特約があるため，メーカーの支配力は代理店以上に強化されます。特約店のメリットはメーカーからさまざまな支援を受けられることであり，メーカーには卸売業をコントロールしやすくなるというメリットがあります。

③ 販 売 会 社

特定のメーカーに専属化した卸売業をいいます。メーカーが資本や人材を投入して設立しているケースが多く，代理店や特約店以上に強い統制が敷かれます。メーカーの意図を反映しやすく，販売価格を安定させられる点がメリットですが，その反面，流通を硬直化させる恐れがあります。また，販売会社にとっては経営が安定する反面，経営の自立性が削がれるというデメリットがあります。海外からも，新規参入を阻む障壁であるとしてたびたび非難される制度です。

（3） フランチャイズチェーン

チェーン本部（フランチャイザー）と加盟店（フランチャイジー）の間で，一定地域内における営業に関する契約を結び，統一されたイメージで多店舗展開する経営システムをいいます。チェーン本部は加盟店に対して商号の使用を許可し，経営を指導し，商品を供給します。それに対して，加盟店は加盟金と売上に応じたロイヤルティを支払います。

チェーン本部には，小資本で多店舗展開できる，それに伴いスケールメリット（規模の経済）を追求できる，消費者の情報を大量に収集できるなどのメリットがあります。一方の加盟店には，本部の経営指導により未経験でも開業できる，チェーンの信用度，バイイングパワー，情報収集力を利用できるなどのメリットがあります。

（4）　小売業態別の物流

　百貨店の物流は，代行業者による売場への品揃えの商品供給（調達物流：納品代行）と，顧客への宅配（販売物流）の共同化（共同配送）を行っています。

　総合品揃えスーパー（GMS）業界の物流は，卸売業者などが複数のメーカーの商品を取りまとめて，チェーンストアの物流センターに**一括納品**する総合型物流（一括統合型納品）システムに集約されつつあります。

　チェーンストアは，以下の3タイプの物流センターを運営しています。

　①　**トランスファーセンター**（TC）：在庫をもたない通過型センター

　②　**ディストリビューションセンター**（DC）：在庫をもつ在庫型センター

　③　**プロセスセンター**（PC）：食材加工，プリパッケージ化を行うセンター

　コンビニエンスストア（CVS）業界の物流は，多頻度小口配送のジャストインタイム物流（JIT物流）が行われています。また，複数のサプライヤーが共同出資して配送センターを設置し，配送センターに店舗へ納品する商品をもち込み，一括して店舗納品を行う共同配送を行っています。さらに，CVSはインターネット通販の普及によって，商品配送の拠点ともなっています。

〈問題・解答解説〉

　　問題11—1　時事問題

　　次の文章の（　　）にあてはまる適切な語句を語群から選びなさい。

　　2006年に見直された新しいまちづくり3法は，中心市街地にさまざまな都市機能を集中させたヨーロッパの都市で見られる（　　）・シティを目指す構想が強く意識されている。

　　（a）ユニバーサル　　（b）ドーナツ　　（c）タウン

　　（d）ダイヤモンド　　（e）コンパクト

〈解　答〉

　（e）

〈解　説〉

　2006年にまちづくり3法が見直され，都市計画法と中心市街地活性化法が改正され，大規模小売店舗立地法は指針が改定となった。改正の基本方針には，人口減少社会に向けた「コンパクトでにぎわいあふれるまちづくり（コンパクト・シティ構想)」が掲げられた。

┌─ 問題11—2　時事問題 ─────────────────────────┐

　次の文章の（　　）にあてはまる適切な語句を語群から選びなさい。

　大手流通外資として，1998年にスペインから進出し，日本第1号店が渋谷にできた，カジュアル衣料の専門店は（　　）であり，世界のカジュアル衣料品の売上高でのトップ企業である。

　（a）ZARA　　　（b）H＆M　　　（c）GAP

　（d）ユニクロ　　（e）BARNEYS NEW YORK

└──┘

〈解　答〉

　（a）

〈解　説〉

　世界のカジュアル衣料品専門店の売上高（2020年現在）のベスト3は，インディテックス（ブランド名　ZARA：スペイン），H＆M（スウェーデン），ファーストリテイリング（ブランド名　ユニクロ：日本）となっている。アメリカのGAPは，4位である。

┌─ 問題11—3　実務ケース ─────────────────────┐

　次の文章の（　　）に当てはまる適切な語句を語群から選びなさい。

　財務・税務のアドバイス，POSシステムの提供とデータ分析，売場レイアウト・棚割・マーチャンダイジングの提案など，メーカーや卸売業が小売業を支援する活動を（　　）という。

　（a）リベート　　　　　　　　（b）インストアプロモーション

（c）ディーラー・ヘルプス　　（d）プラノグラム

（e）リテール・サポート

〈解　答〉

（e）

〈解　説〉

ディーラー・ヘルプスも同様の活動であるが，その主目的が自社商品の販売促進であるのに対し，リテール・サポートは小売業の活動を支援することで結果として自社商品の販売増を目指す点に違いがある。

問題11―4　実務ケース

次の記述について，（　　）に示した語句のうち，正しいものを選びなさい。

（　　）システムとは，本部と加盟店が一定地域内における営業に関する契約を結び，統一されたイメージで多店舗展開する経営システムをいう。

（a）特約店　　（b）フランチャイズ　　（c）ボランタリー

（d）代理店　　（e）販売会社

〈解　答〉

（b）

〈解　説〉

フランチャイズシステムにおいては，本部（フランチャイザー）は加盟店（フランチャイジー）に対して商号の使用を許可し，経営を指導し，商品を供給し，それに対して加盟店は加盟金と売上に応じたロイヤルティを支払う。コンビニエンスストア，ファストフード，ガソリンスタンド等の業種に多く用いられている。

マーケティング知識

12　プロモーション戦略

　商品の存在や効用・利点などを，コミュニケーションによって市場・顧客に伝達し，顕在ニーズに訴え，潜在ニーズを掘り起こし，そこで市場に受け入れられて初めてマーケティングが成立します。

　ここにプロモーションの意義があり，プロモーションを双方向のコミュニケーションとしてとらえる必要があります。

　この企業からのメッセージは，広告としてのマスメディア，人的販売，セールス・プロモーション，さらには商品自体や商品構成，ディスプレイ，店舗やその立地などが，重要な要素としてその役割を果たしています。

（1）　プル戦略とプッシュ戦略

　製品の特性や市場での浸透度などの違いによって，企業は異なった2つの戦略を実行します。

①　プ ル 戦 略

　プル戦略は，企業が消費者に対して商品やブランドについての広告を直接行い，需要を喚起し，消費者の指名買いを促進させ，「消費者→小売業者→卸売業者→メーカー」という流れを作り出すものです。

　ブランド選好があり，差別化しやすい製品について，主に消費財メーカーが行います。不特定多数の消費者を対象とします。

②　プッシュ戦略

　プッシュ戦略は，企業が卸売業者や小売業者に対して，人的販売と販売促進

を中心に商品を販売していくもので,「メーカー→卸売業者→小売業者→消費者」という流れを作るものです。差別化しにくい製品やユーザーが特定化する生産財や産業財に有効です。

　実際には,プルとプッシュの混在型が多く併用されており,そのウェイトのかけ方によって,プル型,プッシュ型と判断されています。

図表　プル戦略とプッシュ戦略

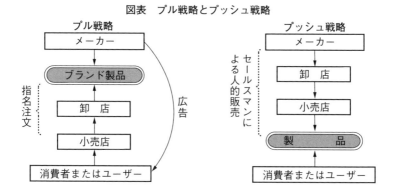

（2）　購買行動の心理プロセス

①　アイドマ（AIDMA）理論

消費者の購買行動の心理プロセスを示したものとして,アイドマ（AIDMA）理論があります。これは,消費者が製品の購買までに5段階に分けられるというもので,①注意（Attention）②興味（Interest）③欲求（Desire）④記憶（Memory）⑤行動（Action）となります。

　企業側としては,消費者がどの段階にいるかを理解した上で,それぞれの段階に応じてプロモーション・ミックスをウェイトづけし,的確なマーケティング戦略をとることによって,顧客を購買まで導くことができます。

　まず,広告やパブリシティについては,消費者の購買行動の初期段階において大きな影響を与えます。消費者に製品やサービスについて認知させる効果があります。

　一方，人的販売は，購買行動段階に強い影響を与えます。つまり，消費者の購買行動を誘導する効果があります。

　また，口コミについては，中間段階である欲求段階での影響力が強いです。消費者が製品に対して欲求をもち始め，ブランドの選択段階にあるようなときに効果があります。

　プロモーション計画を立案するにあたっては，このような顧客の購買行動の心理プロセスと，プロモーションの各手段の特性や相互の補完関係を十分に理解しておかなければなりません。

図表　アイドマとプロモーション・ミックス

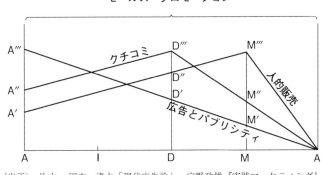

（出所）片山，田中，清水「現代広告論」，宇野政雄『実践マーケティング』
日本実業出版社，1976年。

② アイサス（AISAS）モデル

　インターネットの普及に伴って，消費者の購買行動が変化してきました。アイサス（AISAS）モデルは，消費者の購買行動が，①注意喚起（Attention）②興味（Interest）③探索（Search）④購買行動（Action）⑤共有（Share）という5段階で示されます。

　インターネットによる購買では，すぐに商品が買えるため，情報の探索と情報の共有が購入決定の重要な要因となっています。

（3）　プロモーション・ミックスの構成内容

　プロモーション・ミックスとは，広告，パブリシティ，人的販売，狭義の販売促進の4つのプロモーションの構成要素を，企業のマーケティング活動において，最大の効果が得られるように最適に組み合わせていくことです。

図表　プロモーション・ミックスの構成要素

広　　告	有料，マスメディアの活用
パブリシティ	無料，高い信頼性
人 的 販 売	双方向のコミュニケーション
狭義の販売促進	他のプロモーション手段を補完

①　広　　告

　広告の媒体には，マスメディア4媒体として，新聞広告と雑誌広告（印刷媒体）と，テレビ広告とラジオ広告（電波媒体）があります。その他に，マス媒体を補完するセールス・プロモーション広告があります。

1）　新 聞 広 告

　　新聞広告は，不特定多数の人を対象に訴求ができ，記録性があります。また，定期購読者に対して反復訴求もできます。

　　新聞広告のもつ信用力を広告に活用でき，活字中心の説得的な広告に適していますが，印刷の質は劣り，活字がゆっくりと見られない傾向があります。

2）　雑 誌 広 告

　　雑誌広告は，クラス・メディアとして読者層がかなりセグメントされているため，対象が明確です。

　　費用も安く，記録性がありますが，地域性に欠け，タイムリーなニュース性が不足しています。

3）　テレビ広告

　　テレビ広告は，視聴覚に印象強く訴えることができ，広告表現も多彩に

できます。

　反復訴求による効果は高く，記憶されやすく持続性も高いが，費用が高額であり，イメージ訴求が中心となります。

4)　ラジオ広告

　ラジオ広告は，ラジオの聴取傾向がパーソナル化しており，反復訴求が有効です。

　低コストで，いつでもどこでも聴くことができますが，広告の生命は瞬時で終わってしまいます。

5)　インターネット広告

　近年，急速に普及している広告としてインターネット広告があります。現在では，テレビ広告を抜き，最も利用されている今日的な情報メディアです。

　主なタイプとしては，次のものがあります。

・バナー広告

　バナー広告は，ウェブサイトのなかに掲載されるバナー型（横断幕型）の画像を使用したもので，クリックすると広告主のホームページに接続するようになっています。

・メールニュース広告

　メールニュース広告は，インターネットで配信されるメールマガジンなどに掲載されている文章型の広告や，Ｅメールにより直接配信される広告です。

・リスティング広告

　リスティング広告は，Google などの検索エンジンの検索結果に対応した広告が表示される広告手法です。

・アフィリエイト広告

　アフィリエイト広告は，ウェブサイトなどにスポンサー企業のバナー広告などを掲載し，来訪者がリンク先のサイトから製品を購入すると，成果に応じて報酬を受け取る仕組みの広告です。

6)　セールス・プロモーション広告

　マスメディアによる広告を補完するものとして，以下のものがあります。

❶　ダイレクトメール広告

　はがきや手紙などで，特定個人を対象として選別して訴求できます。コストに対して，効果性は低く，開封せずに捨てられてしまう可能性があります。

❷　チラシ広告

　小売業などで多用され，特定地域の対象者に対して訴求が可能です。経費もあまりかからず，新聞の折込広告として各消費者世帯などに届けられます。

❸　屋 外 広 告

　特定の地域を対象として，反復的・継続的な訴求が可能です。ただし，対象者の選別ができないのが欠点です。看板，ネオンサイン，アドバルーンなどがあります。

❹　交 通 広 告

　輸送交通機関の車両の内外，駅などを利用して広告を行います。交通利用者に対して，反復訴求することができ効果は高いです。車内広告は特に利用者の注意や関心を喚起でき，一定期間に特定の地域の人々に対して有効です。

❺　POP 広告

　購買時点広告といわれ，店の店頭や店内において消費者の注意を引き付け，購買行動を促す効果があります。マス広告や人的販売活動を補完します。ショーカード，プライスカード，ポスターなどがあります。

図表　メディアの特徴

	エリア性			ターゲット性	接触時間			感覚		訴求力			接触方法		
	全国	地域限定	パーソナル		長期間	短期間	瞬間	視覚	聴覚	印象度	記憶性	説得性	受動的	能動的	偶発的
新聞	○	○				○		○			○	○	○		△
雑誌	○		○	○	○			○		○	○	○		○	
ラジオ		○		△			○		○				○		
テレビ	○	○					○	○	○	○			○		
DM広告			○	○	○			○			○		○	○	
看板・ネオン		△	○		○			○		○	○				○
車内吊		△	○	○		○		○		○					○
駅ポスター		△	○			○		○		○					○
POP			○	△		○		○		○					○
ノベルティ広告		△	○	△	○			○				○	○		
映画広告			○				○	○	○	○				△	○
コミュニティ誌			○	○	○			○		○	○		○	△	
チラシ		○	△			○		○					○	○	

② パブリシティなど

1) パブリシティ

　　パブリシティは，マス媒体のニュースや記事として第三者によって取り上げられる，無料の非人的なコミュニケーションです。消費者は客観的情報に対して，信頼感をもち抵抗も少なく，伝達内容を容易に受け入れます。そして，多くの消費者に影響を与えることができます。

　　広告などが企業による資金提供を伴う有料のプロモーション活動であり，抵抗が強いのと対照的です。

　　企業がパブリシティを有利に利用するためには，ニュース性や実質的な価値をもった内容であることが求められます。新製品の紹介やイベント企画の実施などによる話題性の提供などが大切です。

　　ただし，パブリシティは媒体側の意思で行われ，企業がその内容をコントロールできず，また継続性をもたないという欠点があります。

　　常日頃からマスコミ関係者との良好な関係を保つことが重要です。

2)　パブリック・リレーション（PR）

　　PRは，企業が主体となって行う活動であり，さまざまな利害関係者との関係を良好にするために行われます。自社に対する信頼や理解を促進し，良好な態度を確立するのが目的です。

　　具体的には，PR誌の作成と配布，工場見学の受け入れ，ボランティア活動，地元行事や地域活動への参加，寄付・基金援助などが手段としてあげられます。

3)　口コミ

　　口コミとは，友人や知人からの情報で，オピニオン・リーダーという新製品や流行情報に敏感で，豊富な商品知識と購買経験をもつ人に対して，メディアなどを使い，いかに影響を与えるかが重要です。

　　オピニオン・リーダーとの接触から情報が幅広く口コミによって伝達されていきます。

図表　パブリシティ，PR，口コミ

パブリシティ	マス媒体のニュースや記事，信頼性があり抵抗が少ない
Ｐ　　Ｒ	利害関係者との良好な関係づくり
口　コ　ミ	オピニオン・リーダーの活用

③　人的販売

広告とパブリシティによって市場に商品が認知されると，人的販売活動が効果をあげます。

近年，商品が高度化・複雑化し，また消費者やユーザーの側においても商品

に対するニーズや商品知識が高度化している中では，きめの細かい双方向のコミュニケーションを担いえる人的販売がますます重要になってきています。

1）　人的販売の役割

人的販売の役割には，以下のものがあります。

❶　販売創造業務

　新規顧客の開拓を主な目的とします。需要を創造するような販売活動を行い，今まで購入した経験のない人に商品やサービスの良さを説明し，説得して購買に結びつけます。

❷　販売維持業務

　既存の取引関係の維持と強化を主な目的とします。今までの継続的な取引を前提に企業などを訪問する販売活動を行います。リピート需要を受けようとする活動であり，いわゆるルート・セールスです。

❸　販売支援業務

　受注活動より，顧客支援や販売支援を主な目的とします。自ら注文を獲得するのではなく，取引先を支援し援助する活動です。例えば，小売店の品揃え，陳列の方法，在庫管理などを行い，プロモーション活動のサポートを行います。

図表　人的販売の役割

販売創造業務	新規顧客の開拓，需要創造
販売維持業務	既存顧客の維持・強化，リピート需要
販売支援業務	顧客支援・販売支援，サポート業務
技術・専門的業務	顧客の問題解決，技術力・専門知識の活用

❹　技術・専門的業務

　顧客の要求に応じて，技術的専門家が訪問して，高度の技術と専門的な商品知識などをもとに，得意先の問題解決を図ります。一般にセールス・エンジニアと呼ばれています。

2)　販売員に求められる知識

　❶　企業に関する知識

　　顧客は企業に対して，その歴史や製品，また経営者などから形成される
　イメージをもっています。また一方で，顧客は販売員をその企業の代表と
　して接し，販売員を通じて企業を見ています。販売員の企業に関する知識
　が不足していると，双方向のコミュニケーションが成立しなくなります。

　❷　製品に関する知識

　　高度化・複雑化する製品の素材・使用方法・メンテナンス・さらにその
　製品が顧客にもたらす便益などについての知識をもたなければ，顧客との
　コミュニケーションは成立しません。

　❸　顧客に関する知識

　　顧客の抱える問題点を把握し，それを自社の製品で解決できるならば，
　提案販売が実現します。また，その顧客に適合した製品の創造にもつなが
　ります。

　❹　販売方法に関する知識

　　顧客の注文に応じる維持的な販売方法と，提案型・問題解決型の創造的
　な販売方法があります。このどちらも，顧客とのコミュニケーションには
　欠かせない要素です。十分に内容を理解していることが求められます。

④　**狭義の販売促進**

　プロモーション活動を完結させるためには，広告・パブリシティ・人的販売
を補完する活動である狭義の販売促進活動が必要です。消費者や販売業者の購
買を直接的に刺激して，短期的に効果が期待できる手段として重要です。

1)　消費者向けの販売促進

○メーカーによるもの

　❶　サンプリング

　　商品を購買したことのない消費者に対して，試用・試食をしてもらい，
　商品の価値を知ってもらうものです。新製品の発売時などによく実施され

ます。

添付サンプリング	商品に見本を添付する。
店頭サンプリング	来店者にサンプルを渡す。
メディア・サンプリング	広告などで告知し，応募者にサンプルを郵送する。
ダイレクトメール方式	DM により，家庭に直接送付する。
ドア・ツー・ドア方式	消費者と面談して家庭に配布する。

❷ 消費者プレミアム（景品付販売）

景品を提供し，特定の商品の購買を促進させようとするものです。

クローズド方式	取引に付随する景品付販売 ① 懸賞販売（懸賞による景品類の提供） ② ベタ付景品販売（懸賞によらず，商品を購入すれば必ず景品が付いているもの）
オープン方式	取引に付随しない景品付販売。消費者に応募を求め景品を送付するもの

❸ 消費者コンテスト

メーカーがコンテストを主催し，参加した消費者に商品や自社に対する好意や関心を高めるために行います。

クイズ方式，コンクール方式，アンケート方式などがあります。

○小売業によるもの

❶ トレーディング・スタンプ

一定の買物金額に応じてスタンプを発行し，それが一定になったら，特定の商品などと交換するものです。最近は，ポイントカード方式のものもあります。

❷ プレミアム

小売店自らも，顧客を自店に誘導するために，催事などを行うときに景品を提供することです。

❸　デモンストレーション

販売拡大のための実演販売を小売店が主体となって行うことです。

実際に商品を使用したりして顧客に見せ，その商品の機能や性能，使用方法などを直接顧客に訴えかけることにより，購買に結びつける方法です。

❹　特売セール

小売店による商品の特売であり，時期，期間，頻度，方式などを十分に検討のうえ，効果的に行うことが大切です。

❺　イベント

催し物を行い顧客を集客する方法です。魅力のあるイベント計画の立案と実行が必要です。

図表　消費者に対する主要なセールス・プロモーションの方法

＜メーカーによるもの＞	
①サンプリング	添付サンプリング，店頭サンプリング，メディア・サンプリング，ダイレクトメール方式，ドア・ツー・ドア方式
②消費者プレミアム	クローズド方式（懸賞販売，ベタ付景品販売），オープン方式
③消費者コンテスト	クイズ方式，コンクール方式，アンケート方式
＜小売業によるもの＞	
①トレーディング・スタンプ	インセンティブ・スタンプ，リテール・スタンプ，ポイントカード方式
②プレミアム	店頭プレミアム，クーポン
③デモンストレーション	実演販売
④特売セール	時期・期間・頻度・方式を検討した特売
⑤イベント	催し物による集客
⑥ファイナンシャル・サービス	金融的サービス（クレジット販売，ローン販売）
⑦陳列	売場演出と各種陳列方式，ビジュアル・マーチャンダイジング

❻ ファイナンス・サービス

クレジット販売，ローン販売などの金融的サービスのことです。カード
を発行し，顧客の固定客化を図るものです。

❼ 陳　　列

小売店が主体となった陳列方式の開発が不可欠です。ビジュアル・マー
チャンダイジングは，視覚的な陳列技法です。

商品情報や買物情報を顧客に効果的に訴求するためには，店舗や売場の
コンセプトを明確にし，顧客に共感を得られる売場演出が必要です。

2) 販売業者向けの販売促進

❶ ディーラー・コンテスト

自社商品を取り扱う販売業者を対象としたコンテストで，販売意欲を増
進させて協力関係を深め，自社商品の売上高の向上を図るものです。販売
業者同士を競わせ刺激します。売上高，陳列，接客技術などについてよく
実施されます。

❷ ディーラー・ヘルプス（販売店援助）

メーカーが販売業者の経営体質を強化するために行われる各種の援助策
です。中長期的な支援活動としては，経営指導，店舗診断，教育，資金面
の援助や各種情報提供などがあります。

また，短期的な支援活動としては，小売店での店頭での販売援助があり，
POP 広告の提供，ディスプレイ用具の提供とその活用技法の提供，販売
員の派遣などがあります。

❸ アローワンスの提供

メーカーによる特定の対象に対する拡販の実施努力について，その報酬
として現金を提供するものです。メーカーから援助金が提供されます。

陳列に対するもの	一定期間特定ブランドの商品を大量陳列した場合
広告に対するもの	自社の指定商品の写真や文字などをチラシに掲載してもらう場合

❹　条件付帯出荷

特別の条件を付けて出荷の促進を図るものです。特売出荷もその1つです。

内増し方法	1個分値引きして出荷など
外増し方法	1個商品を付加して出荷など
現金引き方法	1ダースについて一定の割合の金額を引いて出荷など

❺　ディーラー・プレミアム

販売業者に対してプレミアムを付けることにより，出荷を促進させることです。旅行や観劇などへの招待などがあります。

図表　販売業者に対する主要なセールス・プロモーションの方法

①ディーラー・コンテスト	売上高コンテスト，陳列コンテスト，接客技術コンテスト，POPコンテスト
②ディーラー・ヘルプス	＜中長期的支援活動＞ 経営診断，店舗診断，店主教育，店舗改善資金援助 ＜短期的支援活動＞ POP広告材料の提供，陳列用具の提供，陳列技法の提供，デモンストレーター派遣
③アローワンス	陳列アローワンス，広告宣伝アローワンス，売上高アローワンス，配送アローワンス
④条件付帯出荷	内増し方法，外増し方法，現金引き方法
⑤ディーラー・プレミアム	旅行などへの招待，物品・現金プレミアム

3)　社内向け販売促進

販売促進への全社的な協力体制を築くため，企画・設計部門と営業部門の調整を図るなど，社内のコミュニケーションを円滑化することが必要です。

❶　部門間の調整

販売部門，広告部門，製造部門などを中心とする調整です。販売部門については，広告キャンペーンや販売店に対する販売促進の内容を知らせ，効果的な販売活動が行われるようにすることなどがあります。製造部門については，商品の市場への適応性についての助言などがあります。

❷　セールス・マニュアルの作成

　販売の手引書を作成し，効果的な販売方法が誰にでもできるようにすることが必要です。

❸　社内コンテスト

　販売員の販売意欲向上を図り，販売技術を高めるために行われます。売上コンテスト，改善提案の発表，アイデア・コンテストなどがあります。

❹　ハウス・オーガンの発行

　企業内部の関係者を対象に発行されるものです。企業の基本的な考え方や業界動向，新製品についての解説やセールスプロモーション活動の効果的方法や各種事例など，販売活動を取り巻く幅広い知識や情報が得られる機関紙（誌）です。

（4）　トリプル・メディア

　今，メディアは，トリプル・メディアとして次の3つに分類されています。

① 　ペイド・メディア

　ペイド・メディアは，企業が費用を支払うことによって，利用可能な媒体を指します。テレビ，新聞，雑誌，ラジオといった4マス媒体に加え，インターネット上での広告活動があります。

② 　オウンド・メディア

　オウンド・メディアは，企業自身が保有する媒体のことを指します。自社のウェブサイトに加えて，フェイスブック，ツイッター，LINE など SNS の企業アカウントページの他に，自社発行の広報誌，パンフレット，カタログなどが挙げられます。

③ 　アーンド・メディア

　アーンド・メディアは，消費者などの信頼やユーザーの共感を獲得するメ

ディアをいいます。パーソナルに情報を発信するブログや SNS などがそれに
あたり，口コミもアーンド・メディアの 1 つです。

【練習問題 12】

　次の文章のうち，正しいものには○印を，誤っているものには×印
をつけよ。

①　プル戦略は，ブランド選好があり，差別化しやすい製品について，
　　主に消費財メーカーが行い，不特定多数の消費者を対象とする。
②　消費者の購買行動の心理プロセスを示したものとして，アイドマ
　　理論がある。これは，消費者の製品の購買までが 5 段階に分けられ，
　　①注意，②興味，③欲求，④行動，⑤満足となっている。
③　POP 広告は，購買時点広告といわれ，店の店頭や店内において，
　　消費者の注意を引き付け，購買行動を促す効果がある。
④　パブリシティは，マス媒体のニュースや記事として第三者によっ
　　て取り上げられる，無料の人的なコミュニケーションである。
⑤　消費者プレミアムのうち，オープン方式は商品の取引に付随する
　　景品付販売のことである。

【練習問題 12　解答・解説】

①－○

　プル戦略は，企業が消費者に対して商品やブランドについての広告を直接行
い，需要を喚起し，消費者の指名買いを促進させ，「消費者→小売業者→卸売
業者→メーカー」という流れを作り出すものである。

　一方，プッシュ戦略は，企業が卸売業者や小売業者に対して，人的販売と販
売促進を中心に商品を販売していくもので，「メーカー→卸売業者→小売業者

→消費者」という流れを作るものである。差別化しにくい製品やユーザーが特定化する産業財に有効である。

②－×

　アイドマ理論は，①注意，②興味，③欲求，④記憶，⑤行動の５段階となっている。

　設問の５段階は，AIDAS モデルである。この他に，AIDA モデル（①注意，②興味，③欲求，④行動の４段階），AIDCA モデル（①注意，②興味，③欲求，④確信，⑤行動の５段階）がある。

　これらは，消費者心理の各段階において有効なプロモーション計画を立案するために利用されている。

③－○

　POP 広告は，マス広告や人的販売活動を補完する。具体例としては，ショーカード，プライスカード，ポスターなどがある。

　セールス・プロモーション広告の一種である。

④－×

　パブリシティは，無料の非人的なコミュニケーションである。消費者は客観的な情報に対して，信頼感をもち抵抗も少なく，伝達内容を容易に受け入れる。また，多くの消費者に影響を与えることができる。

⑤－×

　オープン方式は，商品の取引に付随しない景品付販売であり，消費者に応募を求めて景品を送付するものなどがある。

　一方，クローズド方式は，商品の取引に付随する景品付販売であり，懸賞販売（懸賞による景品類の提供）とベタ付景品販売（懸賞によらずに，商品を購入すれば必ず景品が付いているものなど）がある。

マーケティング事例

12　プロモーション戦略

〖 時　事 〗
（１）　マスメディア広告とインターネット広告

　マスメディア広告には，新聞，雑誌，テレビ，ラジオ，インターネットがあります。マスメディア広告は，カバーし得る範囲が広く，一度に多くの消費者に訴求できますが，コストが高いという問題があります。その中で雑誌は，対象とする読者を年齢や嗜好により絞り込むことが可能です。例えば，スポーツ雑誌などは，古くから野球やサッカー，ゴルフなど種目・競技別の雑誌が発刊されています。女性誌の新刊も，毎年十数種類が女性のライフスタイルの変化に合わせるように発刊されています。

　株式会社電通によると，2021 年のインターネット広告費は 2 兆 7,052 億円（前年比 21.4% 増）で，テレビ向け広告費 1 兆 8,393 億円（前年比 1.1% 増）を大幅に上回りました。インターネット広告の約 7 割がスマートフォン向けとされ，動画広告が高い伸びを支えています。通信速度がこれまでの約 100 倍になる次世代通信規格「5G」が商用化され，さらに動画広告が増える見込みです。

　アサヒビール株式会社や株式会社資生堂，キリンビール株式会社などは，販売する消費財のインターネット広告の出稿額や予算を増やしており，テレビ広告費からインターネット広告費へのシフトが進んでいます。

　株式会社電通の推計によると，世界の広告費は約 67 兆円で，インターネット広告は 2018 年にテレビ広告を抜き，その 6 割を米グーグルと米フェイスブックが占めるとみられています。インターネット利用者が訪れたサイトや購入した品などの履歴を分析し，購入したくなる商品やサービスの広告を配信する手法で，インターネット広告で揺るぎない地位を築いています。

図表　日本の媒体別広告費の推移（2019〜2021年）

媒体 ＼ 広告費	広告費（億円） 2019年	2020年	2021年	前年比（%） 2020年	2021年	構成比（%） 2019年	2020年	2021年
総広告費	69,381	61,594	67,998	88.8	110.4	100.0	100.0	100.0
マスコミ四媒体広告費	26,094	22,536	24,538	86.4	108.9	37.6	36.6	36.1
新聞	4,547	3,688	3,815	81.1	103.4	6.6	6.0	5.6
雑誌	1,675	1,223	1,224	73.0	100.1	2.4	2.0	1.8
ラジオ	1,260	1,066	1,106	84.6	103.8	1.8	1.7	1.6
テレビメディア	18,612	16,559	18,393	89.0	111.1	26.8	26.9	27.1
地上波テレビ	17,345	15,386	17,184	88.7	111.7	25.0	25.0	25.3
衛星メディア関連	1,267	1,173	1,209	92.6	103.1	1.8	1.9	1.8
インターネット広告費	21,048	22,290	27,052	105.9	121.4	30.3	36.2	39.8
媒体費	16,630	17,567	21,571	105.6	122.8	24.0	28.5	31.7
うちマス四媒体由来のデジタル広告費	715	803	1,061	112.3	132.1	1.0	1.3	1.6
新聞デジタル	146	173	213	118.5	123.1	0.2	0.3	0.3
雑誌デジタル	405	446	580	110.1	130.0	0.6	0.7	0.9
ラジオデジタル	10	11	14	110.0	127.3	0.0	0.0	0.0
テレビメディアデジタル	154	173	254	112.3	146.8	0.2	0.3	0.4
テレビメディア関連動画広告	150	170	249	113.3	146.5	0.2	0.3	0.4
物販系ECプラットフォーム広告費	1,064	1,321	1,631	124.2	123.5	1.5	2.1	2.4
制作費	3,354	3,402	3,850	101.4	113.2	4.8	5.5	5.7
プロモーションメディア広告費	22,239	16,768	16,408	75.4	97.9	32.1	27.2	24.1
屋外	3,219	2,715	2,740	84.3	100.9	4.6	4.4	4.0
交通	2,062	1,568	1,346	76.0	85.8	3.0	2.6	2.0
折込	3,559	2,525	2,631	70.9	104.2	5.1	4.1	3.9
DM（ダイレクト・メール）	3,642	3,290	3,446	90.3	104.7	5.3	5.3	5.1
フリーペーパー	2,110	1,539	1,442	72.9	93.7	3.1	2.5	2.1
POP	1,970	1,658	1,573	84.2	94.9	2.8	2.7	2.3
イベント・展示・映像ほか	5,677	3,473	3,230	61.2	93.0	8.2	5.6	4.7

　インターネット広告は，インターネットの普及のスピードと社会的影響力の大きさから，最も注目されているメディア広告といえます。そのインターネット広告には，バナー広告，メール広告，リスティング広告，動画広告などがあります。

メール広告	メールの受信を許諾したユーザーに配信される電子メールであるオプトインメール上に挿入される広告
リスティング広告	検索ワードと関連した広告を，検索結果ページの上位位置に表示させ，クリックされた時に料金が発生する検索連動型広告システム
バナー広告	ウェブサイト（ホームページ画面）に，バナー（他のサイトにリンクする画像）を表示させる広告
動画広告	ウェブサイト（ホームページ画面）上に，映像や音声で表現される広告

　インターネットを活用したプロモーションは，広告だけでなく，カタログ表示，オンラインショッピングへの誘導，クーポン券の提供，懸賞応募や資料請求の受付など，さまざまに展開されています。また，テレビ，新聞，雑誌の広告においてもウェブサイトのアドレス（URL）や検索キーワードを紹介し，インターネットとの連携例が増えています。

　今後，インターネット上での動画広告を含めた迫力のあるコンテンツが増え，テレビ広告との境界が低くなることが予想されます。

（2）　インターネット・ユーザーの購買行動

　消費者の購買行動の心理プロセスとして，アメリカの経済学者ローランド・ホールが提唱した AIDMA 理論が有名です。AIDMA は，Attention（注意）→ Interest（興味）→ Desire（欲求）→ Memory（記憶）→ Action（行動）の頭文字をとったもので，消費者が商品を購入するまでの心理過程を5段階に分けています。商品の販売過程において，消費者の心理状況を理解した上でのプロモーションの組み合わせを検討する必要があります。

　ところで，昨今インターネットの普及により，購買に先立ってインターネットの情報を参照することが普通に行われるようになりました。そこで，インターネットでの購買行動の心理プロセスとして，AIDMA モデルに対比されるものとして広告代理店の電通等により新たに AISAS モデルが提唱されました。

図表　インターネットでの購買行動の心理プロセス

AISAS モデル		AISCEAS モデル	
Attention	（注意）	Attention	（注意）
Interest	（興味・関心）	Interest	（興味・関心）
Search	（検索）	Search	（探索）
		Comparison	（比較）
		Examination	（検討）
Action	（行動）	Action	（行動）
Share	（共有）	Share	（共有）

さらに，AISAS モデルに続く AISCEAS モデルも国内で提唱されています。

これらはインターネット・ユーザー特有の行動ですが，どちらも商品に興味をもったとき，検索エンジンを利用して，商品の内容や評判を検索するというのです。そして，商品を購買した後，それについての評価をインターネット・ユーザーに発信して，仲間と情報共有するという行動をとります。

【 実　務 】

（1）　インストア・マーチャンダイジング（ISM）

インストア・マーチャンダイジングとは，顧客が来店してから，購買の意思決定をするまでの行動に対して，最も効果的・効率的に商品を提示して，売上と利益を最大化しようとする活動をいいます。ISM は，小売店内の売り場スペースを最大限に活用して，最も効果的な陳列や棚割，演出，販売促進を行うことで顧客の関心を引き，購買を促進することをねらいとします。その結果として，客購買単価の拡大を図ることができます。

ISM は，店頭における顧客の購買意識や購買行動を把握することにより，店頭活動のすべてを顧客に適合させ，売場面積当たりの売上と利益の販売効率（生産性）を向上させる科学的購買促進技術です。

ISM は，「スペース・マネジメント」と「インストア・プロモーション」に

大別でき，スペース・マネジメントはさらに，「フロア・マネジメント」と「シェルフ・マネジメント」に分けられます。

①　フロア・マネジメント

商品群の適正な構成比率や売場面積の配分，フロア構成のゾーニング（区分け）等を考え，陳列器具や商品を売場にどのように配置するか，客動線をいかに長くするかなどを検討し，売場レイアウトを設計します。

②　シェルフ・マネジメント

棚の商品がよく見え，なおかつ顧客が手に取りやすいように，それぞれの商品の最適な陳列位置，フェイス数，陳列量を決めます。

陳列棚に商品をどのように配置するかを設計することを棚割といい，先進の小売業では，パソコンの専用プログラムを使って，画面上で配置の確認や売上高のシミュレーションを行うことができるようになっています。この棚割や棚割プログラムのことを「プラノグラム」といいます。

③　インストア・プロモーション

店頭・店内で行う販売促進活動の総称です。POPやディスプレイをはじめとして，売場の演出・陳列の工夫，特売やデモンストレーション販売，さらには店内でのチラシ配布や店内放送，BGMなど，その手法は多岐にわたります。

インストア・プロモーションで重要なのは，顧客にとって買いやすい売場をつくるという視点です。したがって，販売促進についても，売る側の都合を優先させるのではなく，顧客の視点に立って展開することが大切です。

（2）　インストア・プロモーションの種類

①　POP（Point Of Purchase）

消費者が買い物をする時点において，商品の存在や価格，あるいは訴求性を高めるための広告物やカードをいいます。顧客の購買を促進する目的で店頭・

店内で展開される広告物すべてが POP です。

② サンプリング

商品サンプルを使って，使用経験層を意図的につくります。実際の商品を試用（使用）した評価に関する情報収集を目的に行われる場合と，店頭・店内で販売促進策として行われる場合があります。

③ エンド販売

陳列棚（ゴンドラ）の両端をエンドといい，顧客の目を引きやすい陳列棚の両端に商品を配置するのがエンド販売です。大量陳列によって店舗全体の陳列にボリューム感をもたせ，顧客の購買意欲を喚起する狙いがあります。

④ 試食・試飲

サンプリングの手法のひとつであり，商品に対する顧客の反応をダイレクトに把握すると同時に，顧客の購買意欲を喚起する狙いがあります。

⑤ デモンストレーション販売

実演販売ともいい，実際に商品を使って見せ，その商品の機能や性能，使用方法や使い心地などを消費者に直接訴求することで購買に結びつける手法です。デモンストレーション販売は，メーカーが実演販売者を派遣して行うことが多く，消費者に対しては商品の直接的な宣伝および試用機会を提供し，小売業者に対しては販売店援助（ディーラー・ヘルプス）と位置づけられます。

⑥ 特　　売

通常の価格よりも安く販売することをいい，特売商品の種類として，通常よりも大幅に値下げして集客増を狙う「目玉商品」，新聞の折込チラシに掲載して集客を狙う「チラシ掲載商品」，タイムサービスのように店の判断で特売を決める「インストア・プロモーション商品」などがあります。

⑦　イベント（催事）

　不特定多数の人々の参加を意図する企画や催し物をイベントといいます。イベントは，集客，購買喚起，売上増進のほか，知名度向上，話題性提供，イメージアップ等を目的として行われます。自治体や各種団体が開催する博覧会などのような国際的・国家的な催しから，商品展示会や展示即売会，あるいはバーゲンセールなどの販売促進的なものまで，さまざまな規模・種類のものがあります。

⑧　クーポン

　特定の商品・サービスに対する割引券・優待券がクーポンです。クーポンと引き換えに，金額の値引き，景品や試供品の提供を受けることができます。メーカーや小売業者が話題性の提供，購買促進を目的としてクーポンを発行しますが，一方でコストアップを招くというデメリットがあります。

　特定の商品やサービスと交換できる引換券はバウチャーと呼ばれ，図書券，ビール券，お米券などが代表的です。

⑨　プレミアム（景品付き販売）

　商品に付随する景品（おまけ）をプレミアムといいます。消費者のおトク意識を刺激し，商品・サービスの継続購入を誘引することを目的とし，直接的かつ即効的な販売効果が期待できます。提供方法としては，商品に添付されて購入者全員がもれなくもらえる「ベタ付き景品」と，商品についているマークやシール，パッケージの一部などで応募してもらうもの（懸賞による景品）とに大別されます。懸賞による景品には，応募すれば全員がもらえる場合と，応募したうえ抽選によりもらえる場合とがあります。「ベタ付き景品」には，次のような種類があります。

1）　パック・イン

　景品が商品パッケージの内側に封入されているタイプです。

2）　パック・オン

景品が商品パッケージの外側に添付されているタイプです。

3）　ボーナス・パック

価格は据え置いたまま，商品を増量して実質的に値引きするタイプです。

⑩　キャッシュバック

商品購入後に，消費者に現金が割り戻される仕組みです。「現金が戻るおトク感」を刺激する販売促進手段であり，試し買いの促進のほか，固定客を獲得する手段としても有効です。

（3）　ダイレクトメールとダイレクトハンド

　広告主が見込み客に向けて郵送する広告がダイレクトメール（DM）です。宛名広告ともいいます。自社が扱う商品・サービスの販売促進を目的とし，広告の形態は印刷物が主流です。広告の対象となるのは比較的高額なもの，嗜好性が強いもの，ブランド・ロイヤルティが高いものが多く，特定の顧客を対象とする専門店や百貨店，通信販売業者などが利用しています。

　DH（ダイレクトハンド）は郵便を使わずに見込み客に直接手渡しする広告であり，DM と同様に印刷物が主流です。DH はエリアを限定して比較的狭い範囲内の見込み客に訴求する手法であり，小売業やサービス業が即効性のある販売促進効果を狙って行います。

（4）　オープン懸賞とクローズド懸賞

　商品・サービスの購入を条件としないで誰でも自由に応募できるのがオープン懸賞です。懸賞の告知は，テレビ，新聞，雑誌，ラジオなどマス媒体を通じて行われます。商品・サービスの購入を促進するよりも，消費者に広く認知してもらうことに主眼を置きます。

　クローズド懸賞は，商品・サービスの購入を条件として，購入者にだけ応募

資格を与える懸賞です。商品についているマークやシール，パッケージの一部などで応募する一般懸賞は，メーカーが既存ブランドを活性化したり注意や関心を喚起するのに有効であり，商店街などが行う福引に代表される共同懸賞は，集客と購買拡大を促すのに有効です。クローズド懸賞には，不当景品類及び不当表示防止法（景品表示法）により懸賞金額の上限に制限があります。

〈問題・解答解説〉

問題 12—1　時事問題

次の文章の（　　）にあてはまる適切な語句を語群から選びなさい。

消費者の購買行動の代表的なプロセスモデルである AIDMA モデルに対して，インターネットでの購買行動のプロセスモデルとして AISAS（アイサス）や AISCEAS（アイシーズ）というモデルが提唱されている。これらのモデルの最初の A は Attention（注目）を表し，2 番目の I は Interest（興味）を表す。3 番目の S は Search（探索）を，最後の S は（　　）を表す。

（ a ）Simulation　　（ b ）Share　　（ c ）Search

（ d ）Satisfaction　　（ e ）Strategy

〈解　答〉

（ b ）

〈解　説〉

インターネット・ユーザーの購買行動モデルとして提案された AISAS（アイサス）や AISCEAS（アイシーズ）というモデルの最初の A は Attention（注目）を表し，2 番目の I は Interest（興味）を表す。3 番目の S は Search（探索），後ろの A は Action，最後の S は Share（共有）を表す。

┌─ 問題 12―2　時事問題 ─────────────────────
　次の文章の（　）にあてはまる適切な語句を語群から選びなさい。
　人の多く集まる野球場やサッカー場などのスポーツ施設や公共施設に，
企業名や商品名をつける権利を（　　）という。
　（a）ブランドエクイティ　（b）フィランソロフィー　（c）メセナ
　（d）ネーミングライツ　　（e）オーナーシップ
└────────────────────────────────────

〈解　答〉

　（d）

〈解　説〉

　野球場の「福岡ヤフオク！ドーム」，「京セラドーム大阪」，「楽天生命パーク
宮城」，サッカー場の「味の素スタジアム」など，人の多く集まる野球場やサッ
カー場などのスポーツ施設や公共施設に，企業名や商品名をつける権利を，
"ネーミングライツ"という。施設の名前を売買するビジネスは，日本では
1990年代後半から導入が始まっている。

　なお，"フィランソロフィー"は人助けやボランティア等を通じた企業の**社
会貢献活動**，"メセナ"は社会貢献の一環として行う**芸術文化支援**活動である。

┌─ 問題 12―3　実務ケース ─────────────────────
　次の文章の（　　）に当てはまる適切な語句を語群から選びなさい。
　「顧客が来店してから購買の意思を決定するまでの行動に対して，最も
効果的・効率的に商品を提示して生産性を最大化しようとする活動」を
（　　）という。
　（a）POP　　（b）ISM　　（c）BGM　　（d）POS　　（e）FSP
└────────────────────────────────────

〈解　答〉

　（b）

〈解　説〉

　ISM（インストア・マーチャンダイジング）は，小売店内の売場スペースを最大限に活用して，最も効果的な陳列や棚割，演出，販売促進を行うことで顧客の関心をひき，購買を促進することを狙いとする。ISM の構成要素として「スペース・マネジメント」と「インストア・プロモーション」に大別でき，スペース・マネジメントはさらに，「フロア・マネジメント」と「シェルフ・マネジメント」に分けられる。

問題12―4　実務ケース

　次の文章の（　　）に当てはまる適切な語句を語群から選びなさい。

　実際に商品を使って見せ，その商品の機能や性能，使用方法や使い心地などを消費者に直接訴求することで購買に結びつける手法を（　　）という。

　（a）特　　売　　　　　　　　（b）エンド販売
　（c）デモンストレーション販売　　（d）サンプリング　　（e）POP

〈解　答〉

　（c）

〈解　説〉

　実演販売ともいうデモンストレーション販売は，メーカーが実演販売者を派遣して行うことが多く，消費者に対しては商品の直接的な宣伝および試用機会を提供し，小売業者に対しては販売店援助（ディーラー・ヘルプス）と位置づけられる。

問題12―5　実務ケース

　次の文章の（　　）に当てはまる適切な語句を語群から選びなさい。

　図書券，ビール券，お米券など，特定の商品やサービスと交換できる引換券を（　　）という。

　（a）バウチャー　　（b）POP　　（c）ノベルティ

> （d）プレミアム　　（e）クーポン

〈解　答〉

（a）

〈解　説〉

　図書券，ビール券，お米券など特定の商品やサービスと交換できる引換券を
バウチャーという。クーポンは，特定の商品・サービスに対する割引券・優待
券であり，クーポンと引き換えに金額の値引きや景品や試供品の提供を受ける
ことができる。

問題12—6　実務ケース

　次の文章の（　　）に当てはまる適切な語句を語群から選びなさい。

　（　　）は広告主が見込み客に向けて郵送する広告で，宛名広告ともいう。
自社が扱う商品・サービスの販売促進を目的とし，広告の形態は印刷物が
主流である。

　（a）チラシ広告　　（b）屋外広告　　（c）POP広告
　（d）DM広告　　（e）交通広告

〈解　答〉

（d）

〈解　説〉

　DM広告の対象となるのは比較的高額なもの，嗜好性が強いもの，ブラン
ド・ロイヤルティが高いものが多く，特定の顧客を対象とする専門店や百貨店，
通信販売業者などが利用している。

マーケティング知識

13　新しいマーケティング

（1）　顧客維持型マーケティング

　今日では市場が成熟し，商品が売れにくくなっています。このような時代にあっては，従来のなるべく多くの顧客を獲得していこうという「顧客創造型マーケティング」重視から，顧客との間で良好で永続的な関係を築き，そこから利益を得ていこうという「顧客維持型マーケティング」重視へと重点が変わりつつあります。

①　リレーションシップ・マーケティング

　リレーションシップ・マーケティングは，関係性マーケティングともいわれ，顧客と小売業・卸売業・メーカーなどとの間に長期的に信頼でき，またいずれもが利益を得ることができる関係を構築することを目的としています。

　顧客との良好な関係を築くことで，少ないマーケティング・コストで収益をあげることができ，また顧客からのフィードバック情報を商品開発に生かすことができます。

　1）　既存顧客から得られる利益

❶　商品購買増加による利益

　商品やサービスに満足している顧客は，長い年月にわたって，継続してその商品やサービスをより一層利用します。

❷　マーケティング・コストを削減できることによる利益

　新規顧客を獲得するコストより，既存顧客を維持するためのコストは，少なくなります。

❸　口コミ効果による利益

　既存顧客による口コミを活用した紹介顧客が増えることで，新たな顧客からの売上や利益が期待できます。

❹　プレミアム効果による利益

　特定企業の商品を長い間利用し，良好な関係を築いた顧客には，高価格を提示することができ，受容する可能性が高くなります。売り手の高価な新商品に対しても，抵抗感をもたず，関心を示し購入をします。

2)　既存顧客からの情報のフィードバック

　特定企業の商品に対するロイヤルティ（忠誠心）の高い顧客からは，商品やサービスに対する改良や新たな開発，また販売やサービスの提供方法に対する提案などの情報が期待できます。

② ワン・トゥ・ワン・マーケティング

ワン・トゥ・ワン・マーケティングは，一人ひとりの個客を対象として行われるマーケティング活動です。メーカーや流通業者と最終消費者との関係に焦

図表　マス・マーケティングとワン・トゥ・ワン・マーケティングの比較

マスマーケティング	ワン・トゥ・ワン・マーケティング
市場シェアの拡大 できるだけ多くの顧客にできるだけ多くの製品を売ることを目的とする。	**顧客シェアの拡大** 自社製品を購入した一人ひとりの顧客が満足し，今後も常に自社製品を購入していくことを重視する。
製品の差別化 製品の違いを広告宣伝やプロモーションを行い，できるだけ多くの顧客を効率的に獲得する。	**顧客の差別化** 一人ひとりの顧客を差別化し，製品を個別特注化すること。 優良顧客を差別化し，協働して顧客価値や満足を生み出す。
製品管理 製品ブランドの市場シェア拡大を目的とする。 製品・ブランド管理型組織	**顧客管理** 顧客一人ひとりに対応しながら顧客シェアを拡大していくことを目的とする。 顧客管理型組織

点をあてています。

1）顧客データベースの構築

　　ワン・トゥ・ワン・マーケティングでは，まず顧客データベースを構築し，一人ひとりの顧客を知ることが出発点となります。そして，蓄積された顧客情報を分析し活用していきます。そこでは，自社への貢献度の高い顧客を選別し，良好で永続的な関係を維持することが重要です。

　　商品志向のPOS情報と顧客志向のデータベースが結びつくことで，複眼的に両者の因果関係をつかむことができ，将来へ向けての有効なマーケティング戦略を策定していくことができます。

2）顧客データベースの活用

　　次に重要なことは，顧客データベースの活用とメンテナンスです。その際に顧客差別化の視点をもって，顧客を評価することが大切です。

❶　RFM分析

　優良顧客を分析する手法として，RFM分析があります。この手法は，顧客の過去の購買行動をもとに，3つの要素を基準としてデータベースを分析して，顧客の評価を行います。

①　リーセンシー（Recency）	実績顧客の最新購入日
②　フリークエンシー（Frequency）	実績顧客の購入頻度
③　マネタリー（Monetary）	実績顧客の購入金額

　これらの要素をもとに評価を行い，自社にとって重要な顧客が誰であるかを求めることができます。この分析結果に基づいて，優良顧客に対して差別的な優遇策を講じて顧客満足度を高めます。

❷　FSP戦略

　FSP（フリークエント・ショッパーズ・プログラム）戦略は，高頻度来店客優遇策といい，顧客の差別化戦略です。

　売上の多い順に顧客をリストアップし，上位から顧客数を分けて集計す

ると，上位 20 ％で売上の 60 ％を占め，一方で下位 50 ％の顧客では 10 ％未満の売上であることが多いのです。

　この限定した優良顧客のみを優遇することによって，優良顧客の優越感を高め好意を生み出すことができます。そして，特定の企業との間に長期的な関係を構築させ，生涯顧客の創造に貢献することができます。

❸　ライフ・タイム・バリュー（Life Time Value）

　ライフ・タイム・バリューとは，顧客生涯価値といい，一人当たりの顧客が初めて購買者となってから離れていくまでの間にもたらしてくれる利益や価値を示す長期的な指標のことです。つまり，顧客が長期にわたって購入し続ける製品やサービスのトータルな価値のことです。

　〈計算式〉

　「平均客単価×年間平均購入回数×平均購入継続年数」

　ライフ・タイム・バリューを高めるためには，価格戦略の検討，顧客の購買機会や購買動機の発掘，購買頻度の向上，顧客のリピート率を高める，製品ブランドのイメージアップなど，継続的なマーケティング戦略の実行が必要となります。

③　カスタマー・リレーションシップ・マネジメント（CRM）

　CRM（Customer Relationship Management）は，顧客を企業経営の中心にすえ，顧客との良好な関係を構築するための総合的なマネジメントのことです。

　詳細な顧客データベースをもとに，情報システムを活用して，企業が顧客との長期的に良好な関係を築くことで，顧客のニーズにきめ細かく対応することができ，顧客の利便性と満足度を高めることができます。

　商品の販売，接客，サービスなど，顧客とのすべてのやりとりを一貫して行い，システムとして管理するものです。

（2）　サービス・マーケティング

　経済のサービス化に伴い，全産業に占めるサービス業の割合が高くなってき

ています。超高齢社会への移行，女性の社会進出，自己実現志向の高まりなど，今後もサービス業を成長させる要因が多くあります。

　サービス業のマーケティングは，従来の有形財のマーケティングと異なる部分があり，サービス（無形財）の特性やサービス業の特徴を考慮した独自のマーケティング戦略が必要となってきています。

①　サービス業の特徴

　サービス業には，対個人サービス業，対事業所サービス業，公共サービスの3つがありますが，有形財を扱う製造業や卸売業，また小売業とは異なる特徴があります。

図表　サービス業の特徴

生産性の向上が困難である	人の能力などによって提供される部分が大きく，製造業に比較してスケールメリットが薄くなる。
労働集約型産業である	総じて人手に頼る部分が大きく，経費の中で人件費の割合が大きくなる。
人的管理が重要である	従業員の質および顧客管理が重要になる。
需要の平準化が困難である	季節・時間などによって需要が集中する傾向が大きく，需要のコントロールは困難である。
需要が人口と消費頻度に依存する	地域密着型の傾向が強く，需要者の人口とその消費頻度の多寡によって発展が左右される

②　サービス・マーケティングの構造

サービス業のマーケティングは，「企業」「従業員」「顧客」を軸にして，

1）エクスターナル・マーケティング，

2）インターナル・マーケティング，

3）インタラクティブ・マーケティング

の3つの視点から考える必要があります。

1) エクスターナル・マーケティング

エクスターナル・マーケティングは，企業と顧客の間で行われる外部活動であり，企業が顧客に対して行うマーケティング活動です。従来の伝統的なマーケティング活動です。

2) インターナル・マーケティング

インターナル・マーケティングは，企業と実際に顧客に接する従業員との間で行われる内部活動です。サービスを提供する企業が，顧客と接するすべての従業員に対して，高い顧客満足を提供するための教育訓練を効果的に実施し，動機づけていくことです。従業員が企業のサービス戦略について十分に理解し，サービスを提供する一員であるという自覚を強くもたなければなりません。

3) インタラクティブ・マーケティング

インタラクティブ・マーケティングは，顧客と従業員との間で行われる双方向的な活動です。サービス業では，サービスの提供者と顧客との相互の働きかけによって，サービスの品質が知覚されます。つまり，サービスの品質が従業員と顧客との相互作用によって大きく左右されるのです。顧客との接点で顧客に満足を与えることが重要です。

図表　サービス業における 3 つのマーケティング

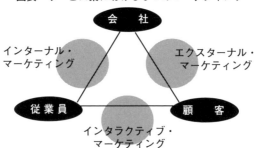

(出所)　Kotler, Phillip and Gary Armstrong "Principles of Marketing", 7tn ed., Prentice-Hall 1996.
　　　　和田充夫，恩蔵直人，三浦俊彦『マーケティング戦略』有斐閣，1996年。

③　サービスの品質評価

サービス品質の評価を測定するために開発されたのが，SERVQUALです。これは，サービス（Service）と品質（Quality）を組み合わせた造語で，サーブクアルと読みます。

顧客がサービスの品質をどう知覚するかという観点から評価を行うもので，具体的には，次の5つの次元に基づいた測定項目によって測定が行われます。

信頼性	約束されたサービスを確実に提供することである。
反応性	顧客に対するサービス提供の迅速性のことである。
確実性	従業員の確実な知識と対応のことである。
有形性	設備や従業員の見た目・外観が好ましいことである。
共感性	顧客とのコミュニケーションのことである。

（3）　マーケティング3.0から4.0へ

マーケティングに関する考え方や価値観は，時代とともに変化してきています。P. コトラーは，製品中心のマーケティングをマーケティング1.0，消費者志向のマーケティングをマーケティング2.0，今日の価値主導のマーケティングをマーケティング3.0，将来の自己実現のマーケティングをマーケティング4.0としており，新しいマーケティングの概念を提唱しています。

価値主導のマーケティングは，企業と消費者が協働して新しい価値を創り上げることを目的にしており，社会のさまざまな問題を解決する社会貢献活動を行うために，企業理念や人々の精神的価値を重視しています。

さらに，自己実現のマーケティングは，企業の製品・サービスの提供の際に，顧客に自分の理想の姿をイメージさせて，顧客の自己実現欲求を支援したり，促進したりするマーケティングです。マーケティング4.0では，企業はパーソナルな驚きの体験や感動を顧客に与え，モノを作り出し提案をすることが重要になってきております。

図表　マーケティング・パラダイムの変遷

マーケティング	1.0	2.0	3.0	4.0
	製品中心	消費者志向	価値主導	自己実現
目的	製品を販売すること	消費者を満足させ，つなぎとめること	世界をより良い場所にすること	消費者を忠実な推奨者にすること
可能にした力	産業革命	情報技術	ニューウェーブの技術	デジタル・マーケティング
主なマーケティング・コンセプト	製品開発	差別化	価　値	顧客感動
価値提案	機能的（マインド）	機能的・情緒的（ハート）	機能的・情緒的・精神的（スピリット）	機能的・情緒的・精神的・社会的（ソーシャル）
主なフレームワーク	4 P	STP/CRM	コミュニケーション・デザイン	カスタマージャーニー 5 A 理論
キーワード	製品志向	顧客志向	協働志向	共創志向

（参考：コトラーのマーケティング 4.0）

（4）　ソーシャルメディア

　2000 年代に入るとインターネットを活用した新しい消費者発信型メディアが普及してきました。

　CGM（Consumer Generated Media）は，消費者生成型メディアと呼ばれ，従来のマスメディアから一方的に発信される企業からの情報ではなく，消費者自身が情報を発信し，お互いに交流し合うものであり，ブログなどがその代表的なものです。

　製品やサービスの購買後評価を，利害関係者を介在させることなく自由に発信できるため，企業にとっては製品の良し悪しがそのまま製品の評判に直結する場となっており，また爆発的な口コミをもつこともあります。

その後，2000年代後半になると，さまざまな新しいツールが開発され，ソーシャルメディアと呼ばれるようになりました。Web上でのユーザー同士の積極的なコミュニケーション活動を主要素としています。ツイッターやフェイスブックなどのSNS（ソーシャル・ネットワーキング・サービス），ユーチューブなどの動画共有サービスがその例となります。

現在では，重要なマーケティング・コミュニケーション・ツールとなっており，個人的に発信された情報がまとめられることで，社会的に価値のある，信頼できる情報源として活用されることも多いです。

図表　インターネットを用いたコミュニケーション・ツール例

ブログ	日々のニュースやトピックにコメントをつけて日記形式で紹介するサイト
ツイッター	ツイートと呼ばれるメッセージから成り立つ情報ネットワークで，興味のあるテーマに関連する最新情報を参加者同士で共有できるサービス
フェイスブック	原則として実名で会員登録を行い，「いいね！」やコメント，近況などを投稿することなど双方向コミュニケーションを容易にする機能を有し，他のユーザーとのつながりを促進するソーシャル・ネットワーキング・サービス（SNS）
ユーチューブ	インターネット上のサーバーに投稿した動画をユーザー間で共有できる動画共有サービスである（動画投稿サイト）。
ライン	利用者同士で情報を共有しあうソーシャル・ネットワーキング・サービス（SNS）の一種。主にスマートフォン向けのアプリで，利用者同士はインターネットを通じて無料通話ができる。
インスタグラム	画像や短時間動画を共有する，無料のスマートフォン・アプリ及びそれを用いたサービスのこと。写真に特化したソーシャル・ネットワーキング・サービス（SNS）である。

（5）　ショールーミング

ショールーミングは，顧客が実際に訪れた小売店舗では商品を見て比較・検討するだけで購入せず，ECサイトなどで同一商品の価格検索を行い，最も安

価で販売しているところを見つけてオンラインショップで購入を行う購買行動のことをいいます。実際の小売店舗がオンラインショップのショールームのように扱われるため、「ショールーミング」といわれます。

　これはIT技術の発達によって，顧客の商品の購買決定の選択が，実店舗だけではなくWeb上にも拡大しており，同一商品をより安価に入手できる販売経路を，手軽にいつでもどこでも顧客が選べるようになったことが背景としてあります。

　実際の小売店舗では，顧客が来ても商品が売れないという現象が起きており，特に最寄品よりも買回品や専門品などで影響が大きくなっています。

　また，最近ではスマートフォンなどの普及により，小売店舗の売場で商品や価格の情報を確認する買物行動も増えてきており，その場でオンラインで注文する顧客も出てきています。

　小売店側としては，このような傾向に対して対応するために，価格以外の専門知識のある店員の育成や，独自のサポート体制の整備，リアルなイベントの開催などを行い，ネット通販ではできないサービスを提供することが必要になります。顧客の価格反応が強く，価格競争が激しいなかで，より一層の小売店員の商品説明能力や提供するサービス品質の向上が求められています。

（6）　オンライン・ツー・オフライン（O to O）

　オンライン・ツー・オフライン（O to O）とは，オンラインつまりインターネットのサービスを利用する顧客を，オフラインつまり実店舗に誘導して購買を促すことです。

　インターネットの普及により，顧客の商品購買プロセスが変化してきており，まずネットで商品検索をして調べ，口コミの評価なども確認して，情報を収集し，それから店舗へ行き商品を購入するという行動が多くなってきています。

　EC（電子商取引）事業者は，店舗を保有する企業の集客支援をするために，オンラインで先に販売促進のキャンペーンなどを展開し，店舗に顧客を誘導しようとする動きが増加しています。

例としては，利用者ごとの嗜好に合わせて割引クーポンを発行することなどがあります。これは，利用者のネット上の行動情報に基づき，その関心や好みを分析して，個別のニーズに対応したクーポンを送ることです。

（7）　フリー＆シェア

フリーについてですが，現在では基本的にサービスを無料で提供するビジネス戦略のことを「フリーミアム戦略」（Free＋Premium を合成した言葉）といいます。

コンテンツを作成して，ホームページや動画などにアップすると，多くの人々に何回も視聴されます。それが求められる内容であれば最良の宣伝方法であるといえます。

また，シェアについては，面白かった記事などは，ツイッターやフェイスブックなどで友人と共有したくなります。そのシェアされた記事が面白ければ，どんどん別の人に広がっていきます。このようなシェアの連鎖によって，自社やその商品などを知らなかった多くの人々に情報が届いていき，新しい支持者が増えていきます。

最初から有料であったら多くの人々に記事や情報は届きません。始めからその内容が分からないものにはお金を払いません。一度無料でサービスを試してみてから，それ以上のサービスを使用したい場合にお金を払うというビジネスモデルにしています。

フリー＆シェアを使ったビジネス価値を創出することは，一方では無料経済の出現という視点もあります。このような非貨幣経済が成長することにより，無料の利便性が大きくなることで，人々の幸せのレベルが向上し，従来の貨幣経済プラス無料経済市場を合わせることで，その総体が拡大し成熟する可能性があります。個人に関連した情報の評価や信用という交換価値がパブリックな場で流通するようになり，社会を支える基本構造となることも考えられます。

図表　フリー＆シェアの実務例

フリーミアム	無料のサービスを多数のユーザーに提供し，高機能または追加された特別な有償サービスによって収益を得るビジネスモデルである。
シェアリング・エコノミー	個人が保有する遊休資産の貸出しを仲介するサービスであり，貸主は遊休資産の活用による収入があり，借主は所有することなく利用ができる。自動車や駐車場のシェア，部屋のシェアなどがある。

（8）　リテール4.0

　近年のデジタル技術の加速に特徴付けられているリテール4.0は，潜在顧客/最終消費者と商業上の関係を有するすべての人と定義します。DX（デジタルトランスフォーメーション）に起因する主要な2つの現象は，民主化と中抜き現象です。

　リテール1.0は，通常，セルフサービス式店舗の誕生とともに始まったとされます。

　リテール2.0は，すべて1つの屋根の下というショッピングセンターの概念の登場によります。

　リテール3.0は，1990年代半ばから進行した世界規模でのインターネット普及と電子取引の到来に特徴付けられます。

　現在のリテール4.0は，B2B（企業対企業）とB2C（企業対消費者）の区別などは古くなり，顧客から企業へ，すなわちC2Bのビジネスを定義する段階に達しています。

　① 　民主化……コスト低下と技術使用の簡易化によって，広範な層の人々がコンテンツ，情報，財・サービスにアクセスでき，それらの生成までできるようになっていることです。

　② 　中抜き現象……流通チェーンにおける伝統的仲介を迂回し，コンテンツや製品が見込み購入者に直接到達することです。

（9）　H2H（ヒューマン トゥ ヒューマン）マーケティング

　コトラーらは，H2H（ヒューマン　トゥ　ヒューマン）マーケティングで，3つの影響因子をあげています。まず，デザイン思考はイノベーションへのアプローチを改善し，新商品，サービス，ビジネス・モデルなどに活用されています。サービス・ドミナント・ロジック（S-DL）は，無形物であり，個別化しており，プロセスを重視し，顧客と企業の共創価値を重視しています。デジタライゼーションは，賢い顧客との接点を維持し，デジタル能力について遅れを取らないようにする必要があります。

　H2Hの出発点は，デザイン思考，サービス・ドミナント・ロジック（S-DL），デジタライゼーションです。これらは，人間志向の企業によるサービスの革新や実現に向け，価値創出の視野を広げます。この新しい概念を採用する企業や組織は未来の牽引役となり，地球に利益を還元しつつ，企業としての利益も得ていきます。

〈H2Hマーケティング〉

　①　デザイン思考……人間中心マインドセット（無意識の思考・行動パターン），経験的で反復的なイノベーションプロセスとしてのマーケティング，深い洞察に基づくマーケティング

　②　サービス・ドミナント・ロジック（S-DL）……概念的基盤，協働的なエコシステムにおける価値共創，カスタマーエクスペリエンス（顧客体験）の重要性

　③　デジタライゼーション……デジタル技術を用いて製品やサービスの付加価値を高めることを指します。H2Hマーケティングの技術的前提条件，脱物質化，信頼の重要性の高まり

【練習問題 13】

次の A 欄に掲げる語句に最も関連のある文章を B 欄より選べ。

〈A　欄〉

① リレーションシップ・マーケティング
② ライフ・タイム・バリュー
③ インターナル・マーケティング
④ インタラクティブ・マーケティング

〈B　欄〉

（a）企業と顧客の間で行われる外部活動であり，企業が顧客に対して行うマーケティング活動である。

（b）顧客と従業員との間で行われる双方向的な活動である。

（c）企業と実際に顧客に接する従業員との間で行われる内部活動である。

（d）顧客との良好な関係を築くことで，企業側は少ないマーケティング・コストで収益をあげることができ，顧客からのフィードバック情報を商品開発に生かすことができる。

（e）顧客が長期にわたって購入し続ける製品やサービスのトータルな価値のことであり，顧客生涯価値という。

（f）原材料の供給から顧客への製品提供までの物の流れの連鎖の全領域をマネジメントの対象とするものである。

【練習問題 13　解答・解説】

①－（d）

　リレーションシップ・マーケティングは，関係性マーケティングともいわれ，

顧客と小売業・卸売業・メーカーなどとの間に長期的に信頼でき，またいずれもが利益を得ることができる関係を構築することを目的としている。

②-(e)

ライフ・タイム・バリューは，1人当たりの顧客が初めて購買者となってから離れていくまでの間にもたらしてくれる利益や価値を示す長期的な指標のことである。

③-(c)

インターナル・マーケティングは，サービスを提供する企業が，顧客と接するすべての従業員に対して，高い顧客満足を提供するための教育訓練を効果的に実施し，動機づけていくことである。

④-(b)

インタラクティブ・マーケティングは，サービスの提供者と顧客との相互の働きかけによって，サービスの品質が知覚されるため，顧客との接点で顧客に満足を与えることが重要となる。

マーケティング事例

13 新しいマーケティング

【 時 事 】

（1） 好調なレジャー消費（コロナ禍前）

　レジャー消費の好調な理由は，商品中心の「モノ」から心に残る「コト（体験）」へお金を使う嗜好の変化が追い風になっています。「モノ」の消費が成熟段階に入ったのに対し，感動や思い出と一緒になって心が豊かになる「コト」消費であるレジャー消費は，テーマパーク・遊園地などのレジャー業界はもとより小売業界なども大いに注目しています。「モノ」消費は，増税前の買いだめや増税後の買い控えが確実で，「コト」消費は，消費者の選別の目が厳しいものの，増税などの影響を受けにくく，デフレ下でも強いとされています。

　親子とその祖父母による「三世代消費」をけん引する団塊の世代には，経済的に高額品やレジャーへの支出を増やす余裕があり，少々物価や税金等が上がってもレジャーには一定の支出が見込めます。孫の誕生により，シニア層とそのジュニア世代間のコミュニケーションが促進されて，同じ空間に長い時間いられるテーマパークなどのレジャー消費は，今後も伸びることが期待されています。同様に，「ハレ（非日常）」を楽しむ「イベント型」消費も需要が底堅く，伸びが期待できます。

　大阪にあるユニバーサル・スタジオ・ジャパン（USJ）は，人気映画の新エリアのオープンなどが当たり，入園者数が2016年度過去最高の1,460万人に達しました。子供向け就業体験施設を運営するキッザニア（メキシコ創業）は，2006年東京に初めての海外店を開き，保護者の高い教育熱を背景に，業績を伸ばしています。旅行大手HIS（エイチ・アイ・エス）が経営を引き継いだハウステンボス（長崎県）は，イルミネーションや花をテーマにしたイベント，

ロボットを活用する「変なホテル」などにより入園者数を上積みして，好調な業績をあげています。このようなテーマパークの好調ぶりと同様に，遊園地，音楽ライブなどの売上高も伸びており，レジャー消費に支出を惜しまない流れは，底堅く強まっています。

　さらに，円安などを追い風に所得水準の向上が続く中国や東南アジアからのインバウンド（訪日客）の増加などの影響もあり，海外からの旅行客も多く取り込んでいます。

　テーマパークは，好調な売上高を背景に，積極投資で入園者数を伸ばし，収益を次の投資に振り向けるプラスの環境をつくり，米国のようなテーマパーク中心の滞在型リゾートを将来の構想として，挑戦が続いています。

　テーマパークが多くのリピート顧客に支持されている理由は，どこにあるのでしょうか。サービス業のマーケティングは，企業，従業員，顧客を軸として，企業が顧客に対して行う①エクスターナル・マーケティング，企業が従業員に対して行う②インターナル・マーケティング，従業員と顧客との双方向な③インタラクティブ・マーケティングの3つの視点から考えることができます。①のエクスターナル・マーケティングは，企業が顧客に対して行う外部活動で，テーマパークのビジョンをしっかりと顧客に伝えるとともに，ビジョンに沿って運営される園内が安全・安心な場所であり続けるよう細部にまで注意を払います。

　②のインターナル・マーケティングは，企業が従業員に対して行うもので，すべての従業員が高いモチベーションをもって入園者のために行動できるように，従業員教育を徹底します。

　③のインタラクティブ・マーケティングは，従業員と顧客との双方向な活動で，入園者に対してフレンドリーな接客対応を心がけます。これらのすべてにおいて完成度を高める努力をし続けているテーマパークが，より多くの顧客に支持されることになります。

　日本のポップカルチャーなどのコンテンツを，世界の人々に向けて海外展開する「クールジャパン」戦略も，インバウンド（訪日客）の増加につながり，

レジャー消費の追い風になりそうです。

新型コロナウイルスによる感染症のまん延により，出入国の制限，不要不急の外出自粛等が求められ，外食業のみならず観光業やレジャー産業にも大打撃を与えています。ワクチン接種による集団免疫獲得後の新常態での経営あり方が，アフターコロナに向けて需要を回復し，苦境を乗り切ることにつながっていきます。

（2）　新　技　術

市場を変革する力の中で，最も大きな力となるものが新技術です。インターネットや携帯電話などの情報通信技術は，世の中のライフスタイルやビジネススタイルに大きな影響を与えています。ここでは，近い将来に影響が大きいと思われる新技術について取り上げます。

①　AI（人工知能）

AI（Artificial Intelligence）は，「人間が会話して人間と区別ができない機械」と定義づけられ，コンピュータを使って，人間がもつ問題解決能力や推論力，判断力などを人工的に再現する技術のことです。人間の脳の中の働きをまねた大量のデータから自ら特徴を見つけ出して学習するディープラーニング（深層学習）と，試行錯誤しながら価値を最大化する手法を学習する強化学習などの技術を使い，病気や需要などの未来を予測したり，最適なアイデアを提案したりと，幅広い分野での実用化に向けた活用が加速しています。

巨大で複雑なデータの集合体であるビッグデータの世界では，最初にプラットフォーム（多数の顧客向けに展開している製品やサービスの環境）を築いた米国グーグルや米国アマゾン・ドット・コムなどが有利でしたが，これからは，建設機械や農業機械，食品加工など個別分野での人工知能の研究開発によるデータの獲得がカギとなる可能性があります。

図表　AIによる主な答えの出し方

タイプ	方　法	応用例
エキスパート	与えられた知識に基づき，決まった手順で最適な答えを出し返す	がんの最適な治療方法の提示などの医療診断支援システムやクレジットカードなどの取引記録による顧客情報分析など
機械学習	答えを出すための方法そのものを自分で見つけ出す	チェスや将棋の戦い，工場生産システムの最適化，自動運転車やロボットの制御など

② IoT（モノのインターネット）

IoT（Internet of Things）とは，IT機器だけではなく，産業機器から自動車，各家庭の家電などあらゆるモノがインターネットにつながることです。これにより，あらゆるモノの管理や制御，さまざまなデータの大量収集，解析などにより，生産や開発を効率化し革新的なサービスや製品を生み出すことができるようになります。官民をあげて製造業の生産効率の向上に取り組んでいるドイツでは，このIoTを，インダストリー4.0（第四次産業革命）とよび，米国ゼネラル・エレクトリック（GE）などが提唱しているIoTの仕組みをインダストリアル・インターネットとよんでいます。このような製造業とネット融合は，コスト削減や品質向上にとどまらず，新サービスの創出など新規産業の育成により，さまざまな課題を解決しながら真の産業革命につながっていくことが期待されています。

③ ICタグ（電子タグ）

ICタグは，バーコードに代わる次世代の商品識別技術として，集積回路（IC）に，微小なアンテナをつけて電波で情報を送受信する電子荷札です。米国の小売業最大手ウォールマートとその取引先が2005年より本格導入し，日本でも百貨店の一部店舗などの流通業において，導入され始めています。

大手コンビニ5社（セブン–イレブン・ジャパン，ファミリーマート，ローソン，

ミニストップ，ニューデイズ）が，2025年までにコンビニで取り扱う全商品に
ICタグをつけることで通産省と合意しましたが，ICタグのメリットは，次
のとおりです。

メリット	メリットの内容
人手不足の解決策	消費者は無人のセルフレジで一括会計が可能になり，コンビニ側はレジ担当者がいらなくなり人手不足の解決策になる
トレーサビリティのチェック	ICタグに商品が作られた日時や製造工場，消費期限や産地などの情報（トレーサビリティ）が書き込めて，商品の産地や製造工場などを消費者がチェックできる
年間1千億個の需要	1枚当たり約10〜20円の現在の生産コストでは導入の壁になり，1枚当たり1円以下にできれば，年間1千億個の需要ができる
在庫管理の手間減少	倉庫や店舗に読み取り装置をつければ，メーカーやコンビニは商品がいまどこにいくつあるか常に把握でき，在庫管理の手間が少なくなる

④ フィンテック（仮想通貨）

　金融とIT（情報技術）を組み合わせて先進的なサービスを提供するフィンテック（ファイナンスとテクノロジーを掛け合わせた造語）は，決済や送金，資産運用など仕事や生活に深く関わる新たな技術です。これまで金融機関が担ってきた領域にITに強いベンチャー企業や他業種の企業が参入し，小口金融の分野で日々のお金のやりとりを大きく変える可能性があります。

　その特徴は，従来の金融機関と違い，口座や店舗をもたず，厳しい安全基準を満たし安価なクラウド（インターネット）を最大限に活用し，低コストで利便性の高いニッチのサービスを専門に提供します。個人向けには，主にネット通販などでの決済サービスや資金の借り手と貸し手を結びつけるクラウドファンディングの仲介などの融資や，そのほか，個人が各金融機関にもつ口座の残高を一括して管理するサービスもあります。

　不特定多数を相手にモノやサービスの買物などに使え，世界的にインターネット上の決済などで実用化されているビットコインなどの仮想通貨は，円やドルなどと交換でき，インターネットで移転できると，改正資金決済法（2016年5月成立）で定義づけられています。また，価格変動リスクがあり，投機対象としての側面もありますが，低コストの送金手段としての可能性もあり，さまざまなサービスと結びつき，多くの新たなビジネスチャンスとしてとらえられています。

　仮想通貨の呼称は，2019年5月の資金決済法と金融商品取引法の改正により，暗号資産へと変更されました。近年では，紙幣や硬貨といった物理的な通貨ではなく，通貨価値が電子化され，利便性も高い中央銀行デジタル通貨が，世界の為替相場の中心となる基軸通貨（米ドル）にとってかわるとの議論もあります。

　中国は，主要国で初めてデジタル人民元の発行に踏み切ると発表するなど，各国が研究・開発を競っています。

⑤　自動運転

　世界の自動車メーカー大手が異業種（IT企業，地図情報会社など）との提携を加速し，自動運転車の開発・生産を進めています。これは，自動運転の頭脳にあたる制御ソフト分野をIT企業（米国グーグルなど）に主導権を握られれば，自動車メーカーは車体を提供するだけの下請けになりかねないからです。グーグルは，完全自動運転試作車の試験走行を続け，自動運転車の市販を目指しています。自動運転を支える車両制御システムに加えてカメラ，レーダー，バッテリー，通信，クラウドなどの技術基盤の構築に向け自動車やITなど産業の垣根を越えた提携が進み，自動運転の実現に向けグローバルな競争が激しくなっています。

　自動運転は，車に搭載されたレーダーやカメラ，センサーなどで周囲の状況を確認し，ハンドルやアクセル，ブレーキを自動で操作する技術のことです。ドライバーの代わりに，「認知」，「判断」，「操作」の3つをAI（人工知能）な

どにより車のシステムに伝えて運転します。自動運転のレベルは、次の5段階です。最初のレベル1は、安全運転支援でアクセルやブレーキ、ハンドル操作のいずれかをシステムが行います。次のレベル2は、部分的な自動化で、複数の操作をシステムが行います。レベル3は、条件付きの自動化で、すべての操作を車のシステムにまかせ自動運転できますが、緊急時はシステムの要請時にドライバーが対応します。レベル4は、特定の状況下（高速道路など）のみの完全自動運転で、レベル5は、あらゆる状況下での無人の完全自動運転です。レベル4と5のどちらのレベルも、ドライバーは関与せず、運転作業のすべてを車のシステムが行います。

レベル	定　義	内　容
1	安全運転支援	アクセルやブレーキ、ハンドル操作のいずれかをシステムが行う
2	部分自動運転	アクセルやブレーキ、ハンドル操作の複数の操作をシステムが行う
3	条件付自動運転	限定的な状況下で自動運転できますが、緊急時はシステムの要請時にドライバーが対応する
4	特定自動運転	特定の状況下（高速道路など）のみの無人の完全自動運転
5	完全自動運転	あらゆる状況下での無人の完全自動運転

⑥　3Dプリンター

3D（3次元）データをもとに、樹脂や金属を吹き出して、立体的な構造物を製造する装置である3Dプリンターを使えば、部品の成型加工用の金型が不要で、試作部品などを低コスト・短時間で成形でき、製品開発を大幅に早めることができます。自動車や航空宇宙産業、IT企業や家電分野などで、複雑な形状や構造をもつ多品種少量の試作部品の製造に使われ、人口骨や人工関節、歯の治療用模型など医療分野でも利用が始まっています。

　アメリカの大手メーカーのゼネラル・エレクトリック（GE）やフォード・

モーター，ボーイングなどで3D生産技術の導入・活用が広まり，アメリカ製造業の競争力向上のために，官民挙げてこのテクノロジーの開発に取り組んでいます。3Dプリンターの低価格化により家庭向けも登場し，3次元CAD（設計ソフト）を利用すれば，アイデア次第で机の上が製造工場になり，誰でも個人がメーカー（製造業者）になれる可能性があります。このモノ作りを根底から変える3D生産革命により，製造業に限らず，医療や教育，研究開発など，さまざまな分野でのソフト開発や人材開発が期待されています。

⑦　ドローン（無人飛行機）

軍事用に開発されてきたドローンと呼ばれる無人飛行機の商業利用化が，アメリカを中心とした物流や農業，通信などのさまざまな分野で進んでいます。

一般に，ヘリコプターの回転翼を複数備えたドローンは，センサーやカメラを搭載し，ラジコンとしても使え，GPS（全地球測位システム）で自らの位置を確認しながら自律飛行できます。ネット通販大手米国アマゾンがドローンによる宅配サービスを始めると発表したことで，世界的に注目されることになりました。

米国映画業界が撮影機能付きドローンを高い位置からの空撮利用として使い始め，大規模農家が作物の病気発見や作付け状況の監視作業などに活用し始めています。その他，油田パイプラインの維持管理やメガソーラー（大規模太陽光発電所）の定期点検サービス，商業施設の警備やプラントの資材管理，自動測量などにドローンの活用を目指す企業もあり，多くの産業界で商業利用が広がっています。

日本でも鉄塔の監視や火山監視に活用され，豪雨災害では被害調査のために飛ばされています。

課題となっている墜落時の危険など，安全面に配慮したドローンの飛行ルールを規制する改正航空法が日本で成立し，公道や私有地の上空では許可なく飛ばせないことや，家屋の密集地や空港付近や航空路内の高度150m以上での飛行，夜間飛行は原則禁止になり，免許制や登録制の導入も検討されています。また，市街地でのドローンの運航は，安全面のみならずプライバシーへの配慮

も必要です。

　ドローン利用のルールや規制作りが進んだことで，物流や農業，社会インフラの遠隔監視など，新しい商業利用を生み出そうとする企業が増えています。成長が期待できる新市場として，離島や山間地，住宅密集地などへの宅配などの小規模物流が注目されています。

（3）　シェアリングエコノミー

　シェアリングエコノミー（共有型経済）は，自宅の空き部屋や自動車，家庭用品などを気軽に人に貸す新しいビジネスのことです。このサービスは，米国企業を中心に，2008年頃から広まりました。その背景としては，2008年のリーマン・ショックで深まった金融危機の影響で経済が低迷し，節約意識の高まりと余ったモノを貸すことで新たな収入を得ようと考える人が増えたからとされます。インターネットの普及で，自動車や家などを貸し出す個人とそれを借りる個人とのマッチングサービスのインフラができたおかげで，モノの所有に価値をもたない若者やインバウンド（訪日客）の増加を背景に，民泊やライドシェアなどのシェアリングエコノミーの需要は拡大しています。

①　民　　泊

　民泊とは，自宅の空き部屋をネットで仲介して旅行者に貸すことです。日本を含む190か国で事業展開しているネット仲介業者の米国 Airbnb（エアビーアンドビー）は，その代表格です。訪日外国人旅行者が増加するなか，多様化する宿泊ニーズに対応して世界的に普及が進む民泊サービスを実施するルールを定めた「住宅宿泊事業法案（民泊新法）」が2017年に成立し，民泊を実施する家主と民泊仲介サイトを運営する仲介業者への規制と罰則規定が決まりました。この民泊新法による一定のルールで，民泊の悪質物件の淘汰やトラブル抑止を目指すことで，適正な民泊の普及促進につながることが期待されています。

②　カーシェア・ライドシェア（相乗り）

　カーシェアは，複数の人で車を所有するサービスのことです。コインパーキングのタイムズを運営するパーク24がタイムズカープラス，三井不動産グループがカレコ，さらにオリックス自動車がオリックスカーシェアを運営していて，マイカーの維持費をカットできることで，若者を中心に市場は成長しています。ライドシェアは，自家用車の運転手が利用者を相乗りさせるサービスのことで，米国ウーバーテクノロジーズがその先駆者です。福岡市ではライドシェアを実験しましたが，日本の道路運送法では白タク行為は禁止されており，このウーバーの事業モデルは，現状では認められていません。移動手段の選択肢を広げ，各地で雇用を創出し，飲酒運転を減らすことにも貢献できるというさまざまなメリットがあるため，公共交通機関が整備されてないことや，高齢者の需要が見込める地方から，徐々に広まっていく可能性があります。

③　駐車場シェア

　駐車場シェアとは，個人や企業が保有する駐車スペースを1日や1時間単位で貸し出すサービスのことです。コインパーキングのパーク24は，個人向けに駐車場マッチングサービスを開始しました。楽天も，駐車場シェアリングサービス「ラクパ」に参入を開始しました。駐車スペースをもつオーナーにとっては，コインパーキングのような機械設備の初期投資が必要なく，料金徴収も代行されるので，確実に料金回収ができます。

　他の民泊やライドシェアと違い，法的規制がなく関連団体の抵抗も少なく，都心部や観光地，イベント開催地を中心に駐車場不足と安い利用料金，事前に予約できる便利さを背景に，駐車場シェア拡大の機運は高まっています。

〖 実 務 〗

（1） 「クリック・アンド・モルタル」

　マーケティング戦略上で重要な法則の1つである「売上の8割は，2割の顧客からもたらされる」というパレートの法則（20：80の法則）により，小売店舗の限られた陳列棚の物理的な制約から，売上最大化のためには，売れ行きの悪い（ニッチな）商品を排除し，回転率のいい売れ筋商品を厳選して陳列するかが重要なポイントになります。

　インターネット（ネット）上の店舗では，陳列スペースに制約はなく，決済や各種サービスを自動化することで，ニッチな商品からも利益が確保できるようになりました。

　品揃えが無尽蔵にあるネット店舗では，数多くあるニッチな商品の売上が売れ筋商品の売上を上回るという「ロングテール戦略」が，実践に組み込まれています。

　アマゾン・ドット・コムや楽天などのネット専業企業の売上急拡大に押されている既存の小売企業は，品揃えのコストがかからないネット店舗を組み入れ「クリック・アンド・モルタル」というネット店舗（クリック）と現実の店舗（モルタル）をうまく組み合わせてメリットを引き出そうという考え方を取り入れ，注力しています。

　例としては，商品の注文をインターネット店舗で受け，代金の支払いと商品の受け渡しを現実店舗で行うことがあります。

（2） ラテラル（水平的）・マーケティング

　主に論理的，定型的に物事を突き詰め「慣例」として問題解決を図ることを，垂直思考といい，これまでのマーケティングの主流の考え方です。

　これに対し，市場の縮小や成熟化が顕著で垂直思考のみでは大きな成果が望めない先進国においては，非論理的に多様な視点から新しい発想で，直感的に新しい解決策を見つけようとする水平思考が，新しいコンセプトやアイデアを生み出しやすいといわれています。

　ラテラル・マーケティングとは，水平思考をベースに，伝統的な手法を打破して，新市場を創造しようとすることです。

　1967年エドワード・デ・ボノが著書「水平思考の世界」で水平思考を提唱し，フィリップ・コトラーとフェルナンド・トリアス・デ・ベス教授が，水平思考の方法論として，次の3つのステップと6つの技法を提案しています。

第1ステップ「**フォーカス**」……新製品を開発する際の，水平思考の種（タネ）になるもの

　　例：日本酒のパッケージ

第2ステップ「**水平移動**」……論理的・常識的な思考をやめ，対象に対し「代用」，「結合」，「逆転」，「除去」，「強調」，「並べ替え」といった水平思考の6技法を行います

　　例：デメリットの抽出：肉厚のガラス瓶で重くて嵩（かさ）がある→デメリットの「除去」：軽量，スマートなパッケージへ

第3ステップ「**連結**」……実現のために，水平思考で生み出されたアイデアに変更を加えます

　　例：紙パックで作った箱の日本酒

（出所）野口智雄「水平思考で市場をつくるマトリックス・マーケティング」（日本経済出版社，2011年）

（3）　コラボラティブ（共同）消費

　ブログやフェイスブックなどの交流サイト（SNS）など，インターネット上のプラットフォーム（基盤，動作環境）の進展が，消費者間のコミュニケーションの促進と維持に，大きな影響を与えています。

　インターネット店舗が販売会社と消費者を直接結び付けるように，消費者同士が直接つながり，自らが所有し使用していない部屋やクルマ，モノなどの資産を，インターネット上のネットワークやコミュニティーを通じて貸し出す（レンタル）ビジネスが，米国で生み出され利用されています。

　このことは，消費者同士が貸し借りする「コラボラティブ（共同）消費」と

呼ばれており，これまでのビジネスの枠を超えた創造的な次世代のビジネスモデルで，使われていない資源の有効活用により環境保全に役立ち，これからの消費のあり方を変える可能性があります。

〈問題・解答解説〉

---- 問題13—1　時事問題 ----

人工知能（AI）における，人間の脳の中の働きをまねた大量のデータから自ら特徴を見つけ出して学習する情報処理方法は，次のどれか。

（a）IoT　　（b）エキスパートシステム　　（c）機械学習

（d）ディープラーニング　　（e）強化学習

〈解　答〉

（d）

〈解　説〉

AI（Artificial Intelligence）は，「人間が会話して人間と区別ができない機械」と定義づけられ，コンピュータを使って，人間がもつ問題解決能力や推論力，判断力などを人工的に再現する技術のことである。人間の脳の中の働きをまねた大量のデータから自ら特徴を見つけ出して学習するディープラーニング（深層学習）と，試行錯誤しながら価値を最大化する手法を学習する強化学習などの技術を使い，病気や需要などの未来を予測したり，最適なアイデアを提案したりと，幅広い分野での実用化に向けた活用が加速している。

---- 問題13—2　時事問題 ----

ICタグのメリットとして，誤っているのは，次のどれか。

（a）人手不足の解決策　　（b）トレーサビリティのチェック

（c）年間1千億個の供給　　（d）在庫管理の手間減少

（e）非接触でデータ認識

〈解　答〉

（c）

〈解　説〉

　大手コンビニ5社と経済産業省が，2025年までにコンビニで取り扱う全商品にICタグをつけることで合意した。コンビニには，数十円程度の商品もあり，ICタグ1枚当たり約10〜20円の現在の生産コストでは導入の壁になり，1枚当たり1円以下にできれば，年間1千億個の需要ができるとされている。

　その他，次のメリットがある。（a）無人のセルフレジで一括会計が可能になり，レジ担当者がいらなくなり人手不足の解決策になる。（b）ICタグに商品がつくられた日時や製造工場，消費期限や産地などの情報（トレーサビリティ）が書き込めて，消費者がチェックできる。（d）倉庫や店舗に読み取り装置つければ，在庫管理の手間が少なくなる。（e）ICタグの特徴である非接触でデータ認識できることで，ユーザーは機器にタッチするだけで精算が完了できる。

問題13—3　時事問題

　共有型経済と呼ばれているシェアリングエコノミーの需要が，世界的に拡大しているが，機械設備の初期投資が必要なく，料金徴収も代行してくれて，個人や企業が保有する駐車スペースを1日や1時間単位で貸し出すシェアリングサービスは，次のどれか。

　（a）民泊　　　　　（b）カーシェア　　（c）コインパーキング
　（d）ライドシェア　（e）駐車場シェア

〈解　答〉

（e）

〈解　説〉

　個人や企業が保有する駐車スペースを1日や1時間単位で貸し出すサービスは，駐車場シェアである。駐車スペースをもつオーナーにとっては，コイン

パーキングのような機械設備の初期投資が必要なく，料金徴収も代行してくれるので，確実に料金回収ができる。

　他の民泊やライドシェアと違い，法的規制がなく関連団体の抵抗も少なく，都心部や観光地，イベント開催地を中心に駐車場不足と安い利用料金，事前に予約できる便利さを背景に駐車場シェア拡大の機運は高まっている。

問題13―4　実務ケース

　次の文章の（　　）にあてはまる適切な語句を語群から選びなさい。

　（　　）・コンピューティングとは，インターネットなどのネットワーク上に存在するサーバが提供するサービスを，それらのサーバ群を意識することなしに利用できるというコンピュータの利用形態を表す言葉である。

（a）スマート　　（b）タブレット　　（c）ソーシャル
（d）グリッド　　（e）クラウド

〈解　答〉

　（e）

〈解　説〉

　クラウド・コンピューティングとは，従来手元のコンピュータに記憶して利用していたソフトウェアやデータなどを，ネットワーク上のサービスの形で必要に応じて利用する方式である。サービスの提供者は大規模な**データセンター**などに多数のサーバを用意し，遠隔からインターネットなどを通じてソフトウェアやデータ保管領域（ストレージ）を利用できるシステムを提供する。

第3章

マーケティング・ビジネス
実務検定®試験《本試験問題
〔第57回C級〕と解答・解説》
（実施日　令和4年8月7日）

（注）　問題と解答・解説は，試験実施時の情報で
　　　掲載しています。

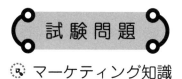

マーケティング知識

【問題1／正誤（○×）式】　　　　　　　　　　（各 1.5 点）

　次の各記述について，正しいものには○印を，誤っているものには×印を解答欄にマークしなさい。

1. マクロ・マーケティングが流通システム全体を対象とするのに対して，ミクロ・マーケティングは個別企業の対市場活動のことであり，マーケティングはその企業の経営者によって管理される。

2. 消費材の一つである買回品は，購買者が特別の努力を惜しまず，遠方まで買い求める商品であり，特別のブランド性や仕様などの特徴をもち，積極的な購入努力を行う商品である。具体的な商品としては，自動車，高級家具などがある。

3. 価格設定の基本は，これ以下では利益が出ないという低価格（製品コストが限界）と，これ以上では需要がないという高価格（消費者の価格価値の認識の限界）の間で設定される。

4. 物流戦略における顧客サービスと物流コストは，相反するトレード・オフの関係にあり，顧客サービスを向上させれば物流コストは大幅に上昇する。

5. マーケティング組織の編成方法の一つである顧客中心型組織とは，販売

担当者に販売地域を割り当て，そこで企業の全製品を販売させるものであり，取り扱う製品の種類が単一で，顧客が各地域に散在する場合に適している。

6. マーケティング・リサーチにおける第二次データとは，他の機関や団体によって収集・加工され，公開されたものである。

7. プロモーション・ミックスの構成要素の一つであるパブリシティは，マスメディアのニュースや記事として第三者によって取り上げられる，有料の非人的なコミュニケーションである。

8. ウォンツとは，「人間が感じる欠乏状態であり，人間がもっている基本的な欲求」のことである。

9. マーケティング目標は，企業目標を達成するための下位目標であり，具体的な売上高やマーケット・シェア等の非経済的目標で表される。

10. ポジショニングは，市場において自社や自社製品・サービスをどのように位置づけるかを明確にして，競合他社との差別化を通じて，消費者の頭の中に自社や自社製品・サービスの優位性を確立させることである。

11. マーケティング・ミックスの 4P 戦略とは Product，Price，Place，Promotion の 4 つを指す。

12. マーケティングの理念や技法を応用していく組織には，営利を追求する企業だけではなく，非営利組織である教育・医療・行政などの組織も含まれる。

13. 日本マーケティング協会（JMA）は，1990 年に「マーケティングとは，

企業および他の組織がグローバルな視野に立ち，顧客との相互理解を得ながら，公正な競争を通じて行う市場創造のための総合的活動である」とマーケティングの定義を発表した。

14. プッシュ戦略とは，企業が消費者に対して商品やブランドについての広告を直接行い，需要を喚起し，消費者の指名買いを促進させ，「消費者→小売業者→卸売業者→メーカー」という流れを作り出すものである。

15. プライベート・ブランドとは，流通業者などが独自に開発するブランドを付けない商品のことである。

16. 企業の業績としての売上高は，製品の「価格×販売数」で表される。

17. マーケティング・コンセプトとは，顧客のニーズやウォンツに焦点を当て，顧客の満足に基づく利益を目的としている。

18. 計画的陳腐化とは，機能的にまだ十分な能力を有する商品を心理的に流行遅れにしたり，旧型化したりすることで新たな需要を引き起こす計画的な政策のことをいう。

19. 企業のビジョンは，経営理念とそれに基づく経営目標及び経営方針によって表される。

20. 調査の実施のうち，調査対象者すべてについて調査する方法を標本調査という。

【問題2／選択式】　　　　　　　　　　　　（各2.25点）

　次の各記述について，（　　　）内に示した語句のうち正しいものを選び，その記号を解答欄にマークしなさい。

1.　マーケティング環境のうち，企業の外部にあって，その企業の利害に直接・間接に影響を与える外部環境の集団を，（A.　タスク環境　B.　マクロ環境）といい，顧客，競合他社，供給業者などがある。

2.　市場細分化の基準のうち，ロイヤルティ基準とは，消費者を「商品ブランドに対し，どのくらい（A.　忠誠度　B.　好感度）を示すか」に焦点を当てて区分するものである。

3.　消費財の経路のうち，（A.　一段階型経路　B.　無段階型経路）は，製造業者と消費者が直結し，中間段階がない経路のことであり，電子商取引（eコマース）などがこの形態にあたる。

4.　標的市場の設定の際，製品や市場を限定せず，市場のニーズ（機会）と企業のもつ経営資源（強み）が一致した市場にアトランダムに進出する戦略を，（A.　選択的専門型　B.　市場専門型）マーケティングという。

5.　マーケティング・リサーチにおける調査の方法はいくつかに分類されるが，商品配置や店舗改装のために，小売店の店内における顧客の流れを調べる動線調査は，（A.　実験法　B.　観察法）に分類される。

6.　消費者行動をあらわす期待不一致モデルでは，製品やサービスに対する顧客の購買後評価が（A.　期待以上　B.　期待以下）の場合，顧客は製品やサービスに対して不満足となり，再購買の意向が低下する。

7.　製品の分類において，法人組織や公共機関などが，商品の生産や経営活動，再販売などをすることによって，利益をあげるために使用されるものは，（A.　消費財　B.　生産財）である。

8.　価格設定方法のうち，（A.　マージン率による　B.　マーク・アップ率による）コスト・プラス法は，製造原価に一定の利幅を加えて販売価格とする方法で，製造業において用いられる。

9.　特定の地域において一定数の取引業者を選定し，その選定された業者とのみ取引を行う流通チャネル政策を，（A.　選択的経路政策　B.　専売的経路政策）という。

10.　プロモーション戦略において，差別化しにくい製品やユーザーを特定化する生産財や産業財に有効な戦略は，（A.　プッシュ戦略　B.　プル戦略）である。

11.　ターゲットとなる市場に向けて，広告や人的販売などにより製品の販売促進を行う戦略を，（A.　チャネル戦略　B.　プロモーション戦略）という。

12.　マーケティング・リサーチの調査方法において，質問法は調査者が質問票を作成し，被調査者から回答を求める調査方法である。その一つである郵送法は回収率が（A.　高い　B.　低い）。

13.　製品ライフサイクルの４段階のうち，製品が急速に市場に受け入れられ，売上高が急速に伸びる段階を（A.　成長期　B.　成熟期）という。

14.　専門能力を備えた物流業者が，企業の物流管理業務を一括して代行することを，（A.　サードパーティ・ロジスティクス　B.　サプライチェーン・

マネジメント）という。

15. ディーラー・ヘルプスは，主としてメーカーが行う（A. 販売業者向け　B. 社内向け）の販売促進である。

16. 独自能力を生かして製品を作り出し，市場でその是非を問うという製品志向の考え方を（A. マーケット・イン　B. プロダクト・アウト）という。

17. マーケティングにおける市場細分化では，消費者の特性による区分と消費者の反応による区分に大別されるが，地理的基準，人口統計的基準，（A. 使用率基準　B. 心理的基準）は消費者の特性による区分である。

18. インターネットでの購買行動の心理プロセスとして提唱されたアイサス（AISAS）モデルでは，消費者の購買行動を，「Attention →（A. Interest　B. Identity）→ Search → Action → Share」という5段階で示している。

19. ブランドを育成することで競争上の優位を確立するための重要な考え方で，ブランドに関する要素を総合して資産としてとらえる考え方を（A. ブランド・エクイティ　B. ブランド・ロイヤルティ）という。

20. マーケティング統制における（A. 計画統制　B. 戦略的統制）とは，マーケティング計画や目標そのものを対象とする統制で，マーケティング監査とも呼ばれている。

【問題3／語群選択式】　　　　　　　　　　（各3点）

　次の記述の①～⑩の（　　　）内に入る最も適切な語句を次ページの語群より選び，記号を解答欄にマークしなさい。※同じ番号には同じ語句が入る

1．サービスの特性

（　①　）性	サービスは形がないので，購入以前に感知できない。
（　②　）性	サービスは提供されるその場その時に購入者である消費者が必要
（　③　）性	サービスの質は普通は標準化できない。
消滅性	サービスは一過性が強く，提供されたらまもなく消えてしまう。

2．プロモーション・ミックスの構成要素

（　④　）	有料，マスメディアの活用
（　⑤　）	無料，高い信頼性
（　⑥　）	双方向のコミュニケーション
狭義の販売促進	他のプロモーション手段を補完

3．マーケティング・コンセプトの推移

（　⑦　）志向	（　⑦　）性の追求　「作れば売れる時代」の志向
（　⑧　）志向	（　⑧　）の品質と性能の追求「良い製品を作りさえすれば」の志向
販売志向	販売技術の向上，ハードセリング
（　⑨　）志向	顧客満足の獲得
（　⑩　）志向	生活者や（　⑩　）の長期的利益

<語群>

（a）製品	（n）継続
（b）広告	（o）物流
（c）同質	（p）同時
（d）インターネット	（q）流通
（e）マーケティング	（r）生産
（f）有形	（s）サポート
（g）異質	（t）市場
（h）パブリシティ	（u）通信販売
（i）環境	（v）効率
（j）リサーチ	（w）リテール
（k）社会	（x）文化
（l）無形	（y）消費
（m）人的販売	（z）経済

【問題4／三答択一式】   （各3点）

　次の各問について，答えを1つ選び，その記号を解答欄にマークしなさい。

1.　市場細分化の条件のうち，細分化した市場ごとに異なったマーケティング活動を行い，顧客に効果的に接近できるとするものは，次のどれか。

　A）測定可能性

　B）到達可能性

　C）実行可能性

2.　標的市場の設定方法のうち，セグメントごとの異なるニーズに対して，その一つひとつに対応したマーケティング・ミックスを構築し，アプローチする方法は，次のどれか。

A）無差別型マーケティング

B）差別型マーケティング

C）集中型マーケティング

3. マーケティング・リサーチの手法で，同一の調査対象者に対して，特定の調査を一定期間，同一事項を繰り返し行う調査方法は，次のどれか。

A）パネル調査

B）動機調査

C）グループ・インタビュー

4. 新製品の普及過程で，多くの人々に影響を与えるリーダー的で進歩的な層であり，オピニオン・リーダー的な役割を果たす人が多い消費者のカテゴリーは，次のどれか。

A）革新者

B）初期採用者

C）前期追随者

5. 流通業者に対する割引価格政策のうち，買い手が一度に大量購買する場合の割引は，次のどれか。

A）業者割引

B）数量割引

C）販売促進割引

6. 物流効率化の取り組みのうち，一貫パレチゼーションにより，パレットに荷物を積んで単位化し，パレットごとトラックや貨車に積載し運搬する

輸送方式は，次のどれか。

A）エコ・ロジスティクス

B）モーダル・シフト化

C）ユニット・ロード化

7. 人的販売の役割のうち，販売創造業務に分類される内容は，次のどれか。

A）新規顧客の開拓

B）既存取引関係の維持

C）技術力・専門知識の活用

8. エコロジカル・マーケティングの活動のうち，誤っている内容は，次のどれか。

A）リサイクル・システムの構築

B）環境保全型商品の提供

C）自社の製品やサービスの売上の一部を被災地に寄付するキャンペーン

9. 価格戦略目標のうち，企業イメージやブランドイメージの維持向上に有効であるものは，次のどれか。

A）売上の最大化

B）マーケット・シェアの維持・拡大

C）価格の安定化

10. 新製品の価格設定において，上澄吸収価格政策といわれる初期高価格政策の基本条件として誤っているのは，次のどれか。

　A）価格に左右されない顧客層が市場に存在すること

　B）特許など，商品が法的保護を受けていること

　C）競合する商品間で技術格差がなく，同質性が高いこと

11．消費者を取り巻く環境からの決定要因の一つである準拠集団の第一次集団として誤っている内容は，次のどれか。

　A）労働組合

　B）仕事仲間

　C）隣人

12．ブランドの種類の中で，流通業者などが独自に開発し，ノー・ブランドとも呼ばれるブランドをつけない商品は，次のどれか。

　A）プライベート・ブランド

　B）ジェネリック・ブランド

　C）ダブル・ブランド

13．倉庫業者などによる保管機能により結びつけられる「生産と消費の分離」は，次のどれか。

　A）主体的分離

　B）場所的分離

　C）時間的分離

14．垂直的マーケティングシステムのうち，チャネル構成メンバーが資本による所有や契約という形をとらず，システム全体の利益のために統一的行動をとろうとするものは，次のどれか。

A) 企業型システム

B) 契約型システム

C) 管理型システム

15. 新製品開発の基本プロセスとして正しいものは，次のどれか。

A) アイデアの収集→アイデアの選別・評価→新製品の設計・開発→テス
ト・マーケティング→商品化，市場導入

B) アイデアの収集→アイデアの選別・評価→テスト・マーケティング→
新製品の設計・開発→商品化，市場導入

C) アイデアの収集→テスト・マーケティング→アイデアの選別・評価→
新製品の設計・開発→商品化，市場導入

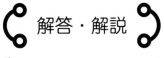

解答・解説

🕐 マーケティング知識

【問題１／正誤（○×）式】　　　　　　　　　　　　（各1.5点）

1. ○	2. ×	3. ○	4. ○	5. ×
6. ○	7. ×	8. ×	9. ×	10. ○
11. ○	12. ○	13. ○	14. ×	15. ×
16. ○	17. ○	18. ○	19. ○	20. ×

1.　マクロ・マーケティングの領域は，商品・サービスの生産者から卸売業者，そして小売業者を通って最終消費者へと流れていくプロセスにあり，マーケティング全体を対象としている。これに対して，ミクロ・マーケティングは，個々の企業が展開する対市場活動のことであり，マーケティングはその企業の経営者によって管理される。標的市場を明確にし，そのターゲットに対して最適なマーケティング・ミックスを決定する。

2.　設問の内容は，専門品の説明である。消費財は，消費者の購買慣習によって，最寄品，買回品，専門品の３種類に分類される。設問の買回品とは，消費者が商品を購入するときに，品質，価格，色，デザイン，スタイルなどについて十分に時間と労力を費やし，比較検討したうえで選択し購買する商品のことである。具体的な商品としては，紳士服・婦人服などの衣料品，靴・バッグ，家電製品，装身具などがある。

3.　価格設定方法には，コストに一定の利益を加えて価格設定を行うコスト志向型価格設定法（コスト・プラス法），消費者が製品に対して認める価値

をもとに価格設定を行う需要志向型価格設定法，競争企業との関係を重視
して価格設定を行う競争志向型価格設定法の３つの他，心理的価格設定法
と呼ばれる価格設定方法がある。

4.　逆に物流コストを低く抑えると販売の機会を失うことになる。そのため，
トータル・コストの考え方を取り入れ，個別にコストの減少を図るよりも，
物流のトータル・コストの最小化を図ることが大切である。

5.　設問の内容は，販売地域中心型組織の説明である。販売組織を顧客別に
する顧客中心型組織は，さまざまなタイプの顧客に販売する場合に適して
いる。業界別，既存取引先と新規取引先，重要取引先と一般取引先などに
分けられる。

6.　第一次データとは，独自に調査を実施して得たデータのことである。

7.　パブリシティは，マスメディアのニュースや記事として第三者によって
取り上げられる，無料の非人的なコミュニケーションである。消費者は客
観的情報に対して，信頼感をもち抵抗も少なく，伝達内容を容易に受け入
れる。そして，多くの消費者に影響を与えることができる。それに対して，
広告などは企業による資金提供を伴う有料のプロモーション活動であり，
消費者の抵抗が強い。

8.　設問の内容は，ニーズの説明である。ウォンツとは，「ニーズがもとと
なった具体的な欲求」のことであり，実際の商品として表現される。潜在
化されたニーズをもとに，具体的な商品が導かれる。

9.　マーケティング目標は，企業目標を達成するための下位目標であるが，
具体的な売上高やマーケット・シェア等は経済的目標である。非経済的目

標としては，地域社会への貢献，環境活動，文化活動などがある。

10.　ポジショニングとは，自社や自社製品・サービスのコンセプトを明確にし，競合他社との差別化を通じて，消費者の頭の中に自社や自社製品・サービスの優位性を確立させることである。自社製品のコンセプトを明確にし，市場における独自の位置づけを獲得して類似品との競合を回避する戦略である。消費者の記憶に確実にとどまり，シンプルでわかりやすく印象に残るものであることが大切であるため，コミュニケーション戦略が重要となる。製品の品質に差がない今日では，製品そのものの競争から，消費者にどのようにイメージづけるか，どのように明確な位置づけを確立するかという「知覚」の競争に移ってきている。

11.　マーケティング・ミックスの 4P 戦略とは Product, Price, Place, Promotion の 4 つを指す。

12.　マーケティングの理念や技法を応用していく組織には，非営利組織である教育・医療・行政などの組織も含まれる。これは，フィリップ・コトラーが提唱したソーシャル・マーケティングの考え方で明らかになっており，マーケティングの手法を企業以外の非営利組織にも応用しようという視点である。

13.　日本マーケティング協会（JMA）は，1990 年に日本独自のマーケティングの定義として，「マーケティングとは，企業および他の組織がグローバルな視野に立ち，顧客との相互理解を得ながら，公正な競争を通じて行う市場創造のための総合的活動である」と新たに発表した。

14.　設問の内容は，プル戦略の説明である。プッシュ戦略とは，企業が卸売業者や小売業者に対して，人的販売と販売促進を中心にして商品を販売し

ていくもので,「メーカー→卸売業者→小売業者→消費者」という流れをつくるものである。

15. 設問の内容は,ジェネリック・ブランド(ノー・ブランド)の説明である。プライベート・ブランドは,流通業者が独自に開発し,自らの責任と保証でつけるブランドのことで,流通チャネルが限定的であり,大規模小売業者が所有することが多い。

16. 企業の業績としての売上高は,製品の「価格×販売数」で表される。

17. マーケティング・コンセプトとは顧客のニーズやウォンツに焦点を当て,顧客の満足に基づく利益を目的としている。なお販売コンセプトとは,製品に焦点を当て,製品の積極的な販売活動を展開し,売上高に基づく利益を目的としている。

18. 計画的陳腐化とは,機能的にまだ十分な能力を有する商品について,定期的・計画的にデザインやスタイルなどを変更し,これによって在来製品を心理的に流行遅れにしたり,旧型化したりすることで新たな需要を引き起こす政策のことをいう。

19. 企業のビジョンとは,自社の将来のあるべき姿を明確化し,社内外に企業の長期的方向性として表明するものであり,経営理念とそれに基づく経営目標及び経営方針によって表される。

20. 設問の内容は,全数調査の説明である。標本調査とは,調査対象となる母集団の中から,ある一部の人々を抽出して行う調査のことである。

【問題2／選択式】　　　　　　　　　　　　　（各 2.25 点）

1. A	2. A	3. B	4. A	5. B
6. B	7. B	8. A	9. A	10. A
11. B	12. B	13. A	14. A	15. A
16. B	17. B	18. A	19. A	20. B

1.　タスク環境の構成要素には，顧客，競合他社，供給業者，流通業者，物流業者，広告会社，市場調査会社，金融・保険業社，コンサルタント会社などがある。利害関係者レベルのタスク環境は，企業が直接働きかけることができるものである。選択肢Bのマクロ環境は，企業を取り巻く一般社会レベルの外部環境であり，マーケティング活動に対して，重要な影響を与える間接環境である。マクロ環境の構成要素には，人口統計的環境，経済環境，技術環境，社会・文化環境，政治・法律環境，自然環境などがある。

2.　ロイヤルティ基準とは，消費者を「商品ブランドに対し，どのくらいロイヤルティ（忠誠度）を示すか」に焦点を当てて区分するものであり，企業はロイヤルティの高い消費者に接近し，継続的なリピート購買を目指す。

3.　電子商取引（eコマース）以外にも，製造小売業や訪問販売・通信販売などの無店舗販売などがこの形態にあたる。選択肢Aの一段階型経路は，製造業者と消費者の間に中間業者が一段階入る経路であり，大規模小売業と製造業者の直接取引や自動車販売などにみられる経路である。

4.　選択的専門型マーケティングでは，シナジー効果が得られない代わりに，リスクが分散し企業の安定度が増大する。選択肢Bの市場専門型マーケティングとは，特定の市場・顧客層に限り，その多くのニーズに対応していく戦略である。特定の顧客の要求を満たす専門業者としての地位を確立

する可能性があるが，特定顧客を取り巻く環境変化の影響を大きく受ける恐れもある。

5. 観察法は，事実を直接観察することによって，必要なデータを収集する方法である。具体的，客観的で正確な結果が得られるが，時間と費用がかかる。また，心理的要因などをつかむことができない。具体例としては，動線調査の他に，他店調査や交通量調査などがある。選択肢Aの実験法とは，ある問題を実験によって確かめる調査方法である。その結果により，特定の因果関係を明らかにすることが目的であり，具体例としては，広告効果テスト，消費者使用テスト，陳列テストなどがある。

6. 製品やサービスに対する顧客の購買後評価が期待以下の場合，顧客は製品やサービスに対して不満足となり，企業に対する失望という否定的な評価が形成され，製品に対する再購買の意向は低下し，ブランドに対するイメージも悪化する。選択肢Aの購買後評価が期待以上の場合，顧客は製品やサービスに対して満足し，肯定的な感情を抱く。顧客は再購買の意欲や，製品やブランドへのロイヤルティを高める。

7. 商品の使用主体が一般消費者であるのか，事業者であるのかによって，商品は消費財と生産財に分類される。選択肢Aの消費財は，一般消費者が最終消費のために使用するものである。

8. マージン率によるコスト・プラス法は，製造業者が行い，製造原価に一定額または一定率の利益を加えて販売価格とする。過去の実績や業界の慣習などを参考にして決定される。選択肢Bのマーク・アップ率によるコスト・プラス法は，小売業者や卸売業者などの流通業者が行い，仕入原価に一定の利幅を加えて販売価格とする。

9.　選択的経路政策では，取引業者を選定する場合は，一定の選定基準を設け選択する。この段階では，競争業者の製品も扱えるため，自社の製品のみの販売要求まではできないという側面がある。化粧品や医薬品などの業界に多く見受けられる。選択肢Ｂの専売的経路政策とは，特定の地域において取引業者を一業者選定し，その業者とのみ取引を行う経路政策のことである。契約により特定地域での専売権を与え，自社製品のみの販売を要求する。自動車や石油などの業界に多く見受けられる。

10.　プッシュ戦略は，企業が卸売業者や小売業者に対して，人的販売による販売促進を中心に商品を販売していくもので，「メーカー→卸売業者→小売業者→消費者」という流れをつくるものである。選択肢Ｂのプル戦略とは，企業が消費者に対して商品やブランドについての広告を直接行い，需要を喚起し，消費者の指名買いを促進させ，「消費者→小売業者→卸売業者→メーカー」という流れをつくるものである。ブランド選好があり，差別化しやすい製品について，主に消費財メーカーが行い，不特定多数の消費者を対象とする。

11.　プロモーション戦略には，広告や人的販売以外にも，PR，パブリシティ，セールスプロモーションなどの方法がある。選択肢Ｂのチャネル戦略は，製品を市場に流通させるための仕組みづくりを行う戦略である。

12.　郵送法は，質問票を郵送し，回答を記入後に返送してもらう方法である。費用が少なくて済み，広範な地域の調査に有効であるが，回収率が低いなどの問題点がある。

13.　成長期には，市場規模も拡大するため，新規参入してくる競合他社との製品間の競争が激化する。この段階の後半には利益も増大してくる。選択肢Ｂの成熟期には，消費者の大半がその製品を購入してしまったために，

売上高の伸びが鈍化し、需要が飽和状態になり、利益も低下する。メーカーや小売店間の競争が激化し、買い替え需要が中心となる。

14. サードパーティ・ロジスティクスでは、専門能力を備えた物流業者は、高度な情報機能を活用して物流機能を強化し、多頻度小口配送や即日納品などの専門能力をもっている。企業側は戦略的に外部資源を活用するアウトソーシングを行うことにより、自社の経営資源を生産、営業、開発、技術などの基幹業務に重点的に配分することが可能になる。選択肢Bのサプライチェーン・マネジメントは、原材料・部品を供給する供給業者から、製造会社、卸売業者、小売業者、物流業者など、顧客に至るまでの全体をネットワークで結びつけ、生産や在庫、購買、販売、物流などすべての情報をリアルタイムで交換することで、サプライチェーン全体の効率を大幅に向上させる経営手法である。

15. ディーラー・ヘルプス（販売店援助）とは、主としてメーカーが販売業者の経営体質を強化するために行われる各種の援助策である。中長期的な支援活動としては、経営指導、店舗診断、教育、資金面の援助や各種情報提供などがある。短期的な支援活動としては、小売店の店頭での販売援助があり、POP広告の提供、ディスプレイ用具の提供とその活用技法の提供、販売員の派遣などがある。販売業者向けの販売促進には、ディーラー・ヘルプス以外にも、ディーラー・コンテスト、アローワンスの提供、条件付帯出荷、ディーラー・プレミアムなどがある。選択肢Bの社内向け販売促進には、部門間の調整、セールス・マニュアルの作成、社内コンテスト、ハウス・オーガンの発行などがある。

16. プロダクト・アウトとは、製品を作ってから売るという発想であり、消費者のニーズを重視せず、生産者側中心の発想で製品を開発・生産しようというもので、需要が供給を上回っている状況で通用する考え方である。

選択肢 A のマーケット・インとは，市場の求める便益を探り，そのニーズを満たす製品を開発するという顧客志向の考え方である。

17. 市場細分化の基準は，次の通りである。
　　消費者の特性…1) 地理的基準，2) 人口統計的基準，3) 心理的基準
　　消費者の反応…1) ベネフィット基準，2) 使用率基準，3) ロイヤルティ
　　　　　　　　　　基準，4) 状況基準

18. インターネットの普及に伴い消費者の購買行動は，情報の探索と共有が重要な購入決定要因となっている。アイサス（AISAS）モデルでは消費者の購買行動を「注意喚起（Attention）→興味（Interest）→探索（Search）→購買行動（Action）→共有（Share）」という5段階で示している。

19. ブランド・エクイティは，ブランドに関する要素を総合して資産としてとらえる考え方で選択肢 B の「ブランド・ロイヤルティ（消費者が特定のブランドを愛顧する度合い）」，「ブランド・ネームの認知度」，「知覚される品質」，「ブランド連想」，「所有権のある資産」の5つの要素の水準を測定し，財務的に評価したものである。

20. マーケティング統制は，マーケティング計画に基づいて活動を進めていくが，その内容をチェックし統制を図る必要がある。マーケティング計画や目標そのものを対象に統制する戦略的統制と，マーケティング業務が当初の計画通り順調に進んだかどうかをチェックする短期的な統制である選択肢 A の計画統制の2つがある。

【問題3／語群選択式】　　　　　　　　　　　（各3点）

① l　② p　③ g　④ b　⑤ h
⑥ m　⑦ r　⑧ a　⑨ e　⑩ k

1. サービスの特性

①（l 無形）性	サービスは形がないので，購入以前に感知できない。
②（p 同時）性	サービスは提供されるその場その時に購入者である消費者が必要
③（g 異質）性	サービスの質は普通は標準化できない。
消滅性	サービスは一過性が強く，提供されらまもなく消えてしまう。

2. プロモーション・ミックスの構成要素

④（b 広告）	有料，マスメディアの活用
⑤（h パブリシティ）	無料，高い信頼性
⑥（m 人的販売）	双方向のコミュニケーション
狭義の販売促進	他のプロモーション手段を補完

3. マーケティング・コンセプトの推移

⑦（r 生産）志向	⑦（r 生産）性の追求　「作れば売れる時代」の志向
⑧（a 製品）志向	⑧（a 製品）の品質と性能の追求　「良い製品を作りさえすれば」の志向
販売志向	販売技術の向上，ハードセリング
⑨（e マーケティング）志向	顧客満足の獲得
⑩（k 社会）志向	生活者や ⑩（k 社会）の長期的利益

【問題４／三答択一式】　　　　　　　　　　　　（各３点）

　1.　B　　　2.　B　　　3.　A　　　4.　B　　　5.　B
　6.　C　　　7.　A　　　8.　C　　　9.　C　　　10.　C
　11.　A　　12.　B　　13.　C　　14.　C　　15.　A

1.　到達可能性では，細分化された市場の顧客に対して，メディアなどを通じて容易に接近できたり，効果的に到達できる流通チャネルがあったり，またそれらが低コストで行えたりすることが重要である。選択肢Ａの測定可能性とは，細分化された市場の規模や購買力が容易に測定できるとするものである。選択肢Ｃの実行可能性とは，細分化された市場に対し，効果的なマーケティング計画が策定でき，実行できるとするものである。

2.　特徴としては，最大の売上が期待できるが，その規模ゆえにマーケティング・コストが大幅に上昇することである。経営資源にゆとりのある大企業のとる戦略である。選択肢Ａの無差別型マーケティングとは，セグメント化された市場特性の差異を無視し，１つの製品，１つのマーケティング・ミックスで，全市場に訴求する方法である。特徴としては，幅広い訴求点をもつ一部の製品に応用でき，またこの戦略をとる場合には，相対的なマーケティング・コストは，他の戦略に比べて最小となる。選択肢Ｃの集中型マーケティングとは，自社の強みと市場の機会が最大限に生かせる，１つまたはごく少数の市場にターゲットを絞り込み，最適のマーケティング・ミックスを構築する方法である。経営戦略でいうニッチ戦略が，これに該当する。

3.　市場での時系列的な変化や動きを把握することができ，消費者の購買動向，商品の動き，テレビの視聴率の変化などを把握しようとするものである。選択肢Ｂの動機調査とは，消費者の購買動機などを把握するため，消費者

の心理プロセスなどを詳しく把握し分析する質的な調査である。心理学的な技法を用いて，定性的データを収集し測定する。人間の意識の深層にある隠れた動機をとらえようとする方法であり，深層面接法，集団面接法，投影技法などがある。選択肢Cのグループ・インタビューとは，定性的な調査手法であり，司会者の進行によって，数名の対象者を座談会のような形式で自由に発言させ，それらの内容や相互のやりとりから調査テーマに関する仮説を導き出すものである。新製品開発のコンセプトを発見するなど，課題に対する仮説づくりに活用される。

4. 大衆のモデルとしてオピニオン・リーダー的な役割を果たす人が多い。選択肢Aの革新者は，最も早い時期にイノベーションを採用する消費者である。新製品への関心が高く，情報に対する感度も高い人々である。選択肢Cの前期追随者は，社会の平均よりやや早いタイミングで採用する大衆である。採用には比較的慎重に時間をかける。

5. 売り手にとっては，少量販売よりも販売費などのコストが節約されるので実施される。選択肢Aの業者割引とは，販売業者の流通段階や遂行する流通機能に対して行われる割引である。選択肢Cの販売促進割引とは，買い手が売り手の代わりに販売促進活動を行う場合に提供される割引である。

6. 輸送効率や荷役作業の省力化などの面から，ユニット・ロード化の推進が物流効率化の有効な対応策になる。選択肢Aのエコ・ロジスティクス（グリーン・ロジスティクス）は，従来の生産者から消費者に向けた一方通行の「動脈物流」に対し，今後の循環型再生産社会を支えるための，消費者から生産者に向けられた「静脈物流」を含めた双方向システムの枠組みである。選択肢Bのモーダル・シフト化とは，幹線輸送ではトラック輸送から大量輸送が可能な鉄道や海運へ輸送モード（方法）をシフト（変更）し，地域輸送ではトラック輸送により行うといった，複合一貫輸送体制へ輸送

構造を転換することである。

7.　販売創造業務は，新規顧客の開拓を主な目的とする。需要を創造するような販売活動を行い，今まで購入した経験のない人に商品やサービスの良さを説明し，説得して購買に結びつける。選択肢Bの既存取引関係の維持は，販売維持業務に分類される。販売維持業務は，既存の取引関係の維持と強化を主な目的とし，今までの継続的な取引を前提に企業などを訪問する販売活動を行う。リピート需要を確保しようとする活動であり，いわゆるルート・セールスである。選択肢Cの技術力・専門知識の活用は，技術・専門的業務に分類される。技術・専門的業務では，顧客の要求に応じて，技術的専門家が訪問して，高度の技術と専門的な商品知識などをもとに，得意先が抱える問題の解決を図るもので，一般にセールス・エンジニアと呼ばれている。

8.　エコロジカル・マーケティングでは，環境問題やエネルギー資源の枯渇などに対して，マーケティング活動がどのように対応し，貢献することができるのかを基本とし，製品の生産・流通・使用・廃棄までの各段階において，環境の悪化を防ぐという環境価値を重視する。また，地球の生態系の研究である生態学（エコロジー）の考え方を，マーケティングの中に取り入れようとするものである。選択肢Cの自社の製品やサービスの売上の一部を被災地に寄付するキャンペーンは，社会的に意義のある活動を支援するコーズ・リレイテッド・マーケティングで実施される社会貢献活動である。

9.　価格の安定は，利益の安定化につながり，企業イメージやブランドイメージの維持向上にも有効である。ただし，独占禁止法上の制約がある。

10.　初期高価格政策（上澄吸収価格政策）とは，新製品の製品ライフサイク

ルの導入段階に高価格を設定しておき，強力な販売力によって，価格弾力
性の低い高所得者をとらえ，その後成長段階に移行して競争企業による類
似製品が導入されるに従い，順次価格を引き下げてシェアの確保を図って
いこうとする政策である。新製品の研究開発費などを早期に回収すること
ができ，業界でのリーダー企業にとって有効な方法である。開発された新
製品が顧客ニーズとマッチしており，また技術的にも高度であり，競争企
業の製品模倣による市場への参入までに時間がかかると推測される場合に
適用される。基本条件としては，選択肢Ａの価格に左右されない顧客層が
市場に存在すること，選択肢Ｂの特許など，商品が法的保護を受けている
こと，以外に，技術面での優位性があること，高いブランドイメージを
もっていること，が挙げられる。選択肢Ｃは，新製品の発売時から低価格
を設定し，急速に広範な市場を獲得して，競争企業の追随を阻止しようと
する政策である初期低価格政策（市場浸透価格政策）の基本条件である。

11. 準拠集団とは，個人の態度や行動に影響を与える実在または架空の集団
である。第一次集団は，対面的なコミュニケーションをもつ集団として，
仕事仲間，隣人，遊び仲間などがある。第二次集団は，社会組織としての
学会，宗教団体，労働組合などがある。

12. ジェネリック・ブランド（ノー・ブランド）は，製品本体の機能だけを
追求し，低価格販売される。ラベル，容器，包装などをコストダウンし，
内容物を単純に表示する。選択肢Ａのプライベート・ブランドとは，流通
業者が独自に開発し，自らの責任と保証でつけるブランドである。流通
チャネルが限定的であり，大規模小売業者が所有することが多い。また，
実質的で機能優先の低価格商品が多いのも特徴である。選択肢Ｃのダブ
ル・ブランドとは，製造業者と流通業者の複合ブランドである。同一製品
に双方のブランドをつけたり，併記したりする。ブランド力のある製造業
者と流通業者が提携し，その信用力や商品イメージを高める狙いなどがあ

る。

13.　時間的分離では，生産する時期と消費する時期が異なるため，倉庫業者などによる保管機能がこのような時間的なギャップを埋め，需要と供給を調整する。選択肢 A の主体的分離では，生産する人と消費する人が異なる。この製造業者や生産者と消費者を結びつけるために，数多くの取引関係が介在する。これらを担当するのは，卸売業者や小売業者などの売買機能である。選択肢 B の場所的分離では，生産地と消費地が距離的に離れている。このような地理的なギャップを結びつけるために，物流業者などが鉄道，トラック輸送，航空輸送，船舶輸送などの輸送機能により，その役割を担う。

14.　管理型システムは，一般にメーカーによるリーダーシップのもとで，その名声や信用，ブランド力，マーケティング力などにより，流通業者などのメンバーとの協力関係を築き，協調的行動を引き出すシステムである。経済的手段としては，値引き，リベート，資金援助などがあり，非経済的手段としては，さまざまな販売促進策による支援がある。選択肢 A の企業型システムとは，流通経路の全体またはかなりの部分を同一企業が単一所有しているシステムである。例としては，チェーンストアがある。選択肢 B の契約型システムとは，チャネルの構成メンバーが，お互いに契約を交わすことによってシステムを構築しているものをいう。例としては，ボランタリーチェーン契約とフランチャイズチェーン契約が代表的なものとして挙げられる。

15. 新製品開発の基本プロセスは，下記の通りである。

1) アイデアの収集	社内・社外のアイデアの源泉からの収集
2) アイデアの選別・評価	事業化分析，市場調査
3) 新製品の設計・開発	製品コンセプト化，試作品のモニターによるテスト
4) テスト・マーケティング	地域・期間を限定した市場テスト
5) 商品化，市場導入	本格的な市場導入，新製品発表

試験問題

マーケティング事例

【問題1／語群選択式】　　　　　　　　　　　　　　　（各1点）

　次の記述の①～⑳の（　　　）内に入る最も適切な語句を次ページの語群より選び，記号を解答欄にマークしなさい。

1.　紳士服のパターンオーダー・システムでは，お客はあらかじめ用意された生地やデザインの中から好みに合ったものを選び，サイズを指定して自分の好みに合った一着に仕立て上げる。これは，（　①　）個人のこだわりや価値観を商品化して提供する（　②　）であり，（　③　）のマーケティングセオリーを実践している。

2.　企業が自らの利潤を最大化する目的で，映画館の入場料に「シニア割引」，「学生割引」や「レディース・デイ」など同種の製品・サービスを（　④　）別に異なる価格で提供する（　⑤　）という価格差別化が行われている。

3.　ユニクロは，商品の企画・生産・物流・販売までを一貫して行う（　⑥　）によって，商品の高品質・低価格を実現し，カジュアルウェア業界で（　⑦　）を発揮している。

4.　（　⑧　）レポートでは，企業の社会的責任を果たすために，毎年，企業理念に基づく活動として，営業状況だけでなく環境や（　⑨　）への取り組みや短・中期の（　⑩　）計画の一端を報告している。

5. インターネット・リサーチの最大のメリットは，調査から集計までを短時間に行える点にある。その手法には（　⑪　）と（　⑫　）があり，現在の主流は（　⑬　）を調査対象とする（　⑪　）で，調査モニターとして事前に登録されたインターネットユーザーがウェブ上の質問に対して回答するという方法をとる。

6. 市場の成熟した現代においては，新しいマーケティングが必要となる。例えば，「クリック・アンド・モルタル」では，ネット店舗と現実の店舗をうまく組み合わせ（　⑭　）な商品が売れ筋商品の売り上げを上回る（　⑮　）戦略が組み込まれている。また，非論理的で多様な新しい発想により新市場を開拓するのが（　⑯　）である。

7. 資生堂シャンプー「TSUBAKI」のように，1つの製品分野に共通のブランドで，広告宣伝を行うマーケティング戦略を（　⑰　）ブランド戦略という。一方，キリンビールの「一番搾り」「ラガー」「秋味」のように，1メーカーの個々の製品ごとに異なるブランドを展開するマーケティング戦略を（　⑱　）ブランド戦略という。

8. （　⑲　）とは POP やディスプレー，試飲・試食，サンプリングなどの店頭・店内で行う販売促進活動の総称である。そのうち店舗全体の陳列にボリューム感をもたせるために，顧客の目を引きやすい陳列棚の両端に商品を配置する方法を（　⑳　）という。

＜語群＞

1	SPA	19	一物多価
2	コスト・リーダーシップ	20	一物一価
3	CSR	21	クローズ型
4	OEM	22	オープン型
5	プライス・リーダーシップ	23	特定多数
6	計画統制レポート	24	不特定多数
7	オンデマンド生産・販売方式	25	ニッチ
8	消費者	26	マス
9	雇用	27	ロングテール
10	カスタマー・イン	28	シェアリング
11	マーケット・イン	29	ラテラル・マーケティング
12	IT	30	バーティカル・マーケティング
13	ジャストインタイム生産・販売方式	31	メガ
14	デザイナー	32	マルチ
15	経営	33	ナショナル
16	顧客セグメント	34	インストア・プロモーション
17	ライフスタイル	35	ローカル・マーケティング
18	ブランド・エクイティ	36	エンド販売

【問題２／三答択一式】　　　　　　　　　　　（各２点）

次の各問について，答えを１つ選び，その記号を解答欄にマークしなさい。

1.「ソニーの小型化技術」や「キヤノンのカメラ，プリンター技術」など，顧客が認める価値を創出する独自の技術，スキル，ノウハウの組み合わせを何と呼ぶか。

A）コア・コンピタンス

B）事業ドメイン

C）STP

2. 成熟期を迎えた今日の市場において全国一律のマーケティング施策は通用しなくなりつつあり，消費者特性を考慮したきめ細かな対応が求められているが，市場の地域差に着目して地域ごとにマーケティング戦略を策定・実施する手法は，次のどれか。

   A）ワン・トゥ・ワンマーケティング
   B）エリア・マーケティング
   C）フリーミアム

3. インストア・マーチャンダイジングとは，顧客が来店してから，購買の意思決定をするまでの行動に対して，最も効果的・効率的に商品を提示して，売上と利益を最大化しようとする活動であるが，インストア・マーチャンダイジングとして，適切な活動は，次のどれか。

   A）シェルフ・マネジメント
   B）オープン懸賞
   C）ダイレクトハンド

4. マーケティングデータの分析手法のうち，小売店などで買物をした消費者のアンケートから，どのような購買パターンの消費者が存在するかを明らかにする場合に用いられる分析手法は，次のどれか。

   A）RFM 分析
   B）因子分析
   C）クラスター分析

5. アメリカで広く用いられているシステムで，メーカーが商品の販売を促進するために，すべての取引先に対して共通の支払い基準でオープンに支

払われる協賛金は，次のどれか。

A）リテール・サポート
B）リベート
C）アローワンス

6.　総合品揃えスーパー（GMS）業界の物流は，卸売業者などが複数のメーカーの商品を取りまとめて，チェーンストアの物流センターに一括納品する総合型物流システムに集約されつつあるが，そのうち食材加工やプリパッケージ化を行う物流センターは，次のどれか。

A）トランスファーセンター
B）ディストリビューションセンター
C）プロセスセンター

7.　1995 年 7 月に施行され，製造物の欠陥によって人の生命，身体または財産に関わる被害が生じた場合に，その製造業者が損害賠償の責任を負うことを定めた法律は，次のどれか。

A）PL 法
B）バリアフリー法
C）大規模小売店舗立地法

8.　ISETAN などの社名，ウォークマンなどの商品名，ケンタッキーフライドチキンのカーネルサンダース人形などのように，文字や図形，記号もしくは立体的形状などで，商品やサービスの出所を表示したり，品質を保証したり，信頼性をアピールしたりするものは，次のどれか。

A）商品コンセプト

B）商標

C）ネーミング

9. 好調な売れ行きを示している輸入外国車であるベンツ初心者モデル，高画質な映像を可能にした 4K・8K（高精細）テレビなどのように，従来品に比べ少し高めの高級品を買い求める消費者の消費行動は，次のどれか。

A）プレミアム消費

B）感性消費

C）自己尊重の欲求

10. 大規模小売店やチェーンストアの店舗などで，商品を販売するごとに商品の販売情報を記録し，集計結果を在庫管理やマーケティング資料として用いるシステムは，次のどれか。

A）POP

B）FSP

C）POS

【問題 3／事例解釈問題】 （各 5 点）

次のマーケティング事例を読んで，各問に対する答えを 1 つ選び，その記号を解答欄にマークしなさい。

1. セブン-イレブン・ジャパンをはじめとするコンビニエンス・ストアでは，専門化した店舗開発担当による徹底した需要予測が図られ，「点」ではなく「面」による店舗開発が推進されることによって，小口・多頻度物流が可能

となり，在庫や配送，品揃えの効率化が進んでいるが，これにあてはまる
戦略は，次のどれか。

A）細分化戦略

B）立地戦略

C）商品戦略

2.　ソーシャル・マーケティングの発端は，1960 年代にアメリカで生じたコ
　　ンシューマリズムといわれており，昨今の企業の社会的責任に対する関心
　　の高まりとともに注目を浴びているが，このソーシャル・マーケティング
　　の考え方として，誤っているのは，次のどれか。

A）共通価値の創造

B）非営利組織の運営への応用

C）企業の徹底的な利潤追求

解答・解説

⊛ マーケティング事例

【問題1／語群選択式】 （各1点）

①	8	②	7	③	10	④	16	⑤	19
⑥	1	⑦	2	⑧	3	⑨	9	⑩	15
⑪	21	⑫	22	⑬	23	⑭	25	⑮	27
⑯	29	⑰	31	⑱	32	⑲	34	⑳	36

1. 紳士服のパターンオーダー・システムでは、お客はあらかじめ用意された生地やデザインの中から好みに合ったものを選び、サイズを指定して自分の好みに合った一着に仕立て上げる。これは、（① 8 消費者）個人のこだわりや価値観を商品化して提供する（② 7 オンデマンド生産・販売方式）であり、（③ 10 カスタマー・イン）のマーケティングセオリーを実践している。

2. 企業が自らの利潤を最大化する目的で、映画館の入場料に「シニア割引」、「学生割引」や「レディース・デイ」など同種の製品・サービスを（④ 16 顧客セグメント）別に異なる価格で提供する（⑤ 19 一物多価）という価格差別化が行われている。

3. ユニクロは、商品の企画・生産・物流・販売までを一貫して行う（⑥ 1 SPA）によって、商品の高品質・低価格を実現し、カジュアルウェア業界で（⑦ 2 コスト・リーダーシップ）を発揮している。

4. （⑧ 3 CSR）レポートでは，企業の社会的責任を果たすために，毎年，企業理念に基づく活動として，営業状況だけでなく環境や（⑨ 9 雇用）への取り組みや短・中期の（⑩ 15 経営）計画の一端を報告している。

5. インターネット・リサーチの最大のメリットは，調査から集計までを短時間に行える点にある。その手法には（⑪ 21 クローズ型）と（⑫ 22 オープン型）があり，現在の主流は（⑬ 23 特定多数）を調査対象とする（⑪ 21 クローズ型）で，調査モニターとして事前に登録されたインターネットユーザーがウェブ上の質問に対して回答するという方法をとる。

6. 市場の成熟した現代においては，新しいマーケティングが必要となる。例えば，「クリック・アンド・モルタル」では，ネット店舗と現実の店舗をうまく組み合わせ（⑭ 25 ニッチ）な商品が売れ筋商品の売り上げを上回る（⑮ 27 ロングテール）戦略が組み込まれている。また，非論理的で多様な新しい発想により新市場を開拓するのが（⑯ 29 ラテラル・マーケティング）である。

7. 資生堂シャンプー「TSUBAKI」のように，1つの製品分野に共通のブランドで，広告宣伝を行うマーケティング戦略を（⑰ 31 メガ）ブランド戦略という。一方，キリンビールの「一番搾り」「ラガー」「秋味」のように，1メーカーの個々の製品ごとに異なるブランドを展開するマーケティング戦略を（⑱ 32 マルチ）ブランド戦略という。

8. （⑲ 34 インストア・プロモーション）とはPOPやディスプレー，試飲・試食，サンプリングなどの店頭・店内で行う販売促進活動の総称である。そのうち店舗全体の陳列にボリューム感をもたせるために，顧客の目を引きやすい陳列棚の両端に商品を配置する方法を（⑳ 36 エンド販売）という。

【問題2／三答択一式】　　　　　　　　　　　　　　　　（各2点）

1. A　　2. B　　3. A　　4. B　　5. C
6. C　　7. A　　8. B　　9. A　　10. C

1. 製品技術だけでなく，業務プロセス，組織力，人材力あるいはビジネスモデルもコア・コンピタンスとなり得る。トヨタ自動車の「カンバンシステム」に代表される生産プロセスもコア・コンピタンスである。選択肢Bの事業ドメインとは，自社の製品やサービスがターゲットとする市場のことである。選択肢CのSTPとは，"Segmentation（市場細分化）・Targeting（顧客ターゲット）・Positioning（市場での位置づけ）"のことであり，顧客を絞り込むマーケティングの手順である。

2. 選択肢Aのワン・トゥ・ワンマーケティングは，顧客一人ひとりを対象として行われるマーケティング活動をいう。選択肢Cのフリーミアムとは，基本的なサービスや製品を無料で提供し，さらに高度な機能や特別な機能について料金を課金する仕組みである。

3. これは棚の商品がよく見え，なおかつ顧客が手に取りやすいように，それぞれの商品の最適な陳列位置，フェイス数，陳列量を決めることである。選択肢Bのオープン懸賞とは，商品・サービスの購入を条件としないで誰でも自由に応募できる懸賞である。選択肢Cのダイレクトハンドとは，郵便を使わずに見込み客に直接手渡しする広告である。

4. 個々のデータ要素間の相関関係を分析し，そこに共通して存在する特性（因子）を抽出する方法で，買物をした消費者のアンケートから，どのような購買パターンの消費者が存在するかを明らかにする場合に用いられる。選択肢AのRFM分析とは，直近購買日，購買回数，購買金額からなる顧

客購買履歴データから，ターゲット顧客や優良顧客を抽出する方法である。選択肢Ｃのクラスター分析とは，異なる性質のものが混ざり合っている対象の中から互いに似たものを集めてクラスターをつくり，対象を分類する方法である。

5.　広告掲載に対して支払う広告アローワンス，指定の陳列実行に対して支払う陳列アローワンスなどがある。選択肢Ａのリテール・サポートとは，メーカーや卸売業が，経営や販売促進の面で小売業を支援する活動である。財務・税務のアドバイス，POSシステムの提供とPOSデータ分析，売場レイアウト提案，棚割提案，マーチャンダイジング提案などがサポートの内容である。選択肢Ｂのリベートとは，日本独特の商慣習であり，メーカーが卸売業者，小売業者に対して，一定期間の取引量や取引金額に応じて支払う代金の割戻しである。リベートは，自社商品を取り扱ってもらうことを目的に支払うもので，明確な支払基準がなく，取引先に応じて設定され，支払いについてもオープンにされていない。商品の取引量に応じて支払う累進リベート，新商品導入を促すための導入リベートなどがある。

6.　選択肢Ａのトランスファーセンター（TC）とは，在庫をもたない通過型センターである。選択肢Ｂのディストリビューションセンター（DC）とは，在庫をもつ在庫型センターである。

7.　PLは，Product Liabilityの頭文字であり，PL法は製造物責任法という。サービスやソフトウェアなどの無体物は対象外であるが，欠陥があるプログラムを組み込んだハードウェアの使用により損害を被った場合は，動産たるハードウェアに欠陥があるものとして本法の対象となる。選択肢Ｂのバリアフリー法とは，高齢者や障害者にとっての障壁を取り除いて健常者との生活上の差別をなくすことを目的とするものである。選択肢Ｃの大規模小売店舗立地法（大店立地法）は，2000年に施行され，店舗面積1,000m^2

超の小売業に対し，環境に配慮することを前提に出店を可能とした。また，2006年の指針の改定では，対象が商業施設から，娯楽施設，健康増進施設，医療機関など，あらゆるサービス施設に拡大された。

8. 商標とは，「文字や図形，記号もしくは立体的形状などのことで，商品やサービスに用いられる"営業上の標識"のこと」と定義されている。TOYOTA，SONYなどの社名商標，クラウンなどの商品名商標，宅急便などのサービス名商標，ペコちゃん人形などの立体商標，シャンパンやスコッチなどの地理的表示（原産地を保護する商標）などがある。商標の定義は，「人の知覚によって認識できるもののうち，文字，図形，記号，立体的形状もしくは色彩またはこれらの結合，音その他政令で定めるもの」としている。新しい商標には，色彩のみからなる，音，動き，ホログラム，位置の商標などが追加された。選択肢Aの商品コンセプトとは，顧客に伝えたい開発者の基本的な考え方やアイデアを，商品のもつ概念や主張としてメッセージにまとめたものである。選択肢Cのネーミングとは，商品コンセプトを端的に表現する商品名のことである。

9. 他に最近の流行商品の例としては，単価1万円以上のジーンズ，高級ヘアケア商品，プレミアムビールなどがある。これらの購入者は，必ずしも富裕層に限られているわけではなく，価値のあるハイレベルな商品を選んで購入し，少し贅沢な生活気分の時間をもちたいという庶民感覚とも考えられる。選択肢Bの感性消費とは，モノを買う判断基準が，商品の品質ではなく，「好きか嫌いか」といった感覚的な判断基準で購買の意思決定をすることである。選択肢Cの自己尊重の欲求とは，承認欲求ともいわれ，マズローの欲求5段階説のうち，他人から認められ尊敬されたい，名声を得たいという欲求である。

10. POS（Point Of Sale）システムは，「販売時点情報管理システム」と訳さ

れる。選択肢 A の POP（Point Of Purchase）とは，消費者が買物をする時点において，商品の存在や価格，あるいは訴求性を高めるための広告物やカードのことをいう。顧客の購買を促進する目的で店頭・店内で展開される広告物すべてが POP である。高頻度来店客優遇策である選択肢 B の FSP（Frequent Shoppers Program）とは，POS によるリアルタイムな情報を活用した販売促進策であり，顧客の購買頻度（Frequent）に応じて常連優良客を評価・特定化して個別の値引き等の優遇したサービスを提供する手法である。

【問題3／事例解釈問題】 　　　　　　　　　　（各5点）

1．B　　2．C

1．コンビニエンス・ストアは，フランチャイズチェーン・システムの効果を最も発揮しやすい業態のひとつとして分業化と専門化を図り，高度なオペレーティング・システムを実現している。フランチャイズチェーン・システムにおいて立地戦略は非常に重要であり，コンビニエンス・ストアでは専門化した店舗開発担当による徹底した需要予測が図られ，「点」ではなく「面」による店舗開発（ドミナント出店）が推進されている。選択肢 A の細分化戦略では，市場を細分化することで，既存にない市場を新たに創出し，同じ市場で戦うことを意図的に避けることに主眼を置く。選択肢 C の商品戦略とは，ターゲットとなる市場に適合する商品を開発する戦略である。コンビニエンス・ストアのマーケティング戦略は商品戦略をコンビニエンス（利便性）に合わせ，それをモノとコトの両方から追及しているのが特徴である。モノについては，時間帯でメニューが変わる弁当・惣菜，あるいは身近で豊富な雑誌類のように顧客を個々に意識した品揃えと商品開発を行い，コトについても情報技術を駆使し，チケット予約など新しいサービスを積極的に開拓している。

2. ソーシャル・マーケティングには，企業（組織）がマーケティング活動を行うにあたって，自社の利益や顧客だけを考えずに，社会全体の利益を意識して活動するという社会的責任志向の考え方が含まれている。選択肢Aの共通価値の創造（Creating Shared Values）は，企業の社会的責任を受動的にとらえるのではなく，経済的価値を創造しながら，社会的ニーズに対応することで社会価値も同時に創造するというもので，マイケル・ポーターによって提唱されたソーシャル・マーケティングの考え方である。選択肢Bの非営利組織の運営への応用は，従来のマーケティングの発想を学校や病院，行政機関などの非営利組織の運営に応用しようとするもので，フィリップ・コトラーによって提唱されたソーシャル・マーケティングの考え方である。

編著者との契約により検印省略

平成17年 8 月15日	初　版　発　行	
平成19年 4 月15日	第 2 版　発　行	
平成21年 3 月15日	第 3 版　発　行	
平成23年10月25日	第 4 版　発　行	
平成25年 8 月 1 日	第 5 版　発　行	
平成27年 1 月10日	第 6 版　発　行	
平成30年 3 月15日	第 7 版　発　行	
令和 3 年10月 1 日	第 8 版　発　行	
令和 5 年 3 月 1 日	第 9 版 1 刷 発 行	

マーケティング・ビジネス実務検定®
ベーシック版テキスト
〔第 9 版〕

編　著　者	国際実務マーケティング協会®
発　行　者	大　坪　克　行
製版・印刷所	美研プリンティング株式会社
製　本　所	牧製本印刷株式会社

発 行 所　東京都新宿区　株式　税 務 経 理 協 会
　　　　　下落合2丁目5番13号　会社

郵便番号 161-0033　振替 00190-2-187408　電話 (03) 3953-3301 (編 集 部)
　　　　　　　　　FAX (03) 3565-3391　　　(03) 3953-3325 (営 業 部)

URL　http://www.zeikei.co.jp/
乱丁・落丁の場合はお取替えいたします。

ISBN978-4-419-06916-2　C3034

.